中国地质调查成果 CGS2016－060
华东地区矿产资源潜力评价成果系列丛书
“华东地区矿产资源潜力评价”项目资助(1212011121031)

华东地区矿产资源潜力评价综合信息集成研究

HUADONG DIQU KUANGCHAN ZIYUAN QIANLI PINGJIA ZONGHE XINXI JICHENG YANJIU

肖志坚　吴涵宇　马　明　陈　刚
徐振宇　叶　隽　胡海风　朱静苹　等著
惠　军　李学燮　李　翔

中国地质大学出版社
ZHONGGUO DIZHI DAXUE CHUBANSHE

内容简介

本书系统总结并阐述了华东地区矿产资源潜力评价综合信息成果的建库、整合、集成方法与技术，包括项目概述、矿产资源潜力评价数据模型、基础地质数据库的更新维护、矿产资源潜力评价专题图件属性数据库建设、矿产资源潜力评价成果集成数据库建设、数据库质量监控方法技术、矿产资源潜力评价全程信息化控制与实践、矿产资源潜力评价成果及应用等内容。

本书是华东地区矿产资源潜力评价项目的系列研究成果之一，具有系统性、综合性和可操作性等特点，可供从事地质调查、矿产资源评价，特别是多学科、多领域、多人员的大型和超大型数据库建设与集成，以及相关行业数据库建设的科研人员和大中专院校相关专业的师生阅读参考。

图书在版编目(CIP)数据

华东地区矿产资源潜力评价综合信息集成研究/肖志坚，吴涵宇，马明，陈刚，徐振宇，叶隽，胡海风，朱静苹，惠军，李学燮，李翔等著．—武汉：中国地质大学出版社，2016.12

(华东地区矿产资源潜力评价成果系列丛书)

ISBN 978-7-5625-3970-4

Ⅰ．①华…

Ⅱ．①肖…②吴…③马…④陈…⑤徐…⑥叶…⑦胡…⑧朱…⑨惠…⑩李…⑪李…

Ⅲ．①矿产资源-资源潜力-资源评价-研究-华东地区

Ⅳ．①F426.1

中国版本图书馆 CIP 数据核字(2017)第 038894 号

华东地区矿产资源潜力评价综合信息集成研究

肖志坚　吴涵宇　马　明　陈　刚
徐振宇　叶　隽　胡海风　朱静苹　**等著**
惠　军　李学燮　李　翔

责任编辑：段连秀　　选题策划：毕克成　刘桂涛　　责任校对：代莹

出版发行：中国地质大学出版社(武汉市洪山区鲁磨路 388 号)　　邮编：430074
电　　话：(027)67883511　　传　　真：(027)67883580　　E-mail:cbb @ cug.edu.cn
经　　销：全国新华书店　　Http://www.cugp.cug.edu.cn

开本：880 毫米×1230 毫米　1/16　　字数：460 千字　印张：13.5　插页：4
版次：2017 年 2 月第 1 版　　印次：2017 年 2 月第 1 次印刷
印刷：武汉中远印务有限公司　　印数：1—800 册

ISBN 978-7-5625-3970-4　　定价：298.00 元

《华东地区矿产资源潜力评价成果系列丛书》
编辑委员会

《华东地区矿产资源潜力评价综合信息集成研究》

著　者：肖志坚　吴涵宇　马　明　陈　刚　徐振宇　叶　隽
胡海风　朱静苹　惠　军　李学燮　李　翔

序

华东地区位于中国东南部，行政区划上包括皖、浙、赣、苏、沪、闽、台六省一市及所属海域，大地构造上横跨华北陆块区、秦祁昆造山系、扬子陆块区、钦杭结合带、华夏造山系和菲律宾造山系6个一级大地构造分区，经历了复杂的构造演化过程和丰富多彩的成矿作用。从全球角度看，华东地区位于世界巨型成矿域——环太平洋成矿域的西南部，涉及华北(陆块)、秦岭-大别、扬子、华南4个成矿省，14个Ⅲ级成矿(区)带，拥有长江中下游成矿带、钦杭成矿带(东段)、武夷山成矿带、武当-桐柏-大别成矿带(东段)、南岭成矿带(东段)等国家级重点成矿带。《华东地区矿产资源潜力评价成果系列丛书》主要是“全国矿产资源潜力评价”计划项目(2006—2013)下设工作项目——“华东地区矿产资源潜力评价与综合”(2006—2013)的系列研究成果，是在华东六省一市完成省级矿产资源潜力评价工作的基础上，以工作项目下设的华东全区成矿地质背景研究、重磁特征综合研究、化探综合研究、遥感地质综合研究、自然重砂综合研究、重要矿产区域成矿规律研究、重要矿种矿产预测研究、矿产资源潜力评价综合信息集成研究等各专题成果为单元分别编著的。诸多数据、资料都引用和参考了1999年以来实施的“新一轮国土资源大调查专项”、中央地勘基金、华东地区省级地勘基金专项及其他相关地质调查与科研工作的成果资料。

《华东地区矿产资源潜力评价成果系列丛书》包括：

《华东地区成矿地质背景研究》

《华东地区重磁场特征及其应用研究》

《华东地区化探综合研究》

《华东地区遥感地质综合研究》

《华东地区自然重砂综合研究》

《华东地区重要矿产区域成矿规律研究》

《华东地区重要矿产预测研究》

《华东地区矿产资源潜力评价综合信息集成研究》

本丛书系统介绍了华东地区的区域地质背景、区域地球化学特征、自然重砂特征及找矿模型、区域重磁和遥感资料及地质应用、重要矿产资源特征和区域成矿规律、矿产预测研究和区域矿产资源潜力评价综合信息集成研究等成果，以大地构造相和成矿系列研究及矿床勘查资料为基础，较深入地研究了华东地区区域成矿地质特征，并从战略高度进行了华东地区重要矿产资源潜力分析。

《华东地区成矿地质背景研究》以板块构造和大陆动力学理论为指导，运用大地构造相分析方法，从原始基础地质资料着手，利用新中国成立以来1：5万、1：20万和1：25万区域地质调查原始资料和最新科研成果资料，以岩石构造组合为基本单元，系统总结了区域沉积岩、火山岩、侵入岩、变质岩、大型变形构造等的大地构造相特征，总结了华东地区区域成矿地质背景，划分了华东地区大地构造单元，建立了全新的华东地区大地构造格架，为华东地区区域成矿规律、矿产资源预测和勘查评价等工作提供了基础地质资料支撑。本专著是第一部利用区域地质调查原始资料，采用大地构造相分析方法，从沉积岩、火山岩、侵入岩、变质岩、大型变形构造5个方面综合研究华东地区大地构造与成矿地质背景的专著。

《华东地区重磁场特征及其应用研究》系统总结了华东地区区域重磁地质调查成果，编制了华东地区区域重磁基础图件，运用数据处理与反演解释技术，对华东地区区域重力、磁场特征进行了分析研究。从地球物理学角度，对华东地区进行了构造分区，推断了华东地区主要断裂构造，圈定了岩体、沉积盆地、火山机构、变质岩地层、磁性蚀变带等地质对象，并对重要地质构造与地质体进行了2.5D定量计算，拟合了其空间位置与赋存状态；利用重磁资料，探讨了钦杭结合带空间位置、郯庐断裂带南延、徐淮地块与六安地块边界等一系列重大地质问题；评估了华东地区重磁应用效果和华东地区找矿潜力。

《华东地区化探综合研究》系统总结了华东地区区域地球化学调查成果，编制了华东地区39种元素地球化学图、地球化学异常图、地球化学推断地质构造图等，提出了华东地区区域地球化学系列参数，建立了华东地区30个典型矿床地质-地球化学找矿模型，集成了华东地区铜、铅、锌、钨、锑、稀土、金、磷、钼、锡、银11个矿种地球化学找矿预测图成果和94个综合找矿远景区综合成果，并对区内59个A级预测靶区、76个B级预测区进行了铜资源量地球化学预测，最终预测了华东地区铜资源量。

《华东地区遥感地质综合研究》收集整理了华东地区六省一市（含上海市和台湾省）遥感及相关地质、矿产、典型矿床综合研究等方面的资料，运用遥感解译与蚀变信息提取技术，对安徽省、福建省（含台湾省）、江苏省（含上海市）、江西省及浙江省遥感地质特征进行了分析研究。从遥感地质学角度，对华东地区进行了构造分区，推断了华东地区主要断裂构造，提取了羟基异常、铁染异常、褐铁矿化、绿泥石化等蚀变信息，提出了离子吸附型稀土矿遥感找矿方法；系统阐述了遥感地质构造解译与蚀变异常关系、重要成矿区带遥感预测与评价等成果。

《华东地区自然重砂综合研究》汇总集成了华东地区自然重砂资料应用研究成果，根据华东地区区域成矿地质背景、成矿控制条件、典型矿床、成矿模式和成矿规律，利用自然重砂矿物特征和异常特征，优选了与预测矿种相关的40种主要自然重砂矿物进行综合编图与研究，对华东地区的铜、铅、锌、钨、金、锑、稀土、磷、锡、钼、镍、锰、银、硫、硼、萤石、重晶石等矿种进行了主要成矿类型和典型矿床的自然重砂矿物特征研究和特征异常的解释评价，以及典型预测工作区的剖析，划分出81个自然重砂矿物异常区（带），建立了30个典型矿床成因类型地质-地球化学自然重砂找矿模型。初步总结出8种区域矿床类型、6种区域构造带和3种构造区块的自然重砂矿物组合特征、分布规律及其指示意义。选择郯庐断裂带金刚石矿产和钦杭成矿带（东段）多金属矿产进行了自然重砂资料的找矿评价应用，进一步明确了郯庐断裂带、怀玉山地区和武夷地块北部地区的找矿方向。

《华东地区重要矿产区域成矿规律研究》以矿床成矿系列理论为指导，系统总结了华东地区重要矿产成矿规律，为分析重要矿种的资源潜力提供了重要依据。在全国矿产资源潜力评价项目划定Ⅲ级成矿区带的基础上，进一步细分出28个Ⅳ级成矿亚区带，首次实现了华东地区全覆盖，并进一步指导了省级地勘单位开展Ⅴ级成矿单元划分；划分了华东地区铁、铜、锌、铅、金、磷、钨、锑、稀土、锰、镍、锡、铬、钼、银、硼、锂、硫、萤石、菱镁矿、重晶石等重要矿产的成矿系列，并按照前南华纪、南华纪—中三叠世和晚三叠世以来3个大地构造演化阶段分别论述了成矿体系特征；首次以Ⅲ级成矿区（带）为单元进行华东地区成矿规律总结，并对区内找矿进展和资源潜力进行了评述。本专著是第一部利用现代区域成矿理论系统论述华东地区重要矿产区域成矿规律的专著，可供成矿学研究及矿产勘查、资源预测、科研、教学和管理部门相关人员参考使用。

《华东地区重要矿产预测研究》全面总结了华东地区重要矿种（组）矿产预测成果，以矿产预测类型为基本单元，在分析目标矿种的基础上，划分了华东地区铁、铜、锌、铅、金、磷、钨、锑、稀土、锰、镍、锡、铬、钼、银、硼、锂、硫、萤石、重晶石20个矿种（组）的矿产预测类型，建立了华东地区矿产预测类型谱系表；汇总和统计分析了不同层次、不同尺度的预测成果与资源量；以28个Ⅳ级成矿亚带为纲，综述了它们的含矿建造构造特征，圈定了综合预测区，提出了找矿工作部署建议。

《华东地区矿产资源潜力评价综合信息集成研究》全面介绍了华东地区矿产地数据库、地质工作程度数据库等8个基础地质数据库及其更新维护方法和成果，系统阐述了华东地区基础地质编图及铁、铝、铜、锌、铅、金、磷、钨、锑、稀土、锰、镍、锡、钼、银、硼、锂、硫、萤石、菱镁矿、重晶石21个矿种（组）的矿产资源潜力评价专题图件数据库的建设方法、流程，以及华东地区矿产资源潜力评价综合信息集成的思路、方法及流程；建立了华东地区矿产资源潜力评价综合信息集成数据库，为华东地区矿产资源潜力评价提供了基础支撑，为矿产资源潜力评价的全流程信息化和数字化提供了方法依据。

本丛书系统收集和整理了华东地区基础地质、矿产勘查与研究等获得的海量地学资料，对重要成矿带的区域成矿地质背景和成矿作用进行了总结性研究，为区域地质调查和矿产资源勘查评价提供了重要资料，由此必将为深化华东地区成矿地质背景、成矿规律与成矿预测研究、矿产资源勘查和开发与社会经济发展规划，提供重要的科学依据。

本丛书是一套关于华东地区矿产资源潜力的最新、最实用的参考书，可供政府矿产资源管理人员、矿业投资者和从事地质矿产调查、科研和教学人员，以及对华东地区地质矿产资源感兴趣的社会公众参考。

丛书编委会
2016 年 11 月 17 日

前　言

为了进一步贯彻落实《国务院关于加强地质工作的决定》，加速查明我国矿产资源总量、质量及其分布规律，为我国的长治久安和国民经济发展提供资源保障，国土资源部于2006—2013年部署开展了全国矿产资源潜力评价计划项目，旨在开展矿产资源国情调查。

"全国矿产资源潜力评价"计划项目下设47个工作项目，"华东地区矿产资源潜力评价与综合"是其中之一。主要任务是充分应用现代矿产资源预测评价的理论方法和GIS评价技术，开展华东地区煤炭、铁、铜、铅、锌、锰、镍、钨、锡、钾、金、铬、钼、锑、稀土、银、硼、锂、磷、硫、萤石、菱镁矿、重晶石共23种矿产的资源潜力评价。工作项目由中国地质调查局南京地质调查中心承担，江苏省地质调查研究院、安徽省地质调查院、浙江省地质调查院、江西省地质调查研究院、福建省地质调查研究院参加。

"华东地区矿产资源潜力评价综合信息集成"是"华东地区矿产资源潜力评价与综合"工作项目的主要内容之一，其目标任务是指导省级项目开展基础地质数据库的更新与维护，为华东地区矿产资源潜力评价提供权威性和现势性的基础地质数据；指导省级项目组开展成矿地质背景、成矿规律、地球物理、地球化学、遥感、自然重砂、矿产预测等专题图件、图层、属性数据库的建设；开展华东地区成矿地质背景、成矿规律、地球物理、地球化学、遥感、自然重砂、矿产预测等综合信息成果的汇总、整合与集成，建立华东地区矿产资源潜力评价综合信息成果数据库和信息平台。

"华东地区矿产资源潜力评价综合信息集成"项目在实施过程中，为了协同华东五省的矿产资源潜力评价工作，严格遵循"统一组织、统一思路、统一方法、统一标准、统一进度"的"五统一"技术原则。在技术上严格按照矿产资源潜力评价的技术规范、技术要求、数据模型、工作方法和技术流程实施，并依据成矿地质背景、成矿规律及预测、重力、磁法、化探、遥感、自然重砂、地质地理信息、成矿区带分区代码规定、大地构造分区代码规定、数据项下属词规定、通用代码规定、空间坐标系统及其参数规定、统一图例规定、统一图式规定、元数据规定分册、编图说明书提纲分册等数据模型，建立了华东地区矿产资源潜力评价专题图(库)。华东地区矿产资源潜力评价综合信息集成充分应用现代矿产资源潜力评价的理论、方法和GIS评价技术，实现了华东地区矿产资源潜力评价的全程信息化和数字化。

本书是华东地区矿产资源潜力评价成果系列丛书之一。全书系统阐述了华东地区1∶50万数字地质图空间数据库、1∶20万数字地质图空间数据库、矿产地数据库、地质工作程度数据库、区域地球化学数据库、自然重砂数据库、区域重力数据库、区域航磁数据库8个基础地质数据库的现状、数据模型和更新维护成果；全面介绍了基础地质编图及铁、铝、铜、锌、铅、金、磷、钨、锑、稀土、锰、镍、锡、钼、银、硼、锂、硫、萤石、菱镁矿、重晶石21个矿种(组)的矿产资源潜力评价专题图件数据库的建设方法、流程及成果；详细说明了华东地区矿产资源潜力评价集成成果数据库运行环境的搭建建立方法，华东地区矿产资源潜力评价成果集成数据库的汇总与建库思路、方法、流程及应用效果；系统阐明了矿产资源潜力评价综合信息成果质量的监控措施、控制流程及技术方法。

本书由肖志坚、吴涵宇、马明、陈刚、徐振宇、叶隽等编写完成。在编写过程中，胡海风教授级高级工程师（安徽）、朱静苹高级工程师（江苏）、惠军高级工程师（江西）、李学燮教授级高级工程师（福建）、李翔工程师（浙江）承担了本省矿产资源潜力评价综合信息成果的统计工作。另在成矿地质背景研究、成矿规律研究、矿产预测研究、重力资料应用、磁测资料应用、化探资料应用、遥感资料应用、自然重砂资料应用、专题属性数据库建设等方面的研究，得到了中国地质调查局发展研究中心杨东来研究员、中国地质调查局发展研究中心左群超研究员、中国地质调查局南京地质调查中心班宜忠教授级高级工程师的大力支持和帮助，在此一并表示衷心的感谢。

限于作者的水平，加之时间仓促，书中难免存在不足之处，恳请专家同行批评指正。

作　者

2016 年 7 月

目　录

第一章 概 述

第一节 背景与目标

一、背景

众所周知，矿产资源是一个国家赖以生存的基础，对人口众多的我国来说尤其如此。进入21世纪以来，国际矿产品市场风云突变，主要矿产品（如石油、煤、铁、铝等）的价格一路飚升，充分说明了矿产资源对国民经济发展的影响力和重要性。而矿产资源潜力评价作为一项矿产勘查的前瞻性和战略性工作，用以查明和预测一个国家或地区某种矿产资源的潜力（包括已经查明的储量、潜在的资源量和未来一定时期内可能发现的矿产资源种类及其潜在的资源量），一直是政府、地质学界、企业界和经济界共同关注的大事。

加速查明我国的矿产资源总量、质量及其分布规律，为我国的长治久安和国民经济发展提供资源保障，已是各级政府及地质学界长期关注及努力的目标。为了进一步贯彻落实《国务院关于加强地质工作的决定》（国发〔2006〕4号）中“积极开展矿产远景调查和综合研究，科学评估区域矿产资源潜力，为科学部署矿产资源勘查提供依据”的精神和要求，国土资源部于2006年下半年全面部署并正式启动了“全国矿产资源潜力评价”计划项目。该计划项目下设47个工作项目，“华东地区矿产资源潜力评价与综合”是其中之一。

“华东地区矿产资源潜力评价与综合”工作项目下设6个课题，即：

华东地区矿产资源潜力评价管理及综合课题；

华东地区矿产资源潜力评价成矿地质背景研究课题；

华东地区矿产资源潜力评价成矿规律课题；

华东地区矿产资源潜力评价矿产预测课题；

华东地区矿产资源潜力评价物探、化探、遥感、自然重砂综合信息课题；

华东地区矿产资源潜力评价综合信息集成课题。

二、目标

1. 总体目标

（1）充分应用现代矿产资源预测评价的理论方法和GIS评价技术，开展华东地区煤炭、铁、铜、铅、锌、锰、镍、钨、锡、钾、金、铬、钼、锑、稀土、银、硼、锂、磷、硫、萤石、菱镁矿、重晶石共23个矿种的矿产资源潜力评价（2000m以浅范围内）。以成矿区（带）为单元，在分省（区、市）开展重要矿产资源总量预测的基础上，汇总开展全国单矿种总量预测，编制单矿种预测图，进行单矿种资源量估算。基本摸清全国重要矿产资源潜力及其空间分布，为研究制定国家矿产资源战略和国民经济中长期规划提供科学依据。

(2)以成矿地质理论为指导，深入开展各成矿区(带)及全国范围的区域成矿地质构造环境和成矿规律研究，研究总结各成矿区(带)典型矿床，建立矿床成矿模型(式)、区域成矿模式及区域成矿谱系；充分利用地质、物探、化探、遥感和矿产勘查等综合成矿信息，圈定成矿远景区和找矿靶区，逐个评价成矿远景区资源潜力，并进行分类排序；编制重要成矿区带成矿规律与预测图，为科学合理地规划和部署矿产勘查工作提供依据。

(3)建立并不断完善全国重要矿产资源潜力预测相关数据库，特别是成矿远景区的地学空间数据库、典型矿床数据库，为今后开展矿产勘查的规划部署研究奠定扎实的信息基础。

2. 华东地区矿产资源潜力评价综合信息集成课题目标

(1)编制基础地质数据库整理与维护技术要求，指导各省完成基础地质数据库维护工作，并组织验收。

(2)完成华东地区基础地质数据库更新维护数据库的汇总与集成。

(3)推广并指导各省全面、全过程应用GIS技术，组织相关应用软件的升级。

(4)指导各省完成省级专题数据库的建设，组织开展华东地区矿产资源潜力评价专题数据库验收、复核、汇总和集成。

(5)完成华东地区矿产资源潜力评价成果数据库的建库、汇总和集成。

第二节　项目的组织

“华东地区矿产资源潜力评价与综合”是一个综合性很强的项目，它纵向涉及到全国矿产资源潜力评价项目办各专业汇总组和华东地区省级矿产资源潜力评价项目，横向涉及6个课题组(图1-1)。因此，为了使项目能够顺利实施，项目设置了华东片区项目组织协调领导小组、华东地区矿产资源潜力评价项目领导小组办公室、华东片区矿产资源潜力评价技术顾问组等。

1. 片区项目组织协调领导小组

主要负责华东片区项目组织领导协调工作。

主任：陈国栋(2006—2010年)、黄海(2011年)、曲亚军(2012—2013年)。

成员：华东地区省(市)国土资源厅(局)分管领导。

2. 项目领导小组办公室

主任：郭坤一。

成员：华东地区省(市)国土资源厅(局)地勘处领导。

3. 片区技术顾问组

成员：常印佛、杨明桂、石礼炎、张永山、陆瑞宝。

4. 项目管理及综合组

负责人：郭坤一、班宜忠。

成员：高天山、骆学全、陈国光、肖志坚、袁平、刘红樱、张洁、刘卫红、徐茜茜。

项目管理及综合组负责组织编制项目总体设计、年度设计；参加编制技术指南、技术要求、综合图例手册；负责组织编制汇总课题成果报告及有关图件；参加编制项目管理办法，协助组织设计审查、成果验收、报告出版等业务活动；负责项目的日常管理、技术培训、业务活动；协调与全国汇总组、各省、各课题组间的工作关系。

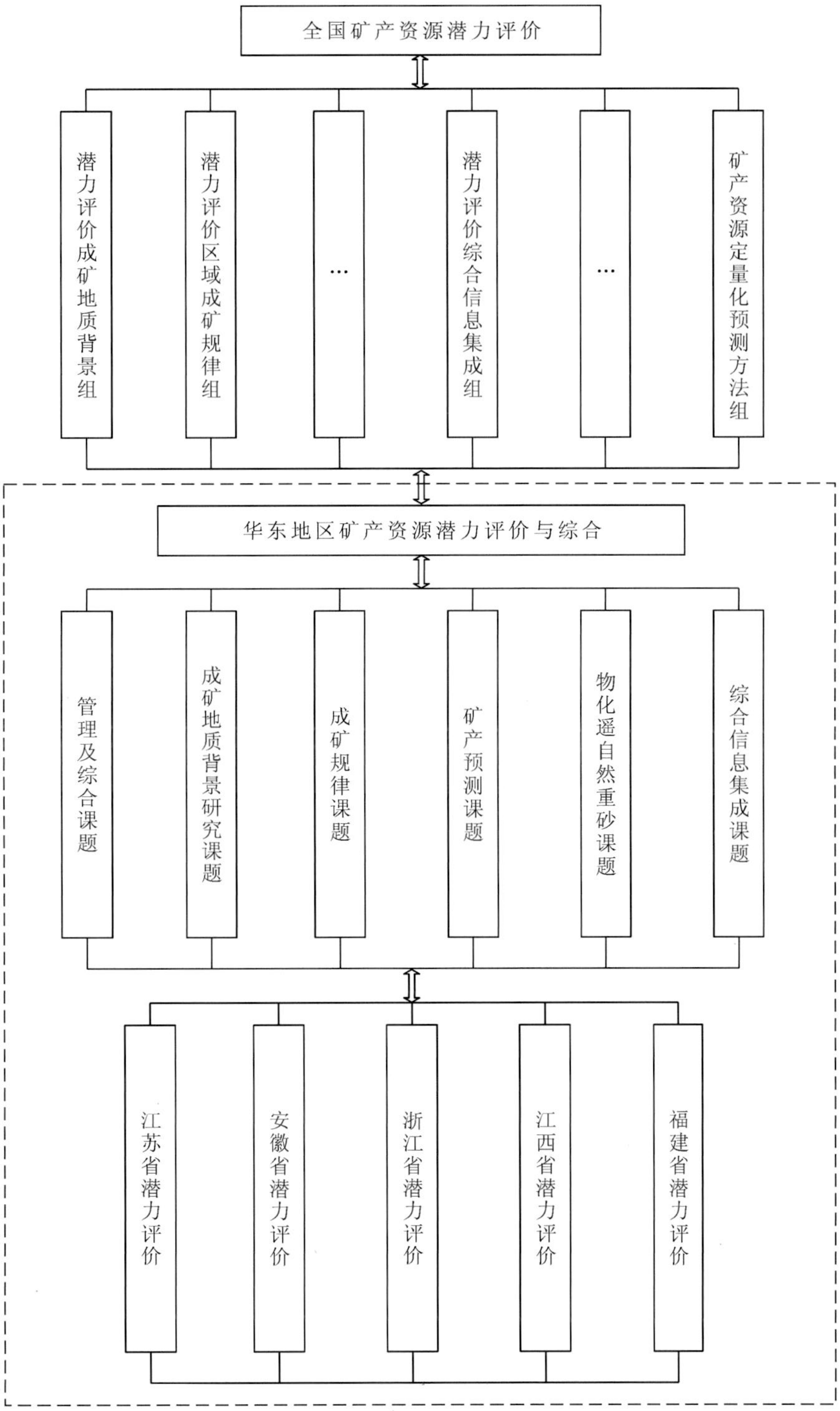

图 1-1　华东地区矿产资源潜力评价与综合项目体系结构图

第三节　标准规范及技术要求

一、地质信息基础标准与规范

(1)中国地质调查局　《地质图空间数据库建设指南(2011 版)》;
(2)中国地质调查局　DD 2006－05《地质信息元数据标准》;
(3)中国地质调查局　《矿产地数据库建设工作指南(2009 年修订版)》;
(4)中国地质调查局　《全国地质工作程度数据库工作指南(2010 版)》;
(5)GB 9649－1998 地质矿产术语分类代码;
(6)GB/T 13923－2001 国土基础信息数据分类代码;
(7)GB 2260－2006 中华人民共和国行政区划代码;
(8)GB/113989－92 国家基本比例尺地形分幅编号;
(9)GB 2808－81 全数字式日期表示法;
(10)GB 958－89 区域地质图图例(1∶5万);
(11)GB/T 17694－99 地理信息技术基本术语;
(12)DZ/T 0001－91 区域地质调查总则(1∶5万);
(13)DZ/T 0197－1997 数字化地质图图层及属性文件格式;
(14)DDB 9702 GIS 图层描述数据内容标准;
(15)DDZ 9701 资源评价工作中地理信息系统工作细则;
(16)GB 6390－86 地质图用色标准及用色原则(1∶5万);
(17)GB 6390－86 地质图用色标准及用色原则(1∶50 万～1∶100 万);
(18)地质矿产勘查标准汇编(1999);
(19)《1∶5万区域地质图空间数据库(分省)实施细则(2012 年版)》;
(20)《1∶5万区域地质图空间数据库建设标准代码汇编》;
(21)DD 2006－07 地质数据质量检查与评价标准;
(22)全国矿产资源潜力评价项目统一的 MapGIS 系统库。

二、基础地质数据库更新维护技术要求

主要是全国矿产资源潜力评价项目办编制的基础地质数据库更新维护系列技术要求。
(1)1∶250 万地质图数据库维护技术要求;
(2)1∶50 万地质图空间数据库维护技术要求;
(3)1∶20 万地质图空间数据库维护技术要求;
(4)矿产地数据库维护技术要求;
(5)地质工作程度数据库维护技术要求;
(6)区域重力数据库维护技术要求;
(7)区域地球化学数据库维护技术要求;
(8)自然重砂数据库维护技术要求;
(9)全国第二轮成矿远景区划数据库维护技术要求;
(10)典型矿床数据库建库技术要求;

(11)基础地质地理底图数据库维护技术要求。

三、矿产资源潜力评价专题数据库建库技术要求

(1)全国矿产资源潜力评价项目办《全国矿产资源潜力评价数据建模工作要求与指南》；
(2)《全国矿产资源潜力评价数据模型 总体说明》(v3.10)；
(3)《全国矿产资源潜力评价数据模型 成矿地质背景分册》(v3.10)；
(4)《全国矿产资源潜力评价数据模型 成矿规律及预测分册》(v3.10)；
(5)《全国矿产资源潜力评价数据模型 重力分册》(v3.10)；
(6)《全国矿产资源潜力评价数据模型 磁法分册》(v3.10)；
(7)《全国矿产资源潜力评价数据模型 化探分册》(v3.10)；
(8)《全国矿产资源潜力评价数据模型 遥感分册》(v3.10)；
(9)《全国矿产资源潜力评价数据模型 自然重砂分册》(v3.10)；
(10)《全国矿产资源潜力评价数据模型 地理信息分册》(v3.10)；
(11)《全国矿产资源潜力评价数据模型 成矿区带分区代码规定分册》(v3.10)；
(12)《全国矿产资源潜力评价数据模型 大地构造分区代码规定分册》(v3.10)；
(13)《全国矿产资源潜力评价数据模型 年代地层及岩石地层单位分册》(v3.10)；
(14)《全国矿产资源潜力评价数据模型 数据项下属词规定分册》(v3.10)；
(15)《全国矿产资源潜力评价数据模型 通用代码规定分册》(v3.10)；
(16)《全国矿产资源潜力评价数据模型 空间坐标系统及其参数规定分册》(v3.10)；
(17)《全国矿产资源潜力评价数据模型 统一图例规定分册》(v3.10)；
(18)《全国矿产资源潜力评价数据模型 统一图式规定分册》(v3.10)；
(19)《全国矿产资源潜力评价数据模型 元数据规定分册》(v3.10)；
(20)《全国矿产资源潜力评价数据模型 编图说明书提纲分册》(v3.10)；
(21)《全国矿产资源潜力评价数据模型 专业谱系及特征分类分册》(v3.10)；
(22)省级矿产资源潜力评价资料性成果图件及属性库复核汇总技术方案，全国矿产资源潜力评价项目办公室，项目办发(2010)35号。

四、矿产资源潜力评价建库软件工具

(1)全国矿产资源潜力评价数据模型规范和属性检查软件 GeoMAG；
(2)全国矿产资源潜力评价专题数据库空间拓扑检查软件 GeoTOK；
(3)全国矿产资源潜力评价元数据采集器；
(4)全国矿产资源潜力评价省级资料性成果集成建库软件 GeoPEX；
(5)全国矿产资源潜力评价成果数据集成平台 DipMopa；
(6)全国矿产资源潜力评价成果图件目录整理检查软件 GeoO35；
(7)编图制图软件 MapGIS6.7；
(8)多元地学空间数据库管理与分析系统 GeoExpl；
(9)区域地球化学数据库管理系统 GeoMDIS2005；
(10)物探重磁电数据处理与解译软件 RGIS；
(11)遥感图像数据处理系统 RMAP。

第二章　矿产资源潜力评价数据模型

华东地区矿产资源潜力评价需对煤炭、铁、铜、铅、锌、锰、镍、钨、锡、钾、金、铬、钼、锑、稀土、银、硼、锂、磷、硫、萤石、菱镁矿、重晶石共23个矿种开展预测评价，涵盖的专业技术领域包括成矿地质背景研究、成矿规律研究、矿产资源预测研究、重力应用研究、磁测应用研究、化探应用研究、遥感应用研究、自然重砂应用研究、信息技术应用研究等，涉及基础地质、物探、化探、遥感、科研及地矿勘查等基础资料。

华东地区矿产资源潜力评价项目具有以下特征：

(1)超大型(参加行业多、单位多、人员多、评价矿种多、投入经费多、时间周期长)、多专业(地质、物探、化探、遥感、信息等)、系统工程(统一部署、统一标准、统一要求、统一方法、统一进程)。

(2)全面全过程应用GIS信息技术和矿床模型综合地质信息预测方法。

为了确保矿产资源潜力评价的技术路线"全面全过程应用GIS技术手段"落到实处，保障矿产资源潜力评价工作的核心思想"矿床模型综合地质信息预测"贯彻顺利，并最终实现矿产资源潜力评价综合信息成果汇总与集成，就必须建立一套可供项目全员遵循的矿产资源潜力评价数据模型，这也是项目实施的核心任务之一。数据模型涵盖两大部分，即基础地质数据库数据模型(基础地质数据库建库已实施多年，均有成型的数据模型)和矿产资源潜力评价专题数据模型。

第一节　基础地质数据库现状及数据模型

自数字国土工程开展以来，中国地质调查局对我国几十年积累的大量地质工作资料进行了数字化建设和数据库建设，基本建立了国家基础地学数据库体系。据不完全统计，已经完成和正在建设的与矿产资源潜力评价相关的全国性数据资源有17个类别22个数据库，数据量达10TB以上。主要包括1∶500万、1∶250万、1∶50万、1∶25万、1∶20万、1∶5万数字地质图空间数据库，全国矿产地数据库，全国自然重砂数据库，全国同位素地质测年数据库，全国1∶20万～1∶50万区域地球化学数据库(39个元素)，全国1∶20万～1∶100万区域重力调查数据库，全国1∶20万～1∶100万航空磁测数据库、全国航空电磁数据库，全国航空放射性数据库，全国地质工作程度数据库，全国矿产储量数据库，全国地层数据库，全国第二轮成矿远景区划数据库，全国钻孔及测井数据库(框架)，全国岩石数据库，地学专题图数据库，以及航空遥感影像数据库等。

华东地区基础地质数据库的建设与全国同步实施，除未直接参与全国航空放射性数据库、航空遥感影像数据库外，其余数据库均是由各省按省区范围、按统一标准进行建库，因此已基本上形成了省级、区域性基础地学数据库体系。本次参与华东地区矿产资源预测评价的基础地质数据库主要有：

(1)1∶50万数字地质图空间数据库；

(2)1∶20万数字地质图空间数据库；

(3)矿产地数据库；

(4)地质工作程度数据库；

(5)区域地球化学数据库；

(6)区域重力数据库;
(7)自然重砂数据库;
(8)航磁数据库。

一、1∶50 万数字地质图空间数据库现状及数据模型

1. 1∶50 万数字地质图空间数据库现状

中华人民共和国 1∶50 万数字地质图数据库,是由原国家计委和原地质矿产部共同立项,由原地质矿产部组织实施、中国地质调查局最终完成的国家计划项目。该项目还列入了原地质矿产部"九五"科技攻关项目,项目编号 9506013。项目领导小组组长叶天竺,副组长陈小宁,成员李廷栋、李裕伟、胡魁、叶冬松、张洪涛、曾邵金、邬宽廉、何永祥。

项目于 1997 年启动,全国 27 个省(区)先后有 300 多人参加,历时 3 年于 1999 年 12 月 28 日建成,它是我国第一个全国性的数字地质图数据库。

数据库由地质图库和地理图库构成,数据量约 1.0GB,是覆盖全国的大型地质数据库。该库以 20 世纪 80 年代后期出版的各省(区)1∶20 万区域地质志附图为基础资料,使用了全国岩石地层单位清理成果,补充使用了 80 年代中期至 1996 年(个别省用到 1997 年)的 1∶5 万区域地质调查资料 2464 幅,1∶20万区域地质调查资料 552 幅,科研专题成果资料 174 项。较好地反映了我国近期区域地质研究程度和水平。数据库提供我国 1∶50 万区域地质所涉及的水系、境界、地层、火山岩、侵入岩、断层、构造、钻孔等相关信息。数据范围涉及 1∶50 万图幅 209 幅,表示了岩石地层单位 5347 个图例,花岗岩类谱系单位 1802 个图例及侵入体时代加岩性单位 1780 个图例,跨省区断裂 77 条,各省(直辖市、自治区)内重要断层 558 条,同位素年龄数据 1545 个(组),有代表性的钻孔 382 个。

项目组基于 Windows 98/XP 操作系统,通过对 MapGIS 进行二次开发,建立了 1∶50 万数字地质图空间数据库管理系统,实现了按任意空间范围、任意地质内容、地理内容及属性内容的检索、成图、自动形成图例、输出等功能(图 2-1)。

华东地区 1∶50 万数字地质图空间数据库是由华东五省共同参加,并按全国统一标准建立完成,属于全国 1∶50 万数字地质图空间数据库的一部分(图 2-2)。

2. 1∶50 万数字地质图空间数据库数据模型

1∶50 万数字地质图空间数据库的图层按物理层和逻辑层划分。

(1)物理层划分。物理层主要分为点元、面元和线元三大类。

点元:包括地质代号、符号、花纹、钻孔、同位素年龄数据等。

面元:包括岩石地层单位和非正式单位(含并组单位)、花岗岩类谱系单位(单元和超单元)、独立侵入体及脉岩和特殊地质体,还有≥$2mm^2$ 水体和雪盖。

线元:包括各类地质、地层界线和各类断层界线。

(2)逻辑层的划分。地层单位按地质时代归并为 9 个图层:Q、E+N+K、J、T+P、C+D、S+O、∈+Z、$Pt_3^1+Pt_2$、Pt_1+Ar。

岩浆岩单位按岩类分为 5 大类,即 5 个图层:超基性岩类、基性岩类、中性岩类、中酸性-酸性岩类、碱性岩类。

断层为 1 个图层,用不同的线型分别表示 3 类断层。

地质代号、符号花纹、钻孔、同位素年龄数据等均为点元 1 个图层。

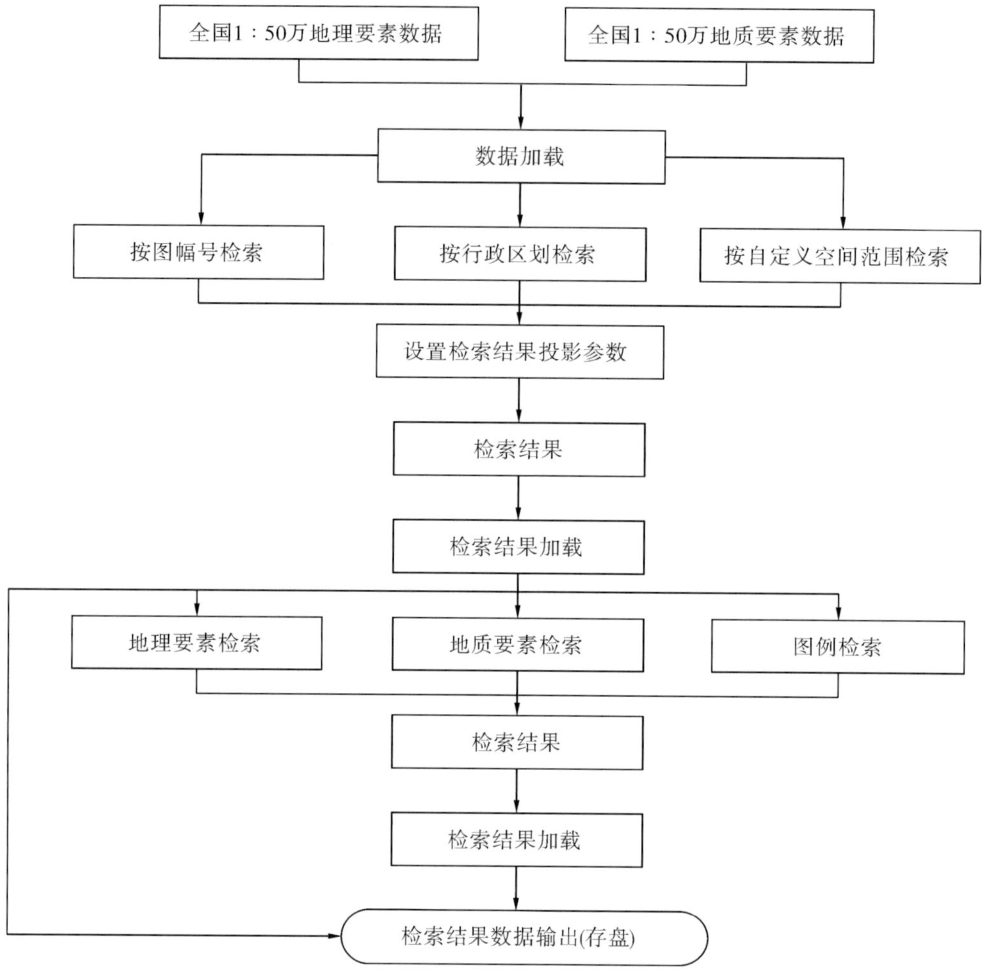

图 2-1　1∶50 万数字地质图管理系统应用流程图

二、1∶20 万数字地质图空间数据库现状及数据模型

1. 1∶20 万数字地质图空间数据库现状

1995 年原地质矿产部地质调查局以地调函〔1995〕07 号文致原中国地质矿产信息研究院，正式下达了“地理信息系统（GIS）应用试点”任务，研究内容包括面向 GIS 矿产资源区域评价的图层标准、GIS 工作流程、空间数据库的建立、地质模型系统设计、目标图层综合数学模型设计等。由原地质矿产部地质调查局、原地质矿产部信息研究院和原地质矿产部四川省地质矿产局组织试点工作。

1996 年在河北、山东、安徽、河南、湖南、云南、甘肃、新疆 8 个省（区）开展了 1∶20 万区域地质图空间数据库的建库试点；1997 年在全国全面展开，全国 29 个省（直辖市、自治区）先后有 1200 人参加，于 2002 年 8 月全面完成建库任务。

全国 1∶20 万数字地质图空间数据库建库经历了三大阶段，即 1995—1996 年的试点阶段、1997—2001 年的分省数据采集阶段和 2001—2002 年数据综合处理阶段。

全国 1∶20 万数字地质图空间数据库共建库 1163 幅，建立元数据 1163 幅（图 2-3）。

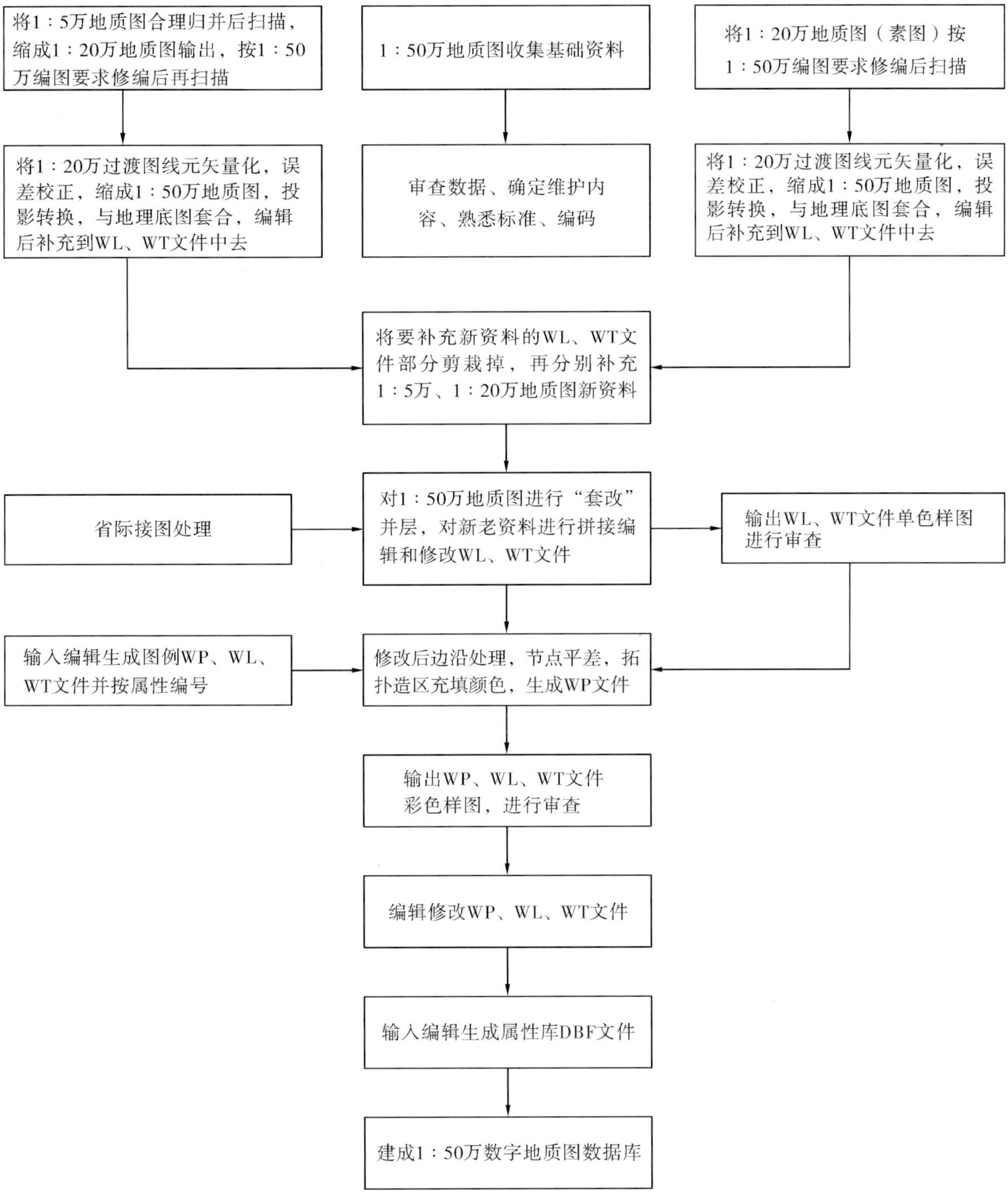

图 2-2　1∶50 万数字地质图编图及建库流程图(据 1∶50 万数字地质图维护技术报告)

华东地区 1∶20 万数字地质图空间数据库共计 139 幅，分别由华东五省地质调查(研究)院建立完成(其中江苏 14 幅、安徽 34 幅、浙江 28 幅、江西 32 幅、福建 31 幅)，并由建库牵头单位中国地质调查局发展研究中心统一汇总和集成。华东地区 1∶20 万数字地质图空间数据库除部分第四纪覆盖区外，已基本覆盖整个华东地区(图 2-4)。

全国 1∶20 万数字地质图空间数据库项目采用 VBA(Visual Basic for Application)编程语言，基于 SQL Server2000 与 ArcGIS8. X(ArcInfo Workstation、ArcInfo Desktop、ArcSDE、ArcView)平台开发了全国 1∶20 万数字地质图空间数据库数据管理系统。管理系统可实现对 1∶20 万数字地质图空间数据库的数据管理、图形浏览、空间查询、属性查询、元数据查询及数据输出等功能(图 2-5～图 2-7)。

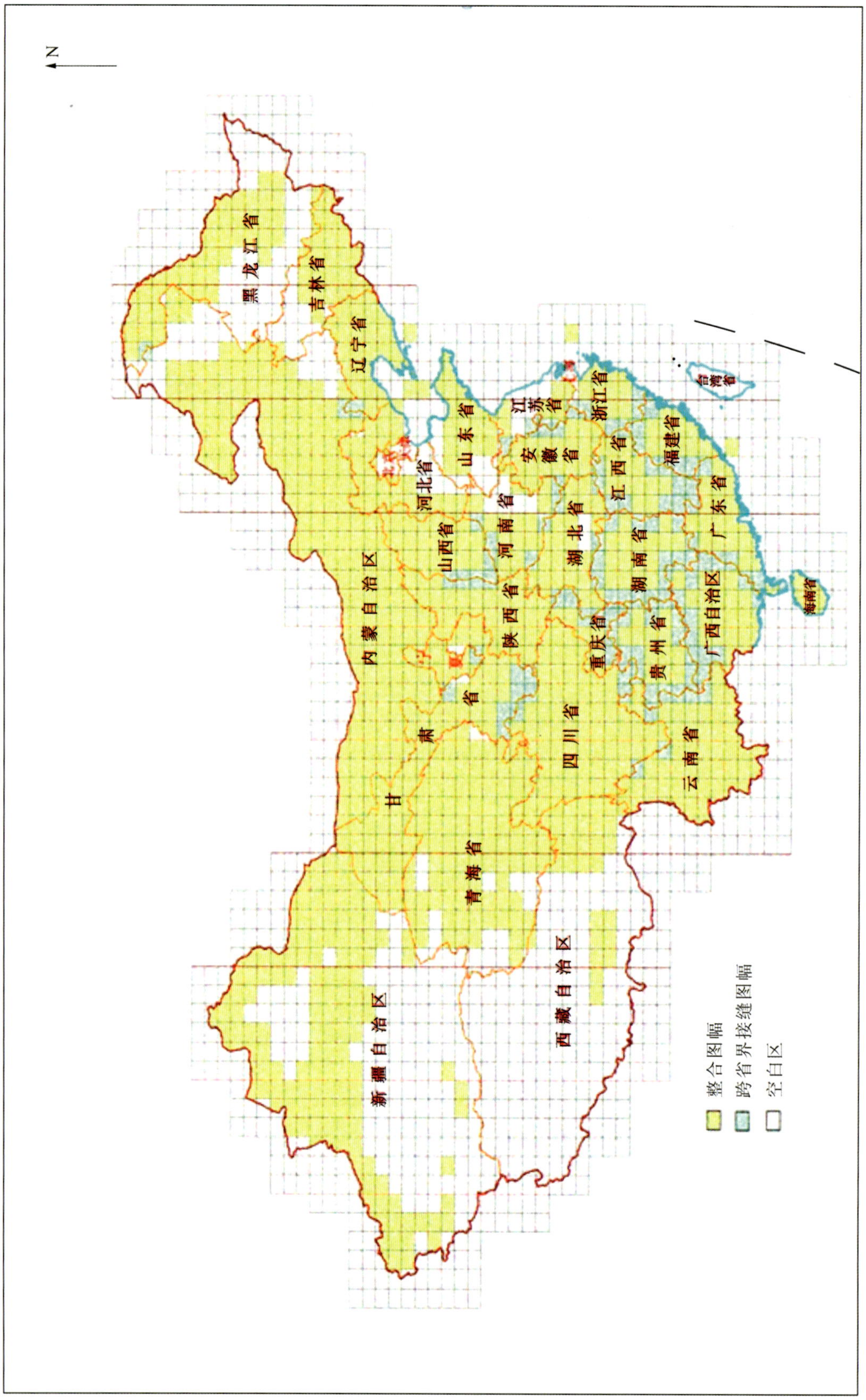

图 2-3　全国 1：20 万数字地质图空间数据库工作程度图

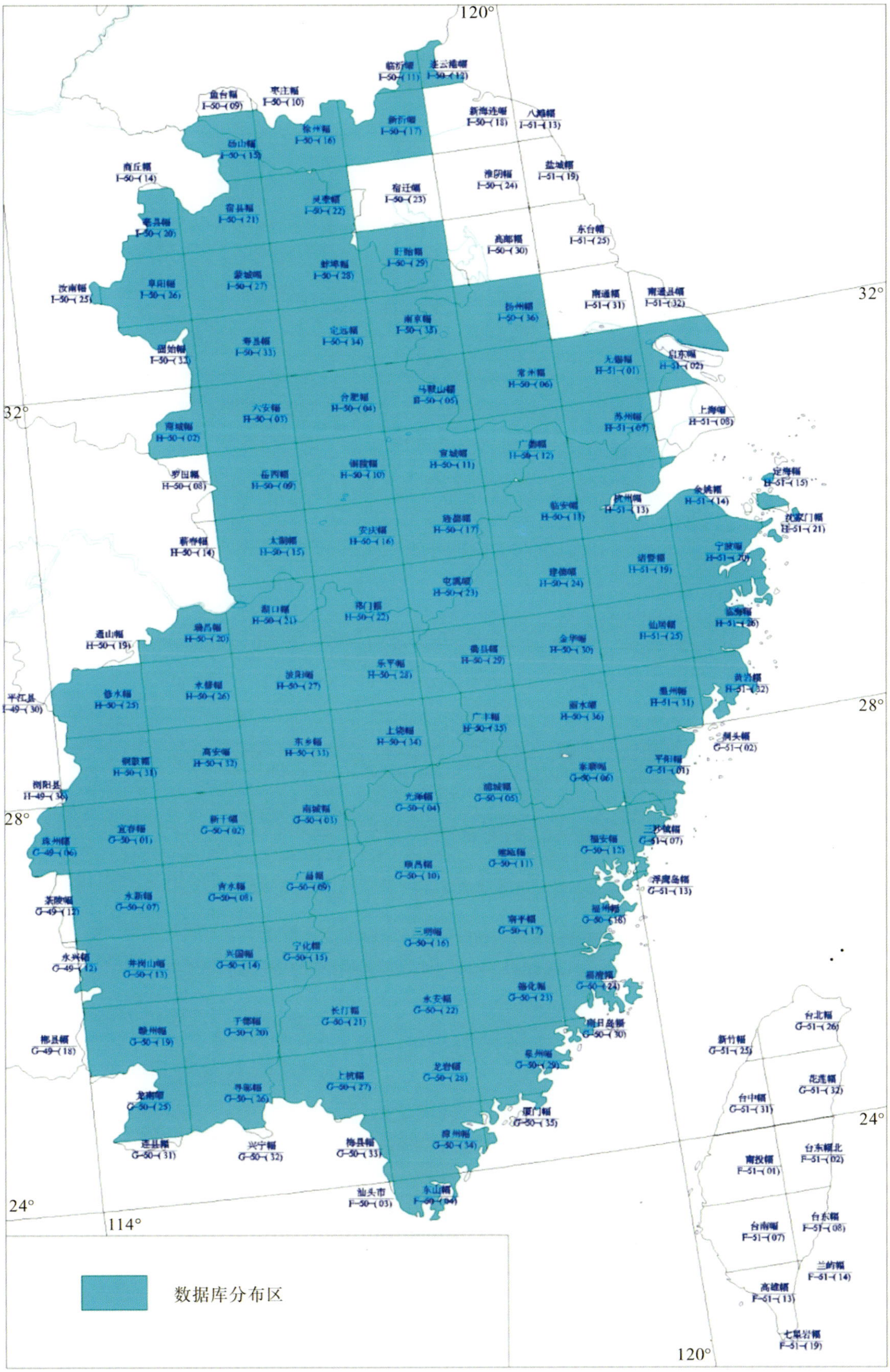

图 2－4　华东地区 1∶20 万数字地质图空间数据库工作程度图

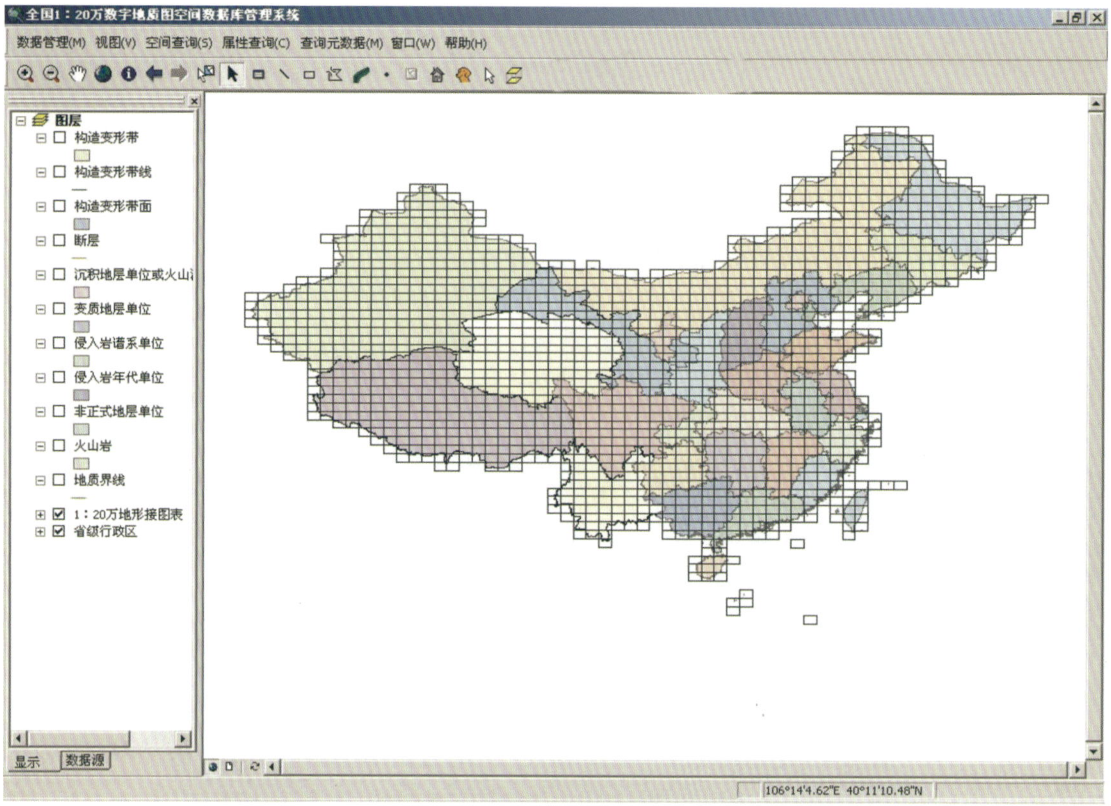

图 2-5　全国 1：20 万数字地质图空间数据库管理系统基本界面

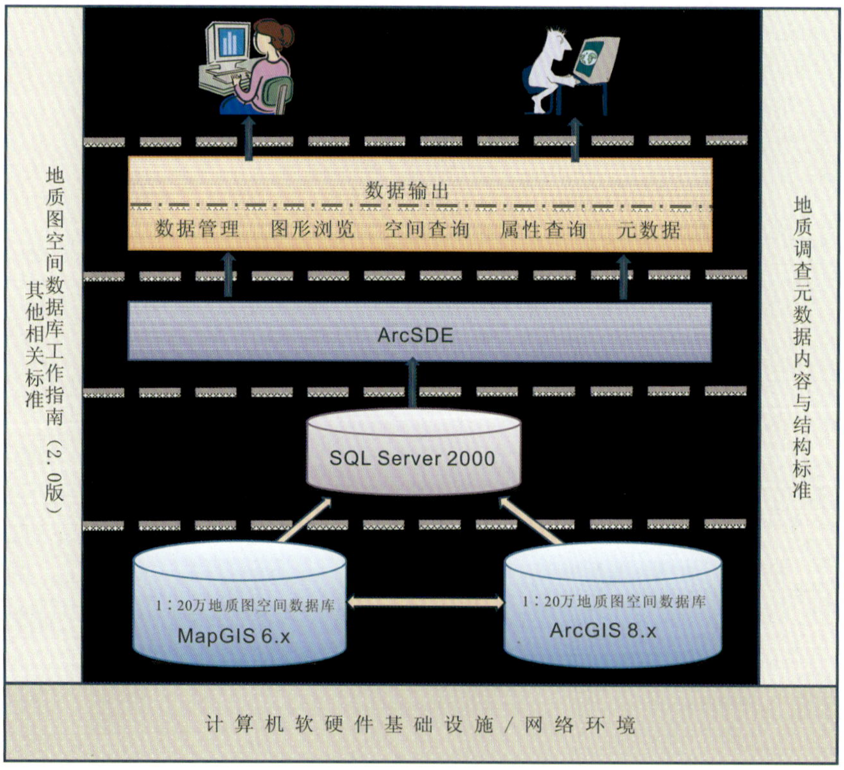

图 2-6　全国 1：20 万数字地质图空间数据库管理系统体系结构框图

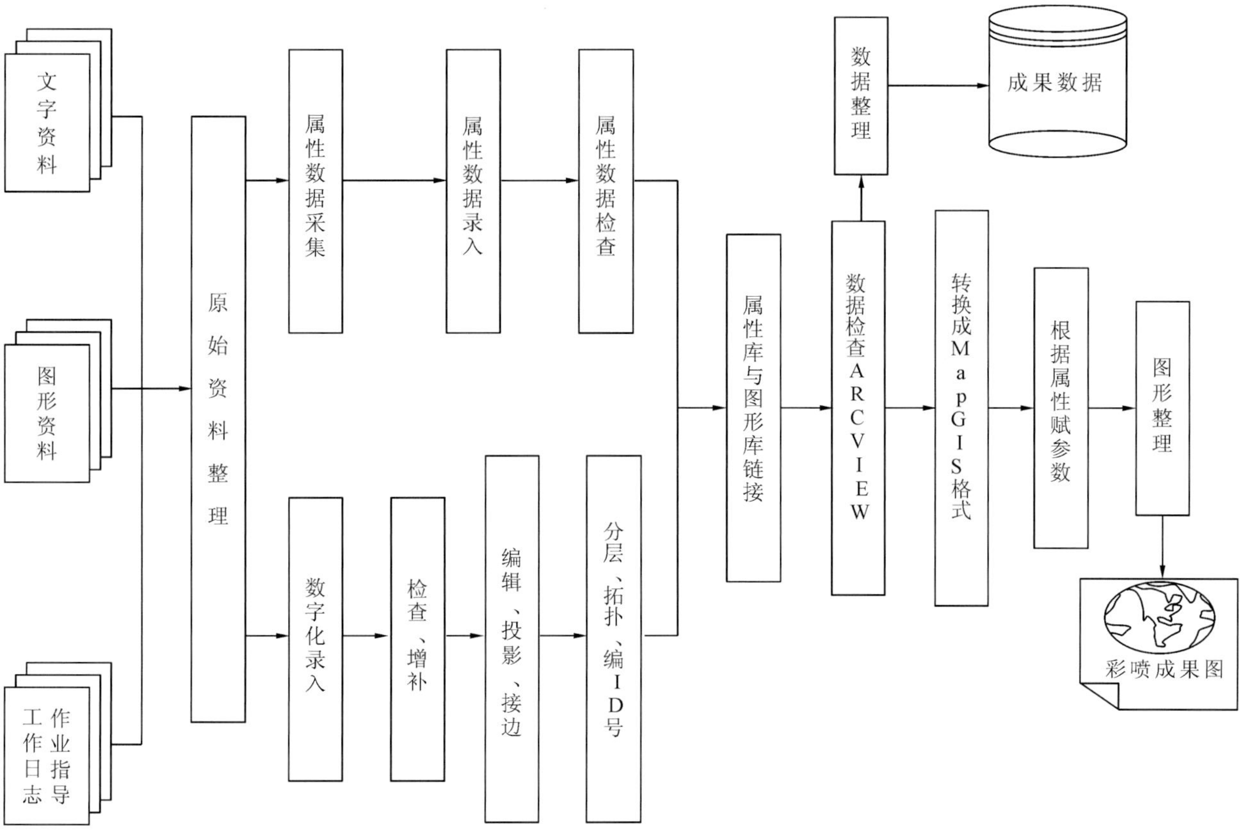

图 2-7　全国 1∶20 万数字地质图空间数据库管理系统的高层流程图

2. 1∶20 万数字地质图空间数据库数据模型

1∶20 万数字地质图空间数据库建库以《空间数据库工作指南(2.0 版)》为准。该指南详细划分了地理及地质图层(点、线、面及整饰图层共计 22 个),并规定了图层及属性表命名规则(表 2-1,图 2-8)。

(1)图层命名规则。

△ × △△△　××

- ××：某一图类中划分的图层数字编号
- △△△：图名的汉语拼音首字母缩写，3位
- ×：比例尺代码(A-1∶100万，B-1∶50万，C-1∶25万，D-1∶10万，E-1∶5万，F-1∶2.5万，G-1∶1万，R-1∶20万)
- △：图类代码(如D:地质，L:地理)

(2)属性表命名规则。

△ × △△△　××　　△

- △：图层属性表的识别码
- ××：图层数字编号
- △△△：图名的汉语拼音首字母缩写，3位
- ×：比例尺代码(A-1∶100万，B-1∶50万，C-1∶25万，D-1∶10万，E-1∶5万，F-1∶2.5万，G-1∶1万，R-1∶20万)
- △：图类代码(如D:地质，L:地理)

(3)图层划分表。

表 2-1　1∶20 万数字地质图空间数据库图层划分一览表

类别	图层内容	图层名称	图层分项名称	图层含义	图层类型	备注
地理图层	基本信息图层	LX△△△01	LX△△△01T	图幅角点 TIC		
			LX△△△01J	图幅基本信息(以标准图框赋基本信息图层属性)	弧段	
	水系图层	LX△△△02	LX△△△02H	单线河流(含季节性河流和干沟)、海岸线等	弧段	
			LX△△△02S	双线河、湖泊、水库、沼泽地、雪线等	多边形	参与拓扑
	交通图层	LX△△△03	LX△△△03J	铁路、公路等	弧段	
	居民地图层	LX△△△04	LX△△△04J	居民地和各级政府驻地	多边形	
	境界图层	LX△△△05	LX△△△05X	行政区划	多边形	
			LX△△△05J	境界线	弧段	
	地形图层	LX△△△06	LX△△△06D	地形等高线	弧段	
			LX△△△06G	各级控制点、山峰高程点	点	
地质图层	地层图层	DX△△△01	DX△△△01J	所有地质界线(包括地层界线、变质地层界线、火山岩性界线、非正式地层单位界线、侵入岩界线及水体界线和断层界线等)	弧段	
			DX△△△01D	沉积地层单位和火山沉积地层单位	多边形	参与拓扑
			DX△△△01B	变质岩系地层单位	多边形	参与拓扑
	火山岩岩性图层	DX△△△02	DX△△△02H	火山岩岩性	多边形	不参与拓扑
	非正式地层单位图层	DX△△△03	DX△△△03D	非正式地层单位	多边形	参与拓扑
	侵入岩图层	DX△△△04	DX△△△04N	侵入岩年代单位	多边形	参与拓扑
			DX△△△04P	侵入岩谱系单位	多边形	参与拓扑
	脉岩图层	DX△△△05	DX△△△05M	脉岩	多边形	参与拓扑
	围岩蚀变图层	DX△△△06	DX△△△06S	各种围岩蚀变带	多边形	不参与拓扑
	混合岩化带、变质相带图层	DX△△△07	DX△△△07H	各种混合岩化带	多边形	不参与拓扑
			DX△△△07B	变质相带	多边形	不参与拓扑
	断层图层	DX△△△08	DX△△△08D	断层	弧段	
	构造变形带图层	DX△△△09	DX△△△09G	构造变形带	多边形	参与拓扑
	矿产图层	DX△△△11	DX△△△11K	矿产地	点	
	产状符号图层	DX△△△12	DX△△△12C	产状符号	点	

续表 2－1

类别	图层内容	图层名称	图层分项名称	图层含义	图层类型	备　注
地质图层	其他图元图层	DX△△△13	DX△△△13H	化石采样点	点	
			DX△△△13T	同位素年龄采样点	点	
			DX△△△13K	钻孔点	点	
			DX△△△13S	各类火山口	点	
			DX△△△13Q	泉点	点	
			DX△△△13P	剖面线	弧段	
整饰图层	图内整饰图层（整体整饰）	ZX△△△01	ZX△△△01N	图面内容的图内整饰		
	图内整饰图层（分层整饰）	ZX△△△	ZX△△△	图面内容的图内整饰按分层进行整饰，其整饰图层的名称命名方法同地层图层的命名方法，只需将首字母 D 改为 Z 即可。如 DX △△△04N 改为 ZX△△△04N		
	图外整饰图层（整体整饰）	ZX△△△02	ZX△△△02W	图面内容的图外整饰		
	图外整饰图层（分层整饰）	ZX△△△02	ZX△△△02Z	图廓外的柱状图		
		ZX△△△02	ZX△△△02P	图切剖面图		
		ZX△△△02	ZX△△△02T	图例		

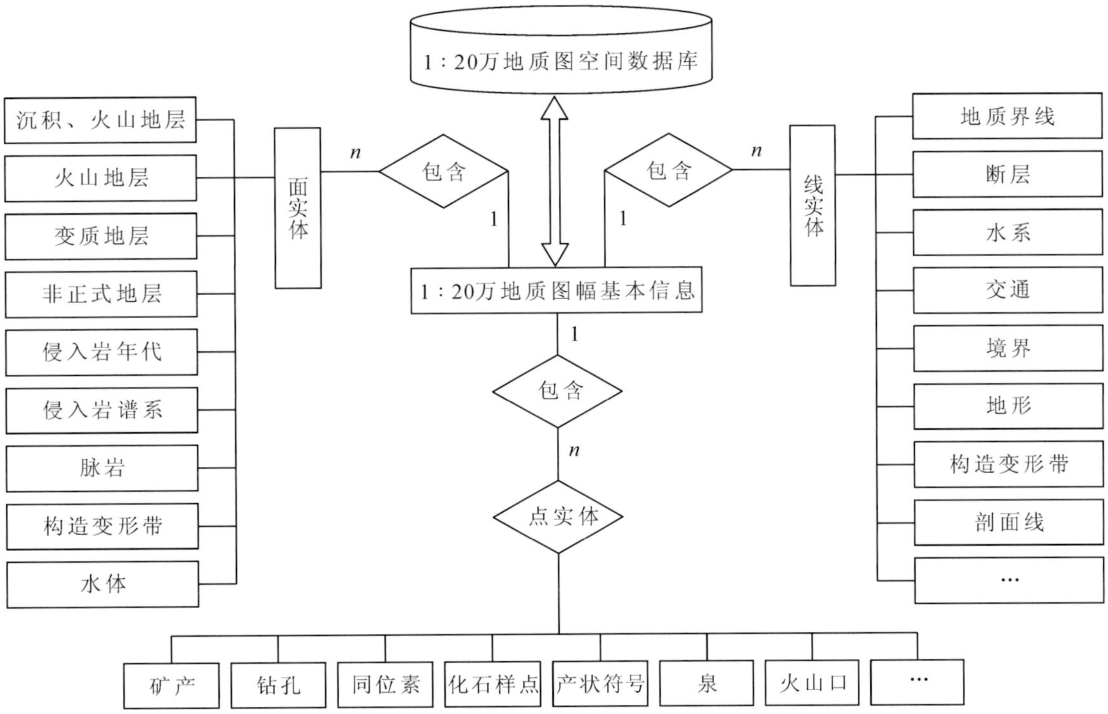

图 2－8　1∶20 万数字地质图空间数据库概念模型

三、矿产地数据库现状及数据模型

1. 矿产地数据库现状

全国矿产地数据库建设工作始于1995年。原地质矿产部为了提高省级地矿勘查管理部门中青年干部的管理水平，促进成矿预测、找矿靶区的优选，在原地质矿产部信息研究院储量数据库和安徽省地质矿产局完成的矿床(点)数据库基础上，提出了建设全国大中型矿产地数据库的要求，并列入当年地勘工作计划，下达各省(区、市)地质矿产局执行。

1997年随着各类数据库建设的进一步深入，对矿产地分布信息的需求逐步增大，因此提出了在全国大中型矿产地数据库的基础上增加小型矿产地、主要成矿区带的重要矿点、扫描输入典型矿区缩编图件的工作要求，使全国大中型矿产地数据库逐步演变为矿产地数据库。

1999年随着新一轮国土资源大调查工作的开展，建立全国矿产地数据库，为社会提供公益性服务的需求日益凸显。因此，中国地质调查局正式启动了全国矿产地数据库建库工作。

全国矿产地数据库首先以建立大中型矿产地数据库为起点，随着工作需求的拓展及信息技术的发展，全国矿产地数据库在1995—1996年、1997—1998年和1999—2003年间先后经历了大中型矿产地数据库、矿产地数据库及全国矿产地数据库(地矿系统)建设3个任务阶段。

全国原工业部门等有关地勘单位的矿产地数据库建设于2001年启动，2004年12月提交工作成果。2005—2006年由中国地质调查局发展研究中心对全国地矿系统和全国原工业部门等有关地勘单位所建的矿产地数据库进行了集成维护，形成了一个完整的全国矿产地数据库(含行业)。

全国矿产地数据库(含行业)是由全国30个省级地质调查院、8个原工业部门先后共计450人次参加完成。数据库全面系统地收集了全国行业系统各单位完成的包括固体矿产、能源矿产(不含油气矿产)、化工原料非金属矿产、建筑材料非金属矿产等大中小型矿产地、矿点及矿化点的资料，收录了我国开展矿产资源调查及相关地质调查工作以来所发现的33 794个大中小型矿床、矿点及重要矿化点等矿产地信息，以及800个典型矿床的矿区地质图、矿区重要剖面图数据。总数据量为20GB，其中属性数据量约100MB，数据库格式为MS ACCESS 2000。

为了便于矿产地的管理，全国矿产地数据库项目组开发了《全国矿产地数据库应用系统(KCD1.0)》。该系统采用了以ESRI MapObjects构件为基础的开发模式，是在Windows98/2000/XP操作系统下建立的集数据源与应用为一体、空间数据与非空间数据库共存、对矿产地数据库进行数据管理的应用系统。

华东地区矿产地数据库是在华东五省地质调查(研究)院完成的基础上，由南京地质调查中心牵头，华东五省地质调查(研究)院参加，于2003—2005年对矿产地数据库进行更新维护，资料截至2004年底，共计收录矿产地7744处(表2-2)。

表2-2 华东地区2005年前矿产地数据库统计表

省名	矿产地点位数						图形图像	
	验收提交	数据复核	维护新增	数据综合	成果数	矿种拆分	典型矿区数	图形图像文件数
江苏	434	483	117	584	709	109	10	200
浙江	2139	2139	63	2185	2313	111	10	184
安徽	503	503	211	710	808	94	10	32
福建	2401	2401	−93	2289	2465	157	10	371
江西	1063	1131	155	1247	1449	163	11	64
合计	6540	6657	453	7015	7744	634	51	851

2. 矿产地数据库数据模型

矿产地数据库建库以《矿产地数据库建设工作指南》为基本标准，矿产地数据库由 9 个表组成，即：①矿产地基本情况；②矿区地质情况；③矿体特征；④煤层特征；⑤矿产储量；⑥选矿试验；⑦开采技术条件；⑧矿床技术经济评价；⑨矿产勘查工作概况。9 个表之间的逻辑关系见图 2-9。

根据矿产资源潜力评价工作的需求，本次工作对矿产地基本信息表和矿产储量表的结构做了部分调整（表 2-3、表 2-4）。

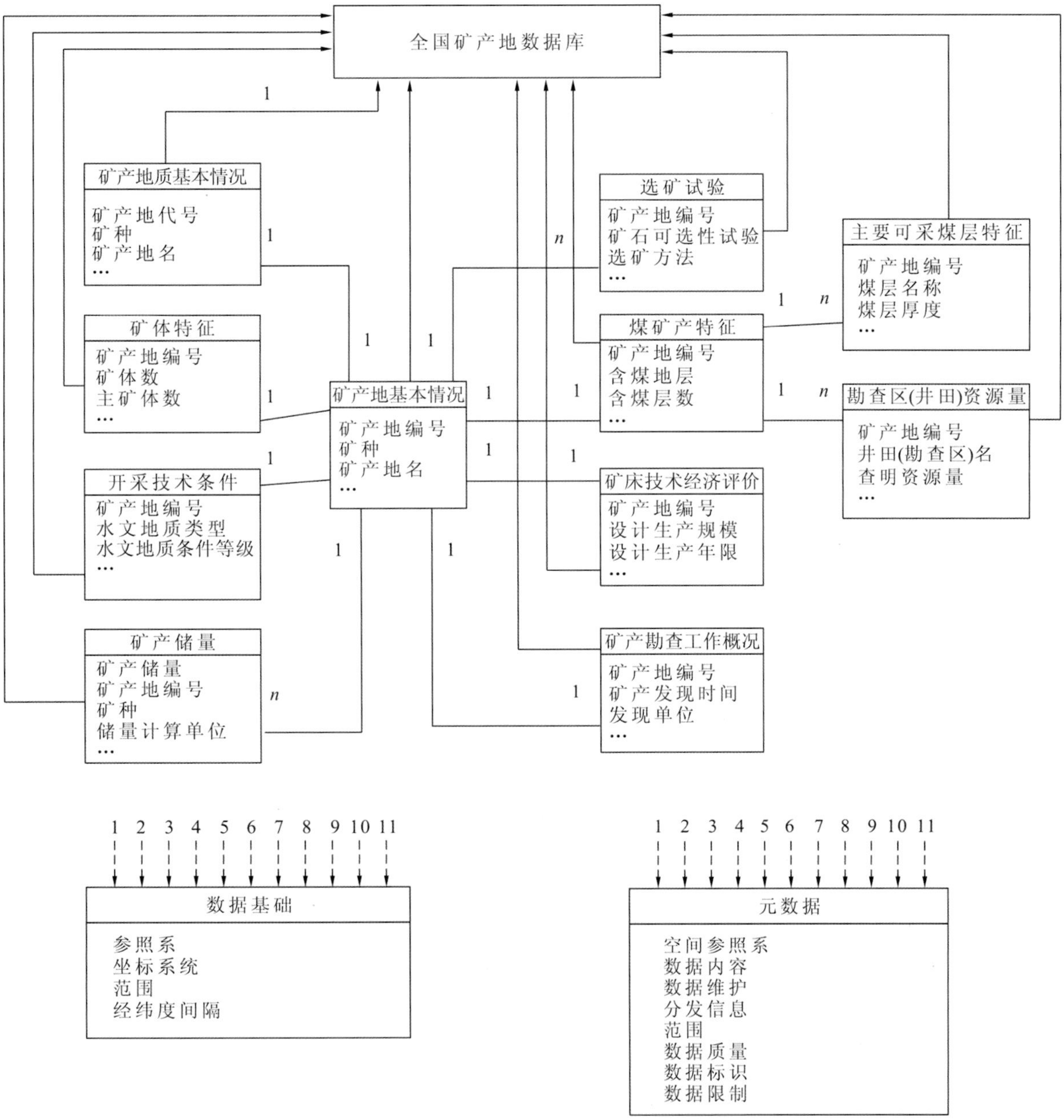

图 2-9 全国矿产地数据库概念模型

表 2-3　矿产地基本信息属性表

序号	数据项名称	数据项代码	数据类型及长度	备　注
1	矿产地编号	KCAAA	C9	
2	矿　种	KCC	C19	
3	矿产地名	JJDAJ	C20	
4	交通位置	JJGLA	C40	
5	地理经度	DWAAC	C15	度分秒
6	地理纬度	DWAAD	C13	度分秒
7	矿床成因类型	KCBA(MDEA)	C4	
8	共生矿	KCCA	C24	
9	伴生矿	KCCB	C24	
10	矿床规模	PKGKB	C1	
11	成矿时代	KCAOC	C7	
12	三级成矿带	KCAOAE	C4	
13	四级成矿带	KCAOAF	C5	
14	地质工作程度	PKD	C2	
15	开采情况	JJDCBF	C1	
16	维护情况	WHQK	C7	新增数据项

表 2-4　矿产资源储量属性表

序号	数据项名称	数据项代码	数据类型及长度	备　注
1	矿产地编号	KCAAA	C9	
2	矿　种	KCC	C14	
3	储量计算单位	PKCE	C2	
4	探明储量	PKCABF	N9.2	
5	A 级储量	PKCABA	N9.2	
6	B 级储量	PKCABB	N9.2	
7	C 级储量	PKCABC	N9.2	
8	D 级储量	PKCABD	N9.2	
9	E 级储量	PKCABT	N9.2	
10	F 级储量	PKCABU	N9.2	
11	G 级储量	PKCABV	N9.2	
12	333 级储量	333	N9.2	新增数据项
13	334 级储量	334	N9.2	新增数据项

四、地质工作程度数据库现状及数据模型

1. 地质工作程度数据库现状

全国地质工作程度数据库建设于 2001 年正式启动，2004 年 6 月完成建库，由中国地质调查局发展研究中心牵头，全国各省（直辖市、自治区）、有色、冶金、煤炭、核工业、建材、化工、武警黄金指挥部、中国老科学技术工作者协会地矿分会和中国地质调查局航空物探遥感中心等 40 多家单位参加，共计 765 人次参与数据库建设工作，历时 3 年半完成。全国地质工作程度数据库全面系统地收集和整理了全国 20 世纪的地质成果资料，建立了涵盖地质专业种类最全、覆盖范围最大、数据量最多的全国地质工作程度数据库。数据库总数据量达 580MB。

全国地质工作程度数据库采集资料从 1903 年至 2000 年，数据记录 93 321 条（含 2000 年以后的数据 1378 条）。全国地质工作程度数据库包括地质工作程度面元矢量数据 94 699 条，涵盖区域地质调查、地球物理勘查、地球化学勘查、矿产勘查、水文地质调查、工程地质调查和环境地质调查 7 类地质专业。矿产地点元矢量数据 56 802 条，涵盖有色金属、黑色金属、贵金属、稀有稀土金属、能源、非金属和水气矿产等 13 个矿种系列。矿区实物工作量关系型数据 137 248 条，涉及到钻探、槽探、坑探等主要实物工作量。

全国地质工作程度数据库项目开发了基于 MapGIS 平台的《全国地质工作程度数据库管理应用系统（GeoWorkMap）》和基于 MapObjects 平台的《全国地质工作程度数据库管理应用系统（GWM）》，系统具有数据查询、数据输出、数据库维护、系统帮助、自动形成图例、图式等各种功能（图 2－10）。

华东地区地质工作程度数据库是在华东五省建设成果的基础上，于 2003 年又由各省对部分地质工作程度数据库进行更新维护，重点是对地质工作程度数据库进行了数据补充和完善，资料截至 2003 年。至此，华东地质工作程度数据库共计收录 13 668 项（表 2－5）。

表 2－5　2003 年前华东地区地质工作程度数据库建库一览表

省名	江苏	安徽	浙江	江西	福建	合计
建库记录数	1801	2977	3192	2770	2928	13 668

2. 地质工作程度数据库数据模型

全国地质工作程度数据库由 3 个表组成，地质工作程度属性表、矿产地属性表和矿区工作情况表（图 2－11）。

全国地质工作程度数据库图层的划分以地质工作专业种类及其子类、工作比例尺作为划分的依据，主要包括区域性基础地质调查和矿产勘查两大类。其中区域性基础地质调查类按地质工作专业种类、子类、工作比例尺划分为 126 个图层，矿产勘查类按区域矿产资源调查、矿产资源普查、矿产资源详查、矿产资源勘探等划分为 30 个图层。

(1)图层编号规则。

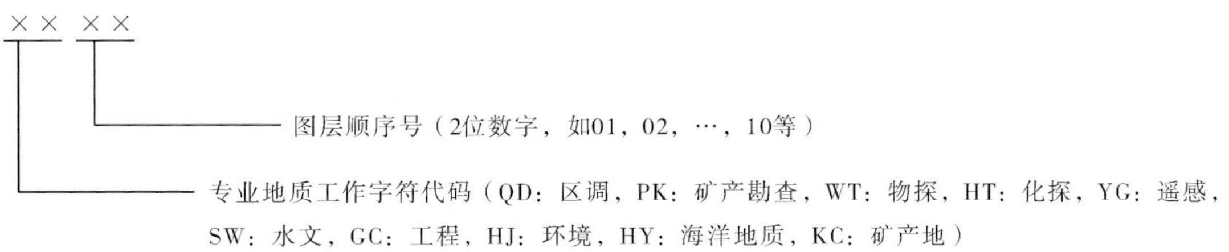

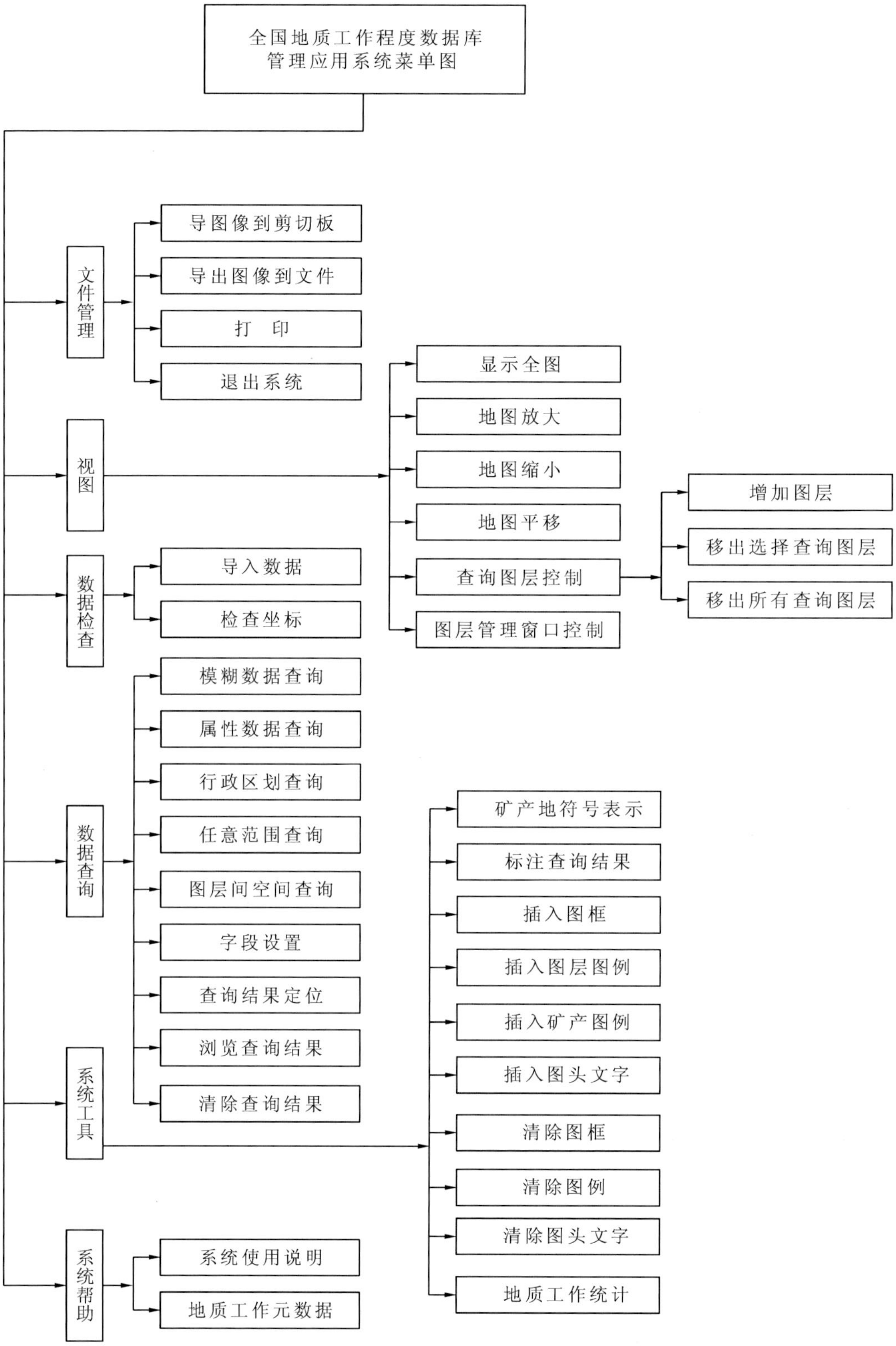

图 2-10　全国地质工作程度数据库管理应用系统结构图

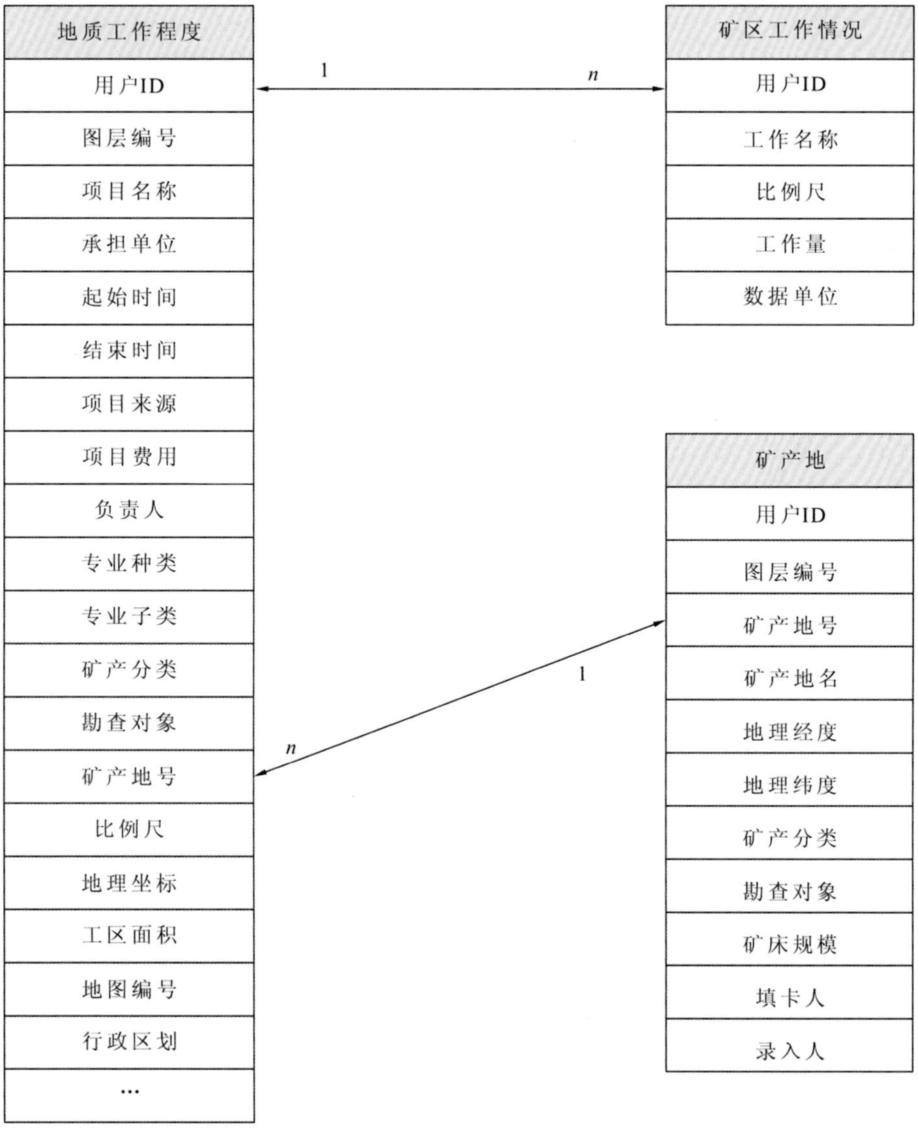

图 2－11 全国地质工作程度数据库概念模型

(2)图层文件命名规则。按照 DZ/T 0197－1997(数字化地质图图层及属性文件格式)中图层文件命名的规则进行,原则为:

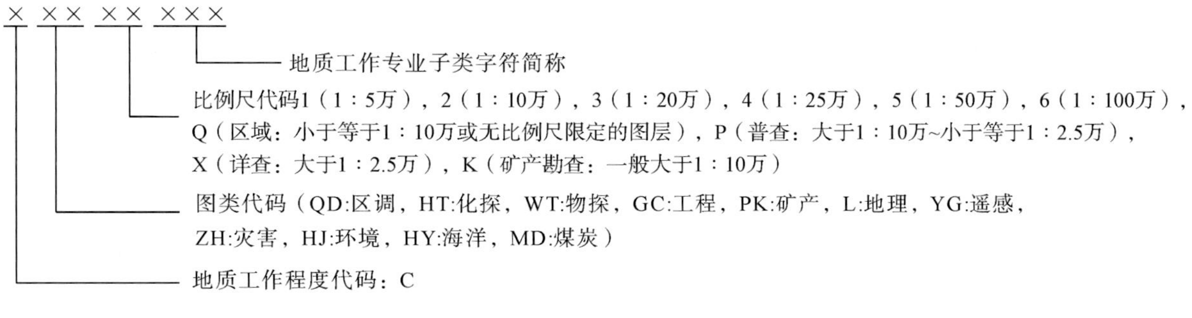

五、区域地球化学数据库现状及数据模型

1995—1998 年原地质矿产部组织各省开展了省级区域化探数据库建设工作，建库采用省级区域化探数据库系统（PGD1.0），内容涵盖 1：20 万和 1：50 万水系沉积物，Ag、As、Au、B、Ba、Be、Bi、Cd、Co、Cr、Cu、F、Hg、La、Li、Mn、Mo、Nb、Ni、P、Pb、Sb、Sn、Sr、Th、Ti、U、V、W、Y、Zn、Zr 和 SiO_2、Al_2O_3、Fe_2O_3、K_2O、Na_2O、CaO、MgO 共 39 种元素和氧化物。其中 Ag、Au、Hg、Cd 单位为 ng/g（10^{-9}），K_2O、Na_2O、CaO、MgO、Al_2O_3、SiO_2、Fe_2O_3 氧化物单位为%，其他元素单位为 μg/g（10^{-6}）。

2001 年中国地质调查局启动了“全国区域地球化学系列图编制”项目，开展了全国区域地球化学数据库建设工作，并于 2005 年完成。

全国区域地球化学数据库汇集了全国 28 个省（自治区、直辖市）2002 年以前开展的 1：20 万和 1：50万水系沉积物样品数据，包括 1：20 万比例尺的 $4km^2$ 一个组合样，以及 1：50 万比例尺的 16～$32km^2$ 单点样的 39 种元素及氧化物数据。目前已汇集的 1：20 万和 1：50 万区域化探 39 种元素及氧化物测试数据，共计数据点 142 万个，近 5540 万个数据（39 种元素和氧化物），涉及 1：20 万图幅 1299 幅和 1：50 万图幅 18 幅。

华东地区区域地球化学数据库是由华东五省分别建立。华东地区区域地球化学数据库的数据可导入中国地质调查局开发的 GeoExpl 系统中进行应用，根据不同用途进行数据处理与分析，编制华东地区区域地球化学系列图件。数据库的数据格式为 Access，数据点共计 122 645 个（其中江苏 2428 个、安徽 21 447 个、浙江 24 369 个、江西 42 085 个、福建 32 316 个），数据量 50MB。

六、自然重砂数据库现状及数据模型

1. 自然重砂数据库现状

全国 1：20 万自然重砂数据库建设于 1999 年启动，由中国地质调查局发展研究中心牵头，全国 27 个省（区）地质调查（研究）院参加，先后有 950 人次参与，历时 5 年多完成。全国 1：20 万自然重砂数据库收集整理了全国 27 个单位 1：20 万区域地质调查和部分 1：20 万区域化探测量工作中所采集的自然重砂原始样品的分析鉴定资料，资料截止时间为 1999 年。按照统一标准完成了全国 1053 个 1：20 万图幅的自然重砂数据库建设，数据覆盖范围涉及 29 个省（自辖市、自治区），覆盖全国陆地面积约 71%。入库的自然重砂样品点共计 1 944 190 个，共计 20 003 868 件自然重砂鉴定数据，总数据量为 9.4GB。

全国 1：20 万自然重砂数据库项目组建立了自然重砂数据库管理系统，系统以 Windows 2000/XP 操作系统为平台，利用 Microsoft Visual C++6.0 软件对 MapGIS 和 ESRI MapObjects 开发（图 2-12、图 2-13）。

华东地区 1：20 万自然重砂数据库是由华东五省分别建立，自然重砂数据库共计 100 幅（其中江苏 10 幅、安徽 22 幅、浙江 21 幅、江西 24 幅、福建 23 幅）（图 2-14）。

2. 自然重砂数据库数据模型

自然重砂数据库由 3 类基本图层构成：①图幅基本信息图层（ZX△△△B），包括图幅的基本信息；②自然重砂取样点图层（ZX△△△D），包括自然重砂取样点位及相关信息；③水系图层（ZX△△△S），包括与采样点位有关的水系及其他主要水系。

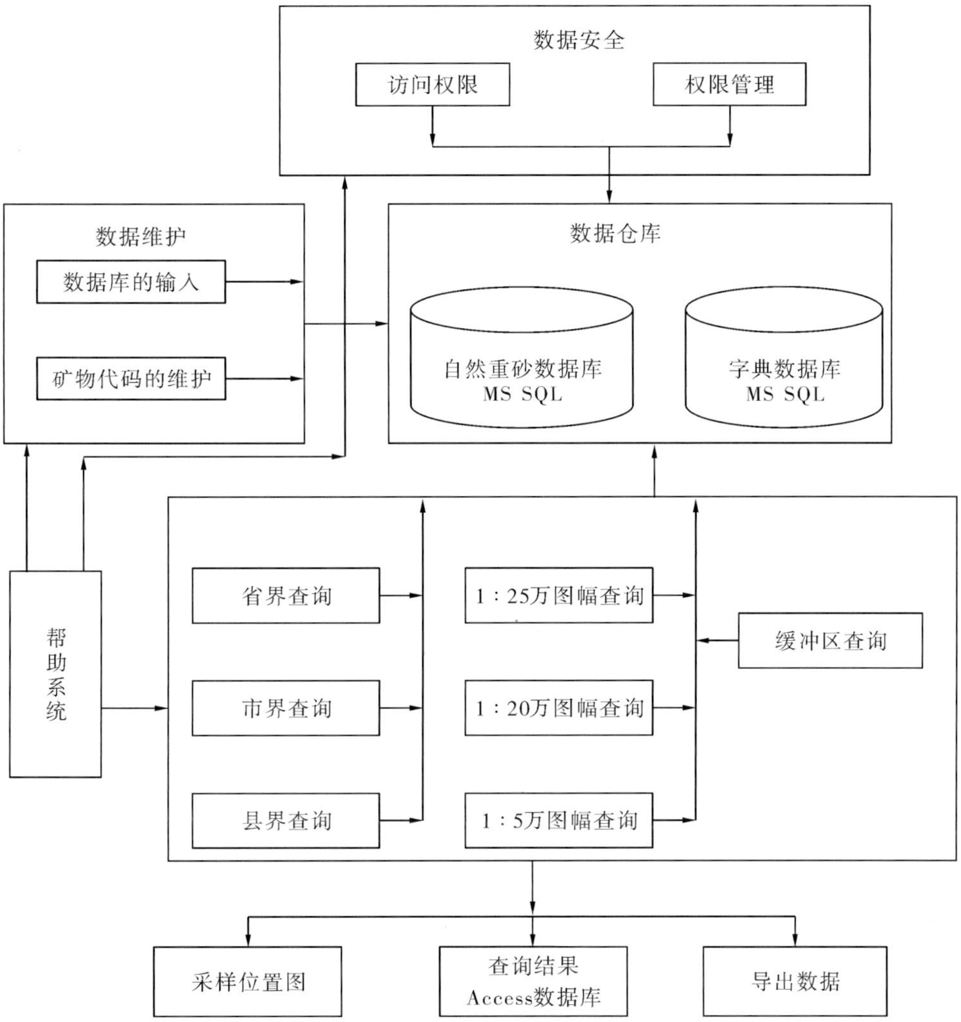

图 2-12　自然重砂数据库管理系统体系结构图

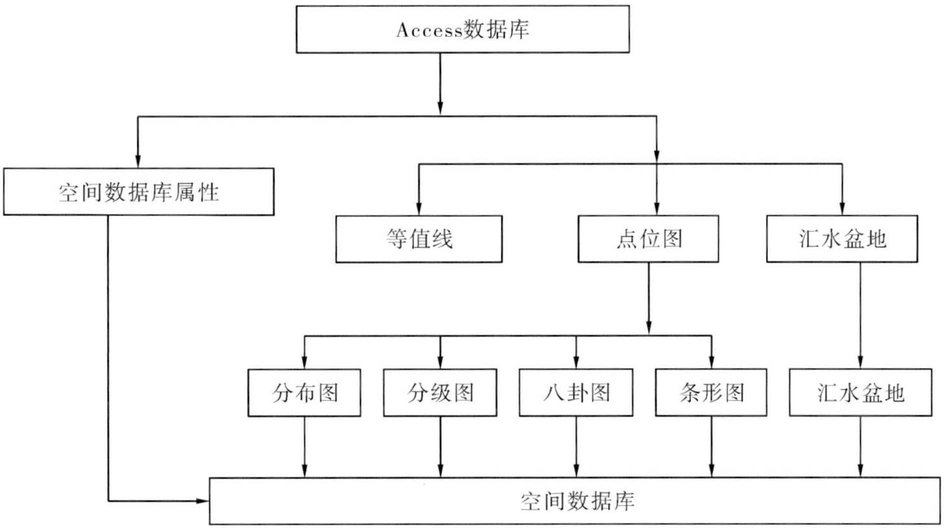

图 2-13　自然重砂数据库管理系统的高层数据流程图

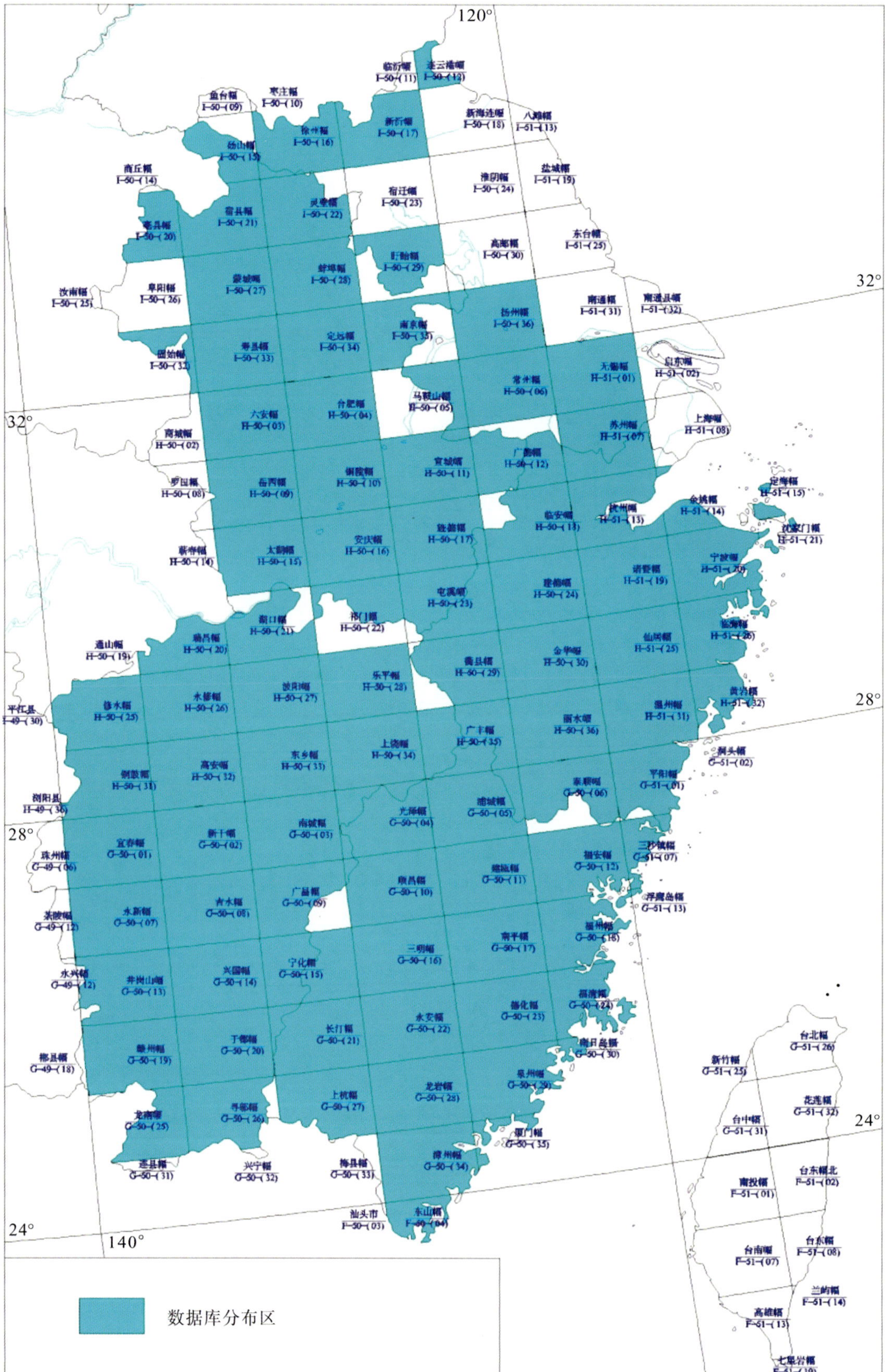

图 2-14　华东地区 1：20 万自然重砂数据库建库工作程度图

(1)图层文件命名。

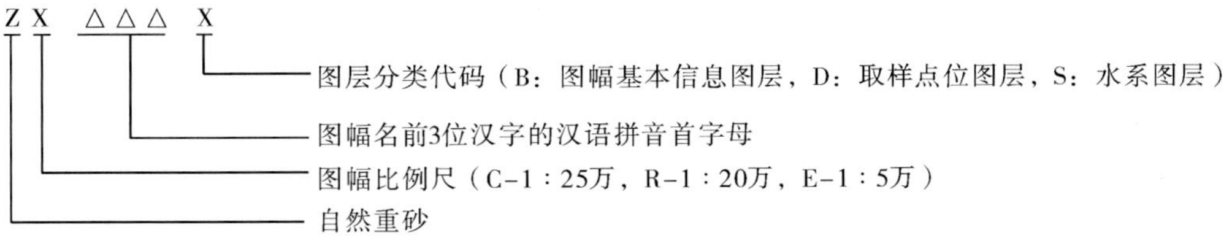

按照自然重砂数据特征将图层进一步划分为 5 个属性数据表。

(2)数据文件命名。

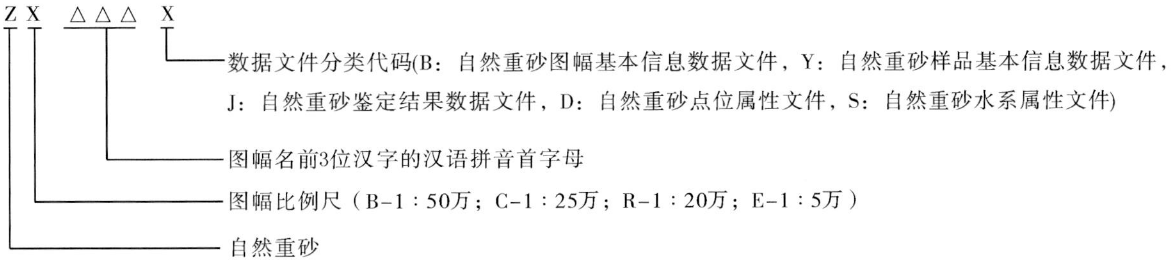

自然重砂数据库概念模型如图 2－15 所示。

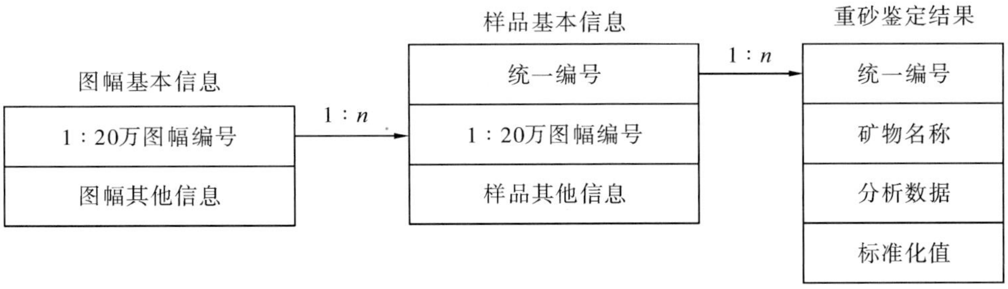

图 2－15　自然重砂数据库概念模型

七、区域重力数据库现状及数据模型

全国区域重力数据库由中国地质调查局发展研究中心及陕西省地矿局第二综合物探大队完成，历时 3 年，于 2003 年提交使用。

1999 年中国地质调查局部署了“全国区域重力数据汇集与整理”项目，主要是因应国家地质机构改革而对面临散失的区域重力数据资料进行抢救性汇集、整理和统一建库。项目于 2002 年完成了全国区域重力数据的收集、整理和统一建库，资料截至 2000 年。项目全面收集、整理了全国 1∶20 万、1∶50 万和1∶100万区域重力数据资料，其中 1∶20 万区域重力数据共计 255 幅、1∶50 万区域重力数据共计 14 幅、1∶100万区域重力数据共计 18 幅，点位数据量达 86 万多个。

2003—2006 年由中国地质调查局发展研究中心承担了“区域重力数据库完善与推广”项目，项目自主研发了基于 Windows 2000/XP 操作系统和 GIS 平台的数据库管理系统，建立了全国区域重力数据库。项目研发了集重力数据可视化管理、数据整理、重磁数据处理与异常反演及图件制作等功能为一体的区域重力信息系统软件 RGIS 2006，并于 2005 年 4 月和 2007 年 3 月分别开展了全国范围的推广应用培训，为基层地质调查和矿产勘查单位提供了先进、实用的专业软件。尤其是该系统配备的重力测量数据中区地形改正计算软件，极大地降低了野外重力测量中区地形改正的工作强度，成倍地节约了该项工作的时间和人力投入，建立了第一个覆盖全国陆域的国家级重力成果数据库，是一个重要的基础地学数据库。

全国区域重力数据为 Access 2003 格式。

南京地质调查中心没有全国区域重力数据库，华东地区矿产资源潜力评价综合项目开展后，根据工作需要收集了华东地区的重力剖面数据（*.txt 文本格式）。

八、航磁数据库现状及数据模型

全国航磁数据库由中国国土资源航空物探遥感中心于 2002 年开始建设，主要为中国国土资源航空物探遥感中心和全国各省航测队的航磁模拟资料数字化及建库（省级航磁数据库）。全国已完成航磁数据库整理，数据库可以提供全国 2km×2km 的网格数据，对局部地区可以提供 1km×1km 的网格数据。

全国航磁数据库汇集了航空磁测数据和相关信息，主要内容包括坐标数据参数、磁力值、航磁工区参数信息等。

（1）坐标数据：记录与磁力值对应的坐标值。

（2）磁力值：记录航空磁测 ΔT 数据。

（3）航磁工区参数：记录磁测中工作区有关工作单位、时间、设备、飞行高度、测量精度等信息。

南京地质调查中心没有全国航磁数据库，华东地区矿产资源潜力评价综合项目开展后，根据工作需要收集了华东地区的航磁剖面数据（*.txt 文本格式）。

第二节　矿产资源潜力评价数据模型

一、矿产资源潜力评价数据模型的研究与应用

1. 矿产资源潜力评价数据模型的研究

矿产资源潜力评价数据模型的研制流程，大致分为五大步骤或阶段：一是制定数据模型建模方案；二是建立专业谱系及特征分类；三是建立图件数据模型；四是建立成果数据库结构逻辑模型；五是建立成果数据库结构物理模型（图 2－16）。

（1）制定数据模型建模方案。制定数据模型建模技术方案，供数据模型建模人员遵循使用。数据模型建模技术方案主要内容包括研制数据模型的组织机构与负责人、参与人员、工作目标、工作范围、工作内容、时间进度、采用的方法与技术以及提供若干约定的工作模板或软件工具等。

（2）建立专业谱系及特征分类。建立数据模型所属领域的专业谱系及特征分类，专业谱系及特征分类是关于数据模型所属领域的专业及特征的分类、分级及其编码体系，是数据模型所有组成元素的基本骨架或语义基础，是相关数据或资料分类的基本依据，是专业人员与数据或资料之间联系的桥梁。

（3）建立图件数据模型。建立图件分类、图层分类、图件分类与专业分类之间、图层分类与特征分类之间、特征分类的空间特性、特征分类的属性结构、空间划分方式、空间参考系、比例尺、图式图例、元数据以及相关编码体系等。图件数据模型是数据模型建模阶段性的重要成果之一，直接用于指导或规范各地质领域专业人员研究编图与成果的表达。

（4）建立成果数据库结构逻辑模型。数据库结构逻辑模型的组成内容、逻辑规则及其约束关系等独立于具体的数据库管理系统实现技术，主要依赖于项目成果数据本身及其组成联系。数据库结构逻辑模型是数据模型建模阶段性成果之一，是实现数据库结构物理模型的依据和基础。

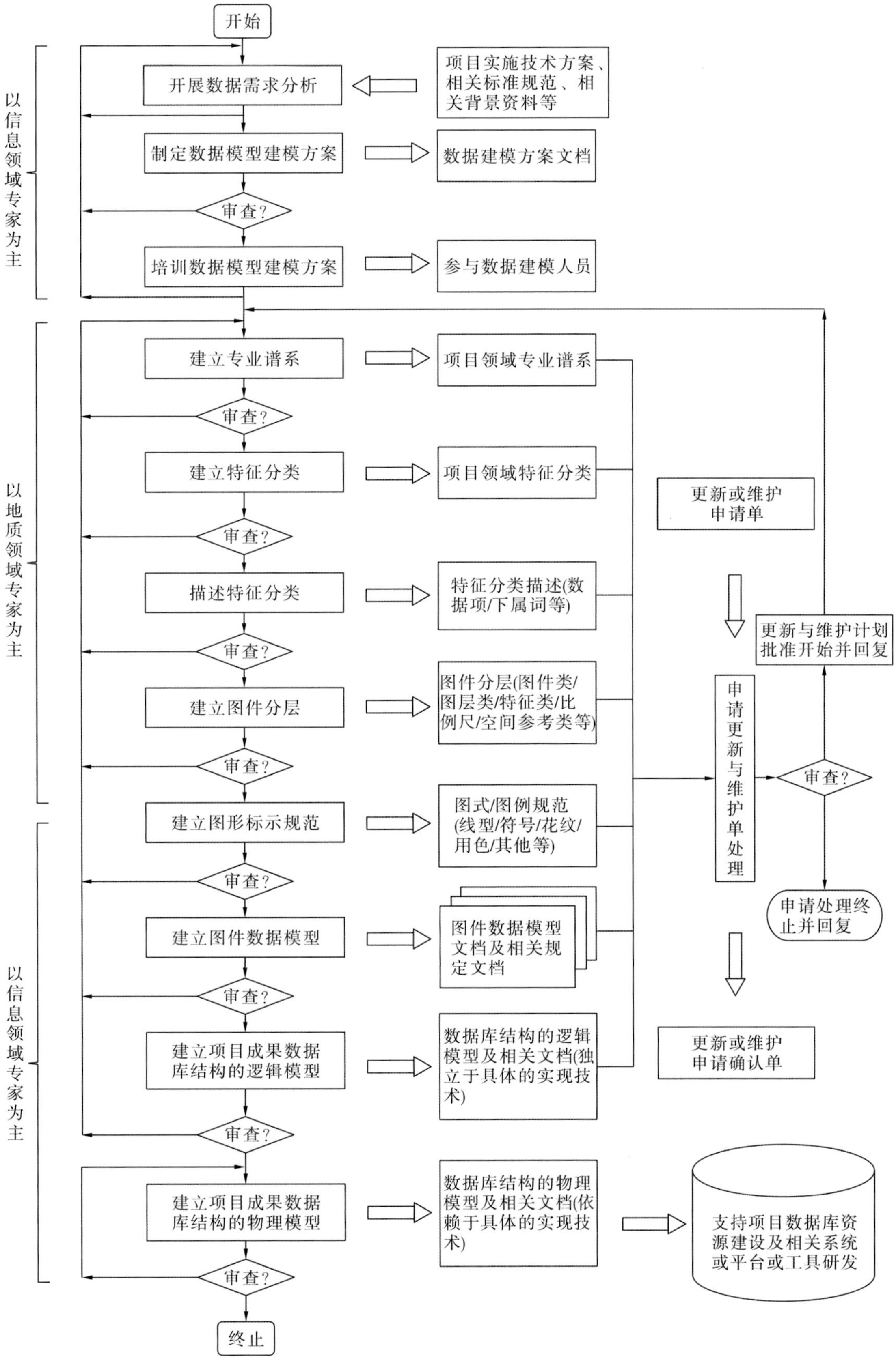

图 2-16　矿产资源潜力评价数据模型研制流程图(摘自左群超等,2012)

(5)建立成果数据库结构物理模型。数据库结构物理模型是基于已选定硬件环境、计算机操作系统(OS)、数据库管理系统(DBMS)等约束条件下,根据已确定的数据库结构逻辑模型进行技术实现的结果,使得数据库存储空间占用少、访问效率高和维护代价低,主要包括数据库物理文件、表空间、基本表、字段(数据类型、长度、是否可为空、默认值)、主键、外键、索引、视图、触发器、存储过程等内容。同一数据库结构逻辑模型,依据不同数据库管理系统等技术有不同的具体实现,即基于 MS SQL、Oracle、DB2 等数据库管理系统分别有不同的具体实现。

在全国矿产资源潜力评价数据模型研究过程中,大区项目组作为全国项目组中重要的组成部分,全程参与了数据库模型的研究和编制工作。

2. 矿产资源潜力评价数据模型的应用

全国矿产资源潜力评价数据模型是确保专题图件属性数据库建设质量的核心基础。因此,在专题图件属性数据库建设过程中,项目组紧密配合全国信息集成专题项目组,开展了全国矿产资源潜力评价数据模型推广、培训、学习和指导工作,确保了专题图件属性数据库建设的顺利完成(图 2-17)。

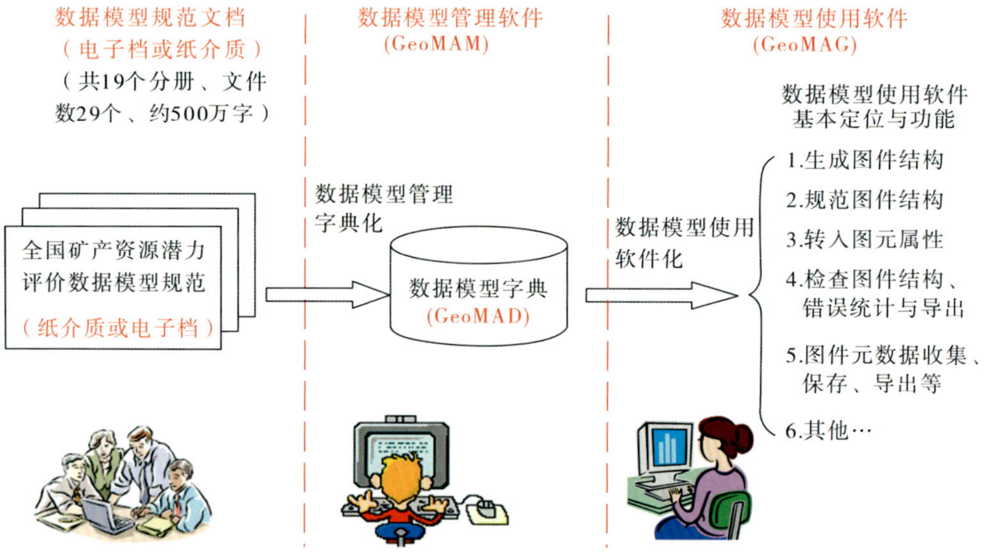

图 2-17　矿产资源潜力评价数据模型应用模式图

3. 统一数据模型的应用标准

为了确保项目实施过程中的标准统一,项目组严格按照全国矿产资源潜力评价数据模型的要求,对相关内容进行了统一规范。

(1)统一系统库。项目组规定各省级项目和大区项目统一采用矿产资源潜力评价系统库,在实施过程中遇有系统库不足的需列清单统一上报全国项目组增加后使用。除此之外,在基础数据库更新维护中,凡是涉及有 MapGIS 系统库的则一律采用全国矿产资源潜力评价系统库。

(2)统一图形表达规范。建立了矿产资源潜力评价图形的线型、符号、花纹、用色、图例式样、图例代码等统一标准规范。

(3)统一图件的图式标准。建立了矿产资源潜力评价图件的统一图式标准规范,包括图件类、图层类、特征类图件的图式、比例尺、空间坐标系及参数等。

(4)统一坐标系及参数设置。根据全国矿产资源潜力评价数据模型的规定,统一省级及大区的成图投影参数(表 2-6)。

表 2-6　华东地区矿产资源潜力评价成图比例尺及地图投影规定

片区（省）	成图比例尺	地图投影类型规定	地图投影参数规定（单位说明：经纬度使用DDDMMSS、偏移使用公制米、变形因子无单位）					
华东片区	1∶250万	兰勃特正轴圆锥投影	投影原点经度	投影原点纬度	标准割纬度1	标准割纬度2	假东偏移	假北偏移
		兰勃特正轴圆锥投影	1050000	120000	250000	470000	0.00	0.00
	1∶150万	兰勃特正轴圆锥投影	1180000	213000	250000	320000	0.00	0.00
安徽省	1∶250万	兰勃特正轴圆锥投影	投影原点经度	投影原点纬度	标准割纬度1	标准割纬度2	假东偏移	假北偏移
		兰勃特正轴圆锥投影	1050000	120000	250000	470000	0.00	0.00
	1∶150万 1∶100万	高斯克吕格投影	投影分带方式	投影原点经度	投影原点纬度	中央经线比例变形因子	假东偏移	假北偏移
		高斯克吕格投影	6度分带	1170000	292000	1.00	0.00	0.00
江苏省（含上海）	1∶250万	兰勃特正轴圆锥投影	投影原点经度	投影原点纬度	标准割纬度1	标准割纬度2	假东偏移	假北偏移
		兰勃特正轴圆锥投影	1050000	120000	250000	470000	0.00	0.00
	1∶150万 1∶100万	高斯克吕格投影	投影分带方式	投影原点经度	投影原点纬度	中央经线比例变形因子	假东偏移	假北偏移
		高斯克吕格投影	非标准分带	1190000	312000	1.00	0.00	0.00
江西省	1∶250万	兰勃特正轴圆锥投影	投影原点经度	投影原点纬度	标准割纬度1	标准割纬度2	假东偏移	假北偏移
		兰勃特正轴圆锥投影	1050000	120000	250000	470000	0.00	0.00
	1∶150万	高斯克吕格投影	投影分带方式	投影原点经度	投影原点纬度	中央经线比例变形因子	假东偏移	假北偏移
		高斯克吕格投影	6度分带	1170000	242900	1.00	0.00	0.00
福建省	1∶250万	兰勃特正轴圆锥投影	投影原点经度	投影原点纬度	标准割纬度1	标准割纬度2	假东偏移	假北偏移
		兰勃特正轴圆锥投影	1050000	120000	250000	470000	0.00	0.00
	1∶150万 1∶100万	高斯克吕格投影	投影分带方式	投影原点经度	投影原点纬度	中央经线比例变形因子	假东偏移	假北偏移
		高斯克吕格投影	非标准分带	1180000	220000	1.00	0.00	0.00
浙江省	1∶250万	兰勃特正轴圆锥投影	投影原点经度	投影原点纬度	标准割纬度1	标准割纬度2	假东偏移	假北偏移
		兰勃特正轴圆锥投影	1050000	120000	250000	470000	0.00	0.00
	1∶150万	兰勃特正轴圆锥投影	1203000	260000	280000	303000	0.00	0.00

二、矿产资源潜力评价数据模型

矿产资源潜力评价数据模型是基于地质领域本体的建模思想和方法，地质领域本体就是关于地质领域实体概念及关系、领域活动以及该领域所具有的特性和规律的一种形式化描述。

1. 专业谱系及特征分类

地质领域专业谱系及特征分类是地质领域相关专业及特征的划分、分级、分类及其编码体系，是地质领域本体关于概念化模型的简化与应用。矿产资源潜力评价数据模型依据实际需要，将专业谱系划分到五级专业，五级专业以下再标识特征分类，即地质调查领域专业谱系划分与特征分类及其代码方案，也即“五级专业谱系及代码＋特征分类及代码”(图 2－18)。

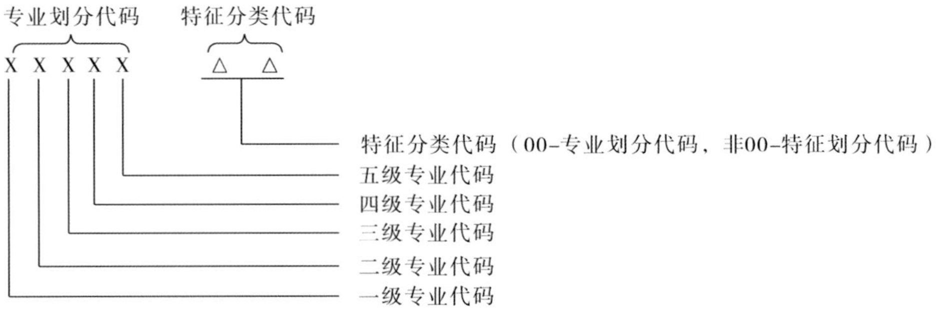

图 2－18　专业划分与特征分类代码结构图

基于地质领域本体固有的共享特性和简化处理，专业谱系与特征分类及其编码体系既简单实用又不失共享性，在全国矿产资源潜力评价数据模型中起到了两个重要作用：一是作为数据模型内各组成元素的核心，起骨架支撑作用；二是作为分类标识依据，使计算机识别各类成果数据。

2. 图件数据模型

依据面向对象分析方法，提炼出与图件相关的各类基本对象(或对象类)：图件、图件空间数据集、图件属性数据集、图层、属性表、图元、特征、属性项、空间划分方式、坐标参照系、比例尺、图式、图例等，以及这些基本对象的若干属性项，如图层对象的基本属性项有图层名称、图层代码等，构成了图件数据模型的最基本要素。专业谱系与特征分类及其编码体系起到了分类和标识等基础作用。图件由图件空间数据集与图件属性数据集构成。图件空间数据集由若干图层构成，图层由若干图元构成，图元由图形属性与空间属性构成；图件属性数据集由若干属性表构成，属性表由若干特征构成，特征由若干专业属性构成。依照特征代码、图元编号，建立图元与特征关联(图 2－19)。

依据地质领域专业谱系及特征分类及图件数据模型构架，形成了全国矿产资源潜力评价图件集，其主要图件之间的逻辑关系见图 2－20～图 2－22。

由此可见，全国矿产资源潜力评价图件集由若干个图件构成，为了便于专业人员理解，在此例举一个建造构造图的逻辑模型，包括建造构造图的概要描述(图件中文名、图件计算机使用名、图件代码)和图件图层规定(逻辑图层类别、图层中文名、图层是否有属性表、空间几何特性、图层计算机使用名、图层代码、图元及属性数据来源)，以便了解每个图件的具体构架和内容(表 2－7)。

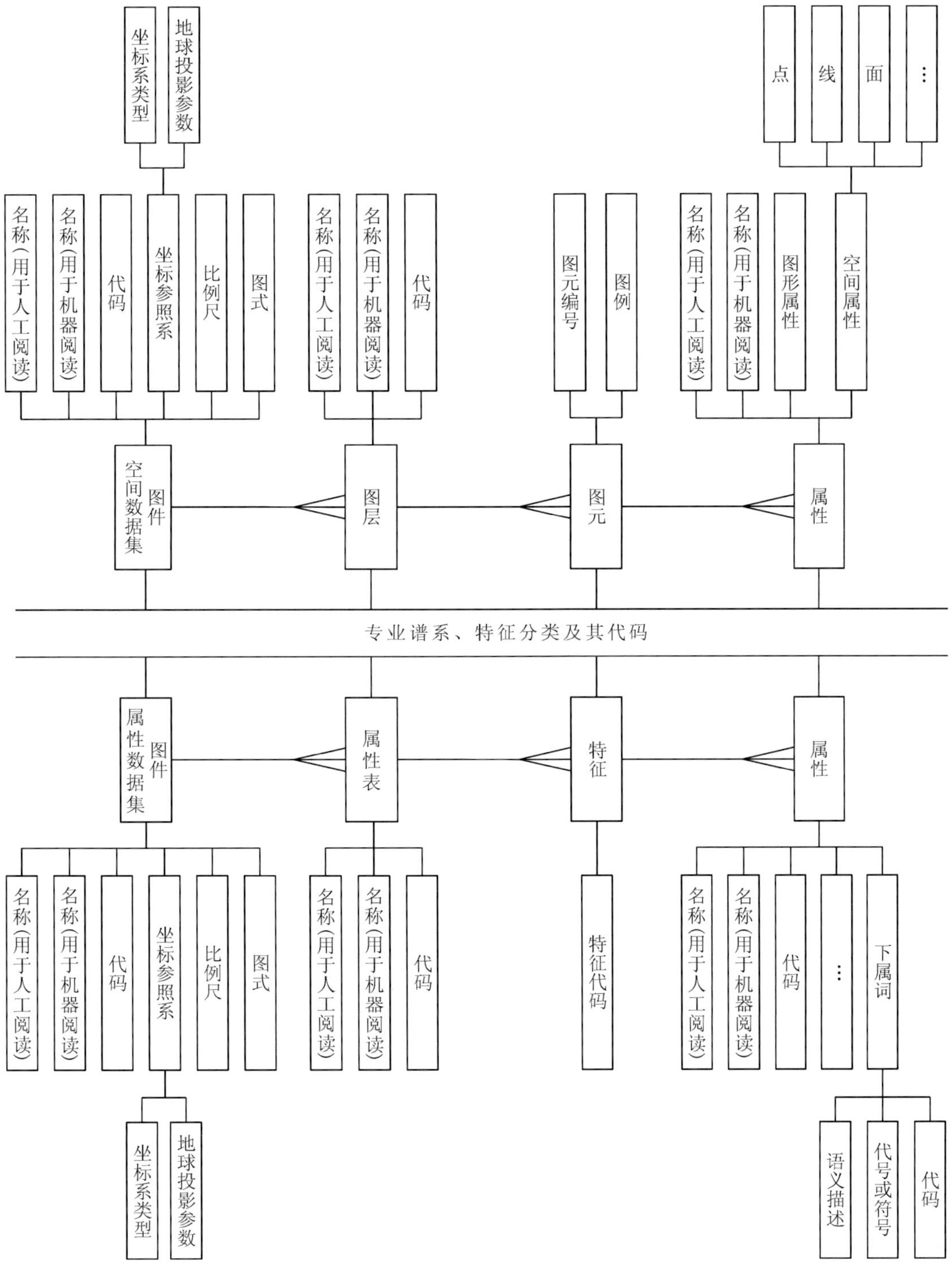

图 2-19　图件数据模型的概念框架图

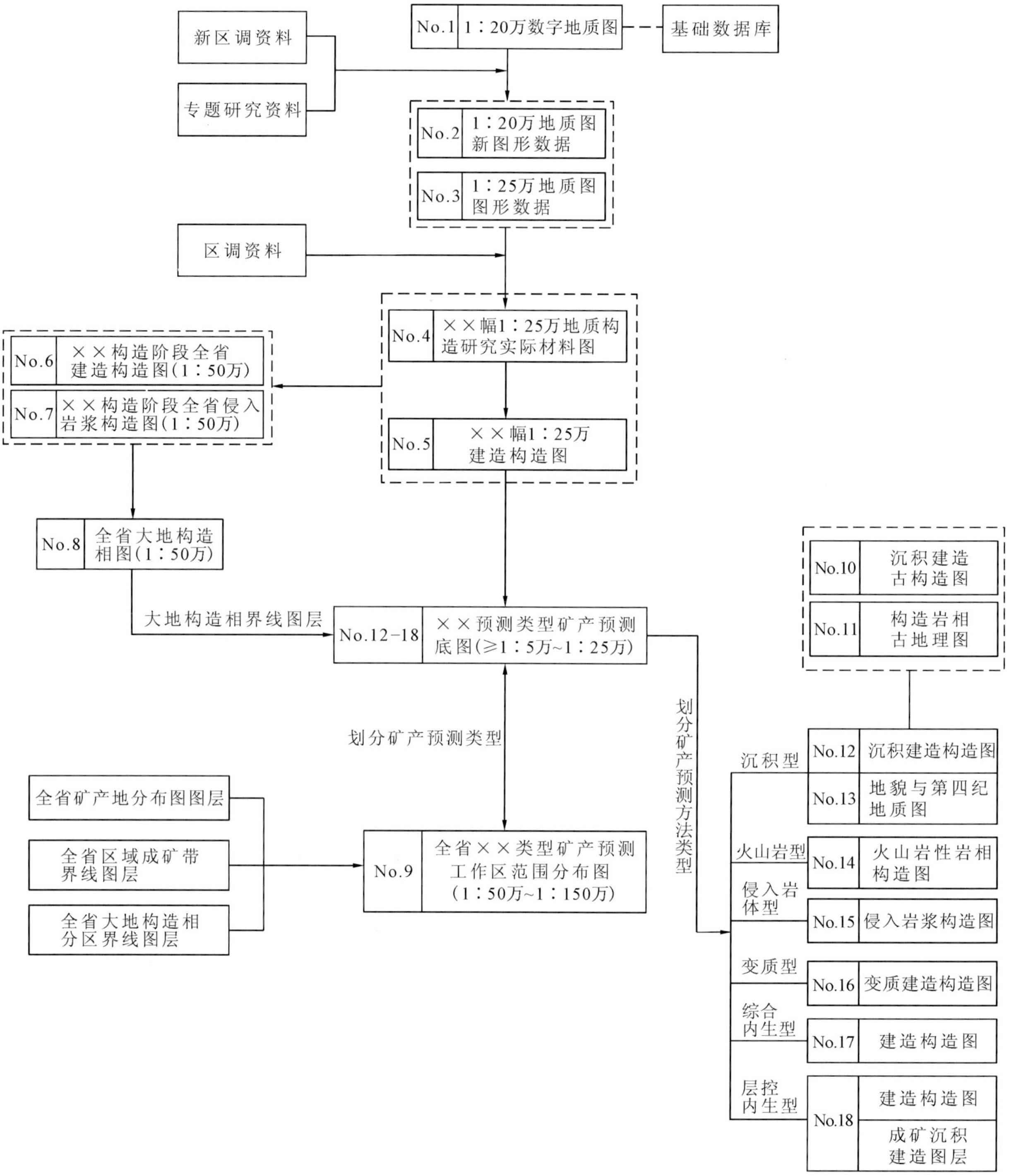

图2-20　全国矿产资源潜力评价主要图件之间的逻辑关系框架图(一)

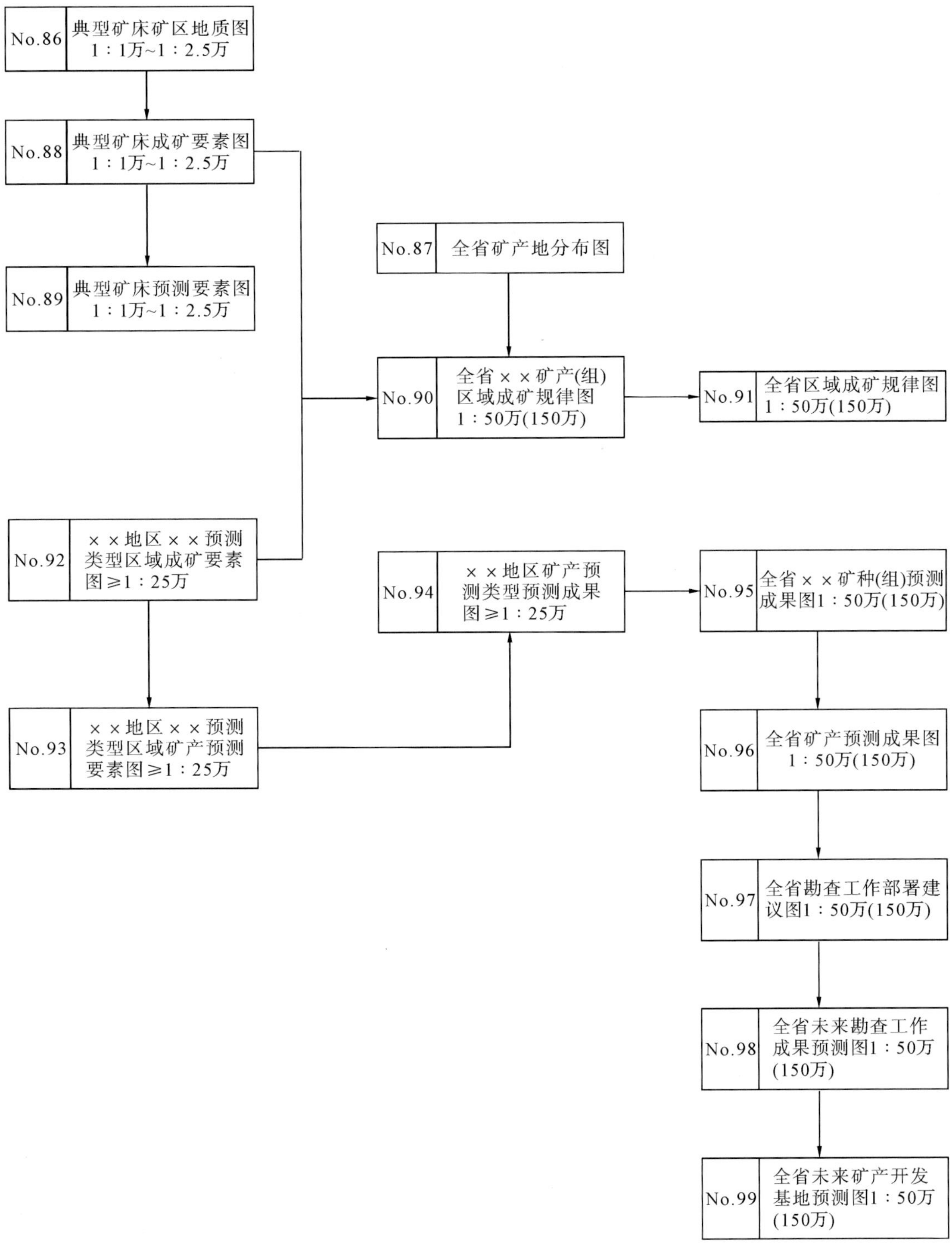

图 2-22　全国矿产资源潜力评价主要图件之间的逻辑关系框架图(三)

表 2-7　×××建造构造图逻辑模型

图件概要描述		
图件中文名	图件计算机使用名	图件代码
例:××省(直辖市、自治区)××幅建造构造图	例:MDZJZGZC×××× (按矿产资源潜力评价数据模型《通用代码规定》“图件命名规定”关于图件中中文名称取四位汉语拼音首字母的规则填写“××××”	例:OFBB000CIA×××××××××0 (按矿产资源潜力评价数据模型《通用代码规定》“图件代码规定”的 1∶25 万标准分幅空间范围码填写“×××××××××”)

图件图层规定

序号	逻辑图层类别	图层中文名	属性表(有/无)	空间几何特性	图层计算机使用名	图层代码	图元及属性数据来源
1	例:建造构造图层	例:沉积岩建造	有	面	LDZOFBB001	OFBB001CIA×××××××××0	XXXXX
2		例:火山岩性岩相	有	面	LDZOFBB002	OFBB002CIA×××××××××0	XXXXX
3		例:火山构造	有	面	LDZOFBB011	OFBB011CIA×××××××××0	XXXXX
4		例:侵入岩	有	面	LDZOFBB003	OFBB003CIA×××××××××0	XXXXX
5		例:构造岩浆带	有	面	LDZOFBB010	OFBB010CIA×××××××××0	XXXXX
6		例:变质岩建造	有	面	LDZOFBB004	OFBB004CIA×××××××××0	XXXXX
7		例:大型变形构造	有	面	LDZOFBB009	OFBB009CIA×××××××××0	XXXXX
8		例:地质界线	有	线	LDZOFBA002	OFBA002CIA×××××××××0	XXXXX
9		例:断裂	有	线	LDZOFBA003	OFBA003CIA×××××××××0	XXXXX
10		例:韧性剪切带	有	面	LDZOFBA004	OFBA004CIA×××××××××0	XXXXX
11		例:褶皱	有	线	LDZOFBA005	OFBA005CIA×××××××××0	XXXXX
12		例:同位素年龄	有	点	LDZOFBA008	OFBA008CIA×××××××××0	XXXXX
13		例:产状要素	有	点	LDZOFBA016	OFBA016CIA×××××××××0	XXXXX
14	例:重力推断构造图层	重力推断构造图层	有	X	XXXXXXXXXX	XXXXXXXXXX×××××××××0	XXXXX
15	例:磁测推断构造图层	磁测推断构造图层	有	X	XXXXXXXXXX	XXXXXXXXXX×××××××××0	XXXXX
16	例:地化推断构造图层	地化推断构造图层	有	X	XXXXXXXXXX	XXXXXXXXXX×××××××××0	XXXXX
17	例:遥感推断构造图层	遥感推断构造图层	有	X	XXXXXXXXXX	XXXXXXXXXX×××××××××0	XXXXX
18	例:地理图层	相关地理图层	X	X	XXXXXXXXXX	XXXXXXXXXX×××××××××0	XXXXX
19	例:整饰图层	相关整饰图层	X	X	XXXXXXXXXX	XXXXXXXXXX×××××××××0	XXXXX
20	例:非整饰图层	相关非整饰图层	X	X	XXXXXXXXXX	XXXXXXXXXX×××××××××0	XXXXX

3. 成果数据库结构模型

全国矿产资源潜力评价的成果数据库可分为3个层次：省区级[包括全国各省(直辖市、自治区)、大区(或地区)级(包括华北、东北、华东、中南、西南、西北)和全国级。省区级成果属于矿产资源潜力评价资料性成果，用于大区范围综合研究；大区级成果用于全国范围综合研究；全国级成果代表全国范围、大规模、宏观规律性研究成果，3个层次研究成果涵盖专业包括成矿地质背景研究、成矿规律研究、矿产预测研究、重力资料应用、磁测资料应用、化探资料应用、遥感资料应用、自然重砂资料应用等(图2-24、图2-25)。

4. 全国矿产资源潜力评价数据模型

通过上述的建模思路和研究，形成了全国矿产资源潜力评价数据模型的内容层次结构图(图2-23)，其数据模型共计由19个分册组成。具体如下：

《全国矿产资源潜力评价数据模型　成矿地质背景分册》
《全国矿产资源潜力评价数据模型　成矿规律及预测分册》
《全国矿产资源潜力评价数据模型　重力分册》
《全国矿产资源潜力评价数据模型　航磁分册》
《全国矿产资源潜力评价数据模型　化探分册》
《全国矿产资源潜力评价数据模型　遥感分册》
《全国矿产资源潜力评价数据模型　自然重砂分册》
《全国矿产资源潜力评价数据模型　通用代码规定分册》
《全国矿产资源潜力评价数据模型　专业谱系及特征分类分册》
《全国矿产资源潜力评价数据模型　数据项下属词规定分册》
《全国矿产资源潜力评价数据模型　年代地层及岩石地层单位分册》
《全国矿产资源潜力评价数据模型　大地构造分区代码规定分册》
《全国矿产资源潜力评价数据模型　成矿区带分区代码规定分册》
《全国矿产资源潜力评价数据模型　空间坐标系统及参数规定分册》
《全国矿产资源潜力评价数据模型　地理信息分册》
《全国矿产资源潜力评价数据模型　元数据规定分册》
《全国矿产资源潜力评价数据模型　统一图例规定分册》
《全国矿产资源潜力评价数据模型　编图说明书提纲分册》
《全国矿产资源潜力评价数据模型　总体说明》

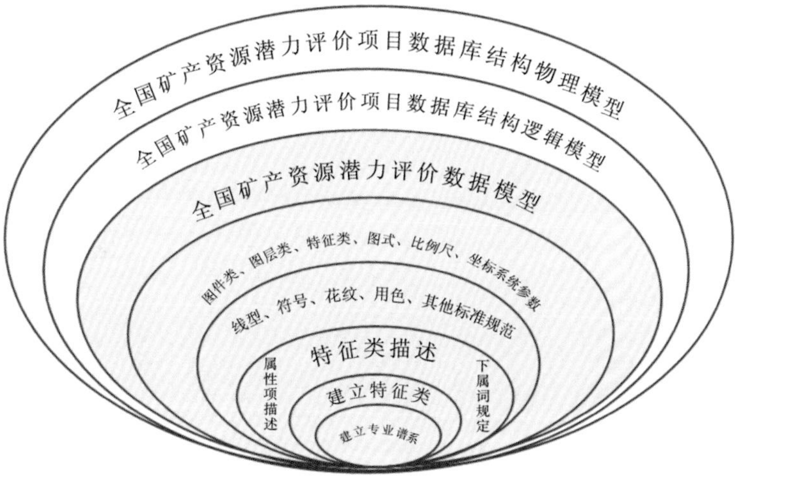

图2-23　全国矿产资源潜力评价数据模型内容层次结构图

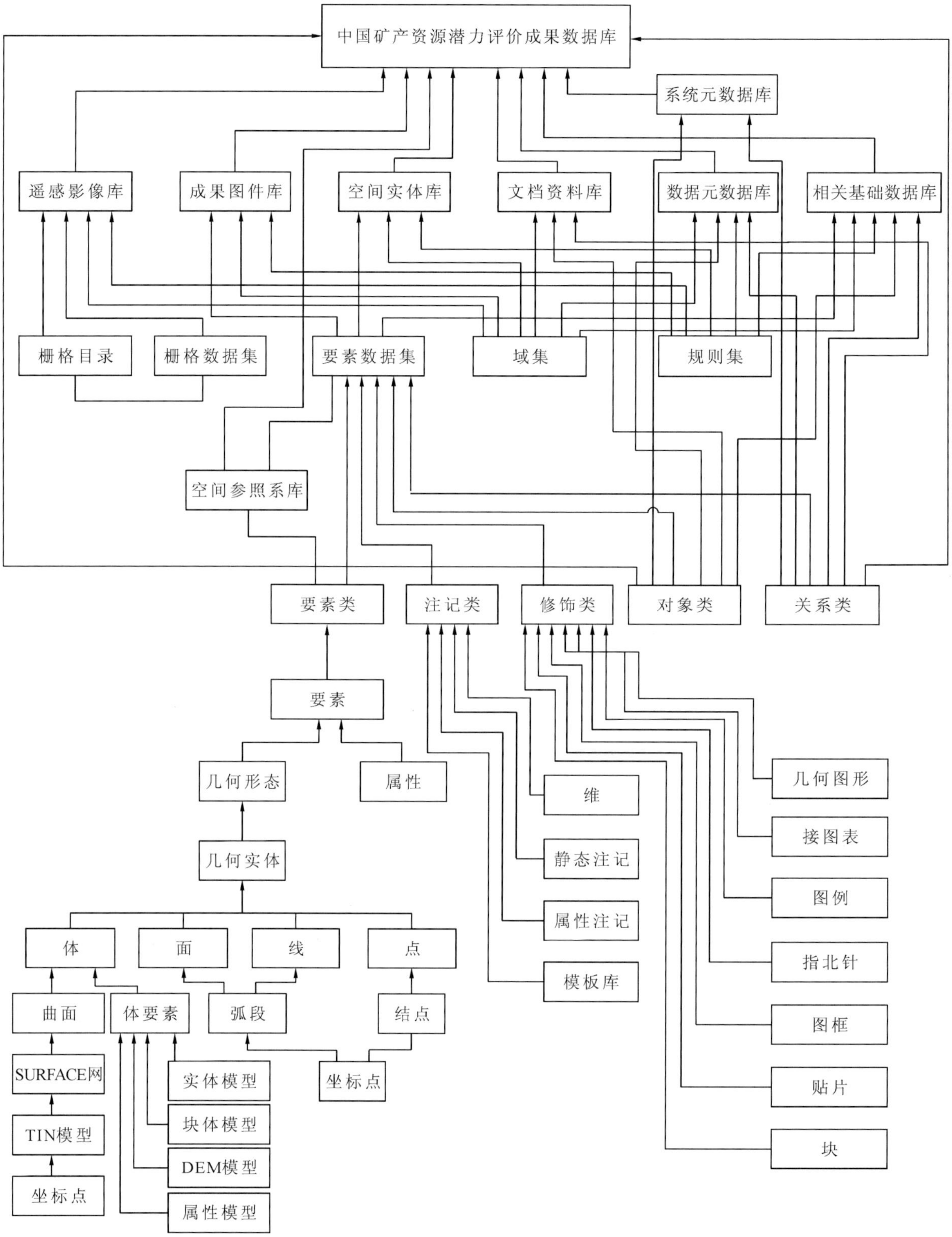

图 2-24　全国矿产资源潜力评价成果数据库基本结构模型(摘自左群超等,2012)

第三章 华东地区基础地质数据库的更新维护

第一节 基础地质数据库更新维护的组织与协调

依据总体目标的部署与安排，华东地区基础地质数据库更新维护的主要任务是：①编制基础地质数据库整理与维护技术要求；②指导各省完成基础数据库的维护工作；③组织基础数据库维护成果的验收；④汇总片区基础地质数据库维护成果；⑤编写基础地质数据库维护报告。

按照上述任务，结合华东地区矿产资源潜力评价工作对基础地质数据库的需求以及基础地质数据库的现状特征，针对性地开展了华东地区基础地质数据库的更新维护工作。

一、参与编制基础地质数据库更新维护技术要求

按照全国项目办的统一要求，整理并编制了“全国地质工作程度数据库维护技术要求”和“全国地质工作程度数据库维护总体设计”，参与了“矿产地数据库工作指南”“区域地质图空间数据库工作指南”等技术要求的修订和编制，并对华东地区各省基础地质数据库更新维护进行指导。

二、统一基础地质数据库更新维护的规则与要求

为了确保基础地质数据库更新维护的技术、方法及要求的统一，定期召开成矿地质背景编图及基础数据库更新维护工作研讨会，并就有关基础地质数据库更新维护的事宜进行了专项讨论，统一了思想，达成了共识，提出了具体要求。

1. 基础地质数据库更新维护的有关技术问题

(1)1∶50万数字地质图数据库：省级1∶50万数字地质图数据库必须根据本省最新的1∶5万和1∶25万地质图进行修编。

(2)矿产地数据库：①只更新维护数据库，不作图形；②对于矿产地假坐标的可采取反读图或其他换算方法进行更正；③数据库中原同一矿产地被拆分为多个矿产地的，维持现状不再合并；④其他有关问题按指南要求执行。

(3)1∶20万地质图空间数据库：福建、江西因原数据库进行了套改，须重建，安徽、江苏(部分套改)、浙江三省增补图外柱状图和剖面图等，并以全国矿产资源潜力评价系统库为准，统一1∶20万区域地质图空间数据库的系统库。

(4)地质工作程度数据库：①更新维护按新指南执行；②数据中已统一调过ID号和分类代码的，更新维护保持不变；③海域范围内开展的地质工作，其专业分类按地质专业划分，其行政归属不明确的填写省代码；④专业分类编号按分类顺序填写。

(5)1∶20万自然重砂数据库：自然重砂数据库中重要字段的修改按照技术要求统一替补并加以说明。

(6)区域化探数据库、区域重力数据库、航磁数据库:重点做好新增数据库的建库工作。

2. 统一要求

(1)矿产资源潜力评价信息库、成果库全部采用矿产资源潜力评价统一系统库。

(2)1∶50 万和 1∶20 万数字地质图数据库全部采用矿产资源潜力评价系统库。

(3)省级矿产资源潜力评价信息库、成果库全部按照华东地区矿产资源潜力评价下发的统一省界进行成图。

三、基础地质数据库更新维护的组织与实施

基础地质数据库的更新维护主要是由各省地质调查(研究)院负责完成,南京地质调查中心主要负责技术要求的统一与指导、工作协调与成果质量的把关、更新维护成果的检查与验收、基础地质数据库的汇总与集成。根据基础地质数据库更新维护的特点,更新维护与组织形式主要有 3 种。

(1)更新维护率频繁的(如矿产地数据库、地质工作程度数据库),由南京地质调查中心每年组织一次更新维护成果的检查与验收。

(2)一次性更新维护的(如 1∶20 万区域地质图空间数据库),由全国综合信息集成汇总组会同南京地质调查中心组织一次性的成果检查与验收。

(3)补充更新的(如区域化探数据库、区域重力数据库、航磁数据库、1∶50 万地质图数据库),由各省组织成果的检查与验收。

根据上述的工作原则和思路,南京地质调查中心全面组织了基础地质数据库的更新维护工作,并对维护成果进行了定期的验收与复核,从而确保了基础地质数据库更新维护的质量。

第二节　基础地质数据库更新维护的内容与方法

一、基础地质数据库更新维护的原则

为了确保华东地区基础地质数据库更新维护的统一和协调,华东片区根据不同的数据库制订了不同的更新维护原则,华东各省在统一原则下开展工作。

1. 1∶50 万数字地质图空间数据库更新维护原则

1∶50 万数字地质图空间数据库的更新维护由各省根据工作需要自行掌握,如进行更新,则方法和要求应统一。

(1)在原有 1∶50 万数字地质图空间数据库的基础上,将区内最新的 1∶5 万地质图、1∶25 万地质图扫描缩放到 1∶50 万地质图上,然后根据 1∶5 万和 1∶25 万地质图的新成果、新认识进行局部修编,形成新的 1∶50 万数字地质图空间数据库。

(2)以全国矿产资源潜力评价系统库为标准,统一 1∶50 万数字地质图空间数据库的系统库。

2. 1∶20 万数字地质图空间数据库更新维护原则

(1)有过套改的图幅全部按照“原汁原味”重新建库。

(2)增补图廓外整饰内容(包括图外柱状图、剖面图、图签等)。

(3)所有图幅以全国矿产资源潜力评价系统库为标准,统一系统库。

3. 矿产地数据库更新维护原则

(1)增补各省上年度所有新增的矿产地。

(2)增补各省储量平衡表中列有的所有矿床(点)。

(3)增补各省地质资料馆所有矿产勘查报告中涉及的矿床(点)。

(4)尽可能收集增补行业年度新增的矿产地。

4. 地质工作程度数据库更新维护原则

(1)增补各省上年度所有新增的地质工作程度成果。

(2)增补各省地质资料馆所有地质成果资料目录新增的成果。

(3)尽可能收集增补行业年度已完成的地质成果资料。

5. 区域地球化学数据库更新维护原则

(1)原有数据库只进行特异性数据的检查和分析。

(2)增补新数据。

6. 自然重砂数据库更新维护原则

增补新数据。

7. 区域重力数据库更新维护原则

(1)原有数据库只进行特异性数据的检查和分析。

(2)增补新数据。

8. 航磁数据库更新维护原则

(1)原有数据库只进行特异性数据的检查和分析。

(2)增补新数据。

二、基础地质数据库更新维护的内容与方法

(一)1∶50 万数字地质图空间数据库更新维护的内容与方法

1. 1∶50 万数字地质图空间数据库更新维护的内容

根据 1∶50 万数字地质图空间数据库的实际情况和总体安排，1∶50 万数字地质图空间数据库的更新维护主要是根据最新的 1∶5 万和 1∶25 万区域地质成果对 1∶50 万区域地质图进行修编，并形成 1∶50 万数字地质图空间数据库。

2. 1∶50 万数字地质图空间数据库更新维护的方法流程

1∶50 万数字地质图空间数据库更新维护的基本方法和流程主要有如下几个环节：

(1)收集最新的 1∶5 万和 1∶25 万区域地质成果资料。

(2)对 1∶5 万和 1∶25 万地质图进行扫描。

(3)将扫描的 1∶5 万和 1∶25 万地质图进行缩编并配准镶嵌到 1∶50 万数字地质图上。

(4)根据 1∶5 万和 1∶25 万地质图的最新成果内容对 1∶50 万数字地质图进行局部修编(包括点、线、面)。

(5)对修编后的综合图层进行空间拓扑处理。

(6)按照 1∶50 万数字地质图空间数据库的建库要求进行分层。

(7)补充建立空间属性。

(8)形成 1∶50 万数字地质图空间数据库。

(二)1∶20 万数字地质图空间数据库更新维护的内容与方法

1. 1∶20 万数字地质图空间数据库更新维护的内容

根据 1∶20 万数字地质图空间数据库更新维护的原则,该数据库的更新维护内容主要有 3 个方面。

(1)按照《地质图空间数据库工作指南(2.0)》的要求,进行"原汁原味"的重新建库(原库做过套改的主要涉及江西省和福建省以及江苏省的部分图幅)。

(2)增加补充图廓外整饰内容(包括柱状图、剖面图、图签等),主要涉及安徽省和浙江省以及江苏省的部分图幅。

(3)按矿产资源潜力评价系统库对 1∶20 万数字地质图空间数据库系统库进行统一。

1∶20 万数字地质图空间数据库的重建按照《地质图空间数据库工作指南(2.0)》的要求执行。

2. 1∶20 万数字地质图空间数据库更新维护的方法流程

1∶20 万数字地质图空间数据库维护(重新建库)的基本方法和流程如下。

(1)资料准备:包括收集资料、建库文档准备、图件的预处理等。收集完整、齐全而又有效的第一手资料,了解整体的工作情况,收集所选图幅的地质图、野外原始记录卡片等,图形资料主要收集相同比例尺的地理底图、地形图、地质图、矿产图等,文字资料主要收集有关的地质报告、科研专题报告、有关规范和标准等。

(2)图件的扫描:将收集的质量较好的地质底图利用工程扫描仪扫描,彩色扫描必须在 150DPI 以上,黑白扫描必须在 300DPI 以上,以减少误差。

(3)图形矢量化:利用扫描获得的光栅文件,根据所划分的图层分类表进行矢量化,为避免丢失或重复录入图形要素,需要严格按一定的顺序对图层进行矢量化录入,然后形成综合性点、线文件,矢量化的顺序如下。

地理部分:内图框→方里网(经纬网)→等高线(先计曲线后首曲线再间曲线)→河流、海岸线、湖泊、水库→道路(先铁路后公路,再大车路、乡村路小路等)→其他。

地质部分:断层→脉岩→第四系→侵入岩→火山岩→非正式地层→其他地层。

(4)误差校正及拓扑处理:对矢量化形成的综合点文件和线文件经反复检查无误后,采用 MapGIS 误差校正功能将综合线文件和点文件校正到北京坐标系理论位上,用于进行误差校正的控制点原则上应不少于 13 个,并且应分布均匀。控制点一般应选择在坐标网线的交叉点。

(5)属性录入:编制属性填写卡片,由地质专业人员进行属性采集、卡片填写和校对,属性的录入直接在 MapGIS 属性库管理中对各图层进行属性录入,并对每个图层属性的录入进行校对工作,以确保录入的数据准确无误。

(6)数据的校对与检查:将分层文件分别输出与原图进行对照、校核,将属性数据表格输出与手填表格进行对应检查,最后输出一张全要素图形请相关专家进行地质、地理及图面整饰等方面的最后审核。

(7)投影变换:这项工作应在最终成库前进行,要求在变换前进行严格的质量监控,并确保所有内容正确无误后进行投影变换。

投影变换是图形坐标点空间坐标的换算,通过转换通常改变了图形的坐标系统、投影系统、椭球体参数,有时也进行比例尺变换。投影变换通常会增加空间数据误差。

投影变换格式为:

MapGIS 格式
- 高斯投影
  - 原地质底图投影(坐标以毫米为单位)
  - 西安(坐标以毫米为单位)
- 经纬度(坐标以度为单位)

(8)对所形成的成果数据进行全面的检查,检查无误后形成最终成果。

(三)矿产地数据库更新维护的内容与方法

1. 矿产地数据库的维护内容

矿产地数据库的维护内容主要有两个方面：一是已有矿产地数据库的整合汇总、数据核查和数据修改；二是对各年度新增的矿产地资料进行收集、整理和建库。

矿产地数据库增补建库的基本内容由9类表组成，见表3-1～表3-9，数据库模型见图2-9。

表3-1　矿产地基本信息属性表(KCDJ)

序号	数据项名称	数据项代码	数据类型及长度	单　位	备　注
1	矿产地编号	KCAAA	C9		必填项
2	矿种	KCC	C19		必填项
3	矿产地名	JJDAJ	C50		必填项
4	交通位置	JJGLA	C40		必填项
5	地理经度	DWAAC	C15	度分秒	必填项
6	地理纬度	DWAAD	C13	度分秒	必填项
7	矿床成因类型	KCBA	C4		必填项
8	共生矿	KCCA	C24		
9	伴生矿	KCCB	C24		
10	矿床规模	PKGKB	C1		必填项
11	成矿时代	KCAOC	C7		必填项
12	三级成矿带	KCAOAE	C4		
13	四级成矿带	KCAOAF	C5		
14	地质工作程度	PKD	C2		必填项
15	开采情况	JJDCBF	C1		必填项
16	维护情况	WHQK	C7		必填项

表3-2　矿区地质基本信息属性表(KQDZ)(必填)

序号	数据项名称	数据项代码	数据类型及长度	单　位	备　注
1	矿产地编号	KCAAA	C9		必填项
2	矿区大地构造位置	PKGKAA	C80		必填项
3	岩石地层单位	DSB	C240		
4	侵入岩	YSACAA	C240		
5	火山岩	YSACAB	C240		
6	变质岩	YSACC	C240		
7	地质构造特征	GZAM	C240		
8	围岩蚀变	KCAJ	C120		
9	年龄测定方法种类	DHBIA	C8		
10	同位素地质年龄	DHBHAB	N6.1	Ma	
11	采样位置	PKHFE	C30		
12	样品编号	PKHFB	C4		
13	稳定同位素分析方法	DHCAA	C8		
14	稳定同位素地球化学	DHC	C80		

表 3-3 矿体特征属性表(KTTZ)

序号	数据项名称	数据项代码	数据类型及长度	单 位	备 注
1	矿产地编号	KCAAA	C9		必填项
2	矿体数	PKGKI	N3		必填项
3	主矿体数	PKGKIA	N3		必填项
4	矿体形状	PKGKDA	C5		必填项
5	矿体埋深	PKGKJ	C9	m	
6	矿体走向	PKGKGA	C7		
7	矿体倾向	PKGKGB	C7		
8	矿体倾角	PKGKGC	C5	度	
9	矿体侧伏方向	PKGKGF	C7		
10	矿体长度	PKGKFA	N5.2	m	
11	矿体斜长	PKGKFB	N5.2	m	
12	矿体厚度	PKCDA	N5.2	m	
13	氧化带深度	PKGADH	C7	m	
14	矿石自然类型	PKGKQ	C29		
15	矿石结构	KCAPA	C24		
16	矿石构造	KCAPB	C24		
17	矿石的矿物组成	KWBH	C44		
18	矿石品位	PKCDD	C150		
19	矿石品级	PKGKU	C11		
20	伴生有益组分	PKGKPH	C100		
21	矿石工业特征	PKGKTA	C40		
22	矿石工业类型	PKGKT	C20		

表 3-4 煤层特征属性表

序号	数据项名称	数据项代码	数据类型及长度	单 位	备 注
1	矿产地编号	KCAAA	C9		
2	含煤地层	MDABA	C40		
3	含煤层数	MDAFA	N3		
4	可采煤层数	MDAFB	N3		
5	煤层几何形态	MDAGK	C11		
6	煤层型别	MDBEB	C3		
7	煤层倾向	MDAGT	C7		
8	煤层倾角	MDAGO	C5	度	
9	埋藏厚度	MDABC	C7	m	
10	煤层厚度	MDBFNG	C20	m	
11	可采煤层累计厚度	MDAFH	N4	m	
12	煤层顶板	MDAGD	C60		
13	煤层底板	MDAGF	C60		
14	显微煤岩类型	MDDAB	C11		
15	工业分析	MDCD	C50		
16	工业牌号	MDEG	C12		

表 3-5　矿产资源储量属性表(KCCL)

序号	数据项名称	数据项代码	数据类型及长度	单　位	备　注
1	矿产地编号	KCAAA	C9		必填项
2	矿　种	KCC	C4		必填项
3	储量计算单位	PKCE	C2		必填项
4	探明储量	PKCABF	N9.2		必填项
5	A 级储量	PKCABA	N9.2		
6	B 级储量	PKCABB	N9.2		
7	C 级储量	PKCABC	N9.2		
8	D 级储量	PKCABD	N9.2		
9	E 级储量	PKCABT	N9.2		
10	F 级储量	PKCABU	N9.2		
11	G 级储量	PKCABV	N9.2		
12	111 级储量	111 级储量	N9.2		
13	111b 级储量	111b 级储量	N9.2		
14	121 级储量	121 级储量	N9.2		
15	122 级储量	122 级储量	N9.2		
16	121b 级储量	121b 级储量	N9.2		
17	122b 级储量	122b 级储量	N9.2		
18	2M11 级储量	2M11 级储量	N9.2		
19	2M21 级储量	2M21 级储量	N9.2		
20	2M22 级储量	2M22 级储量	N9.2		
21	2S11 级储量	2S11 级储量	N9.2		
22	2S21 级储量	2S21 级储量	N9.2		
23	2S22 级储量	2S22 级储量	N9.2		
24	331 级储量	331 级储量	N9.2		
25	332 级储量	332 级储量	N9.2		
26	333 级储量	333 级储量	N9.2		
27	334 级储量	334 级储量	N9.2		

注：表中的必填项指该矿产地有储量时必填。

表 3-6　选矿试验属性表(XKSY)

序号	数据项名称	数据项代码	数据类型及长度	单　位	备　注
1	矿产地编号	KCAAA	C9		必填项
2	矿石可选性试验	XYAD	C1		
3	选矿方法	XYAABA	C2		
4	精　矿	XYABA	C10		
5	选矿产率	XYACF	N5.2	%	
6	精矿品位	XYACB	C40		
7	入选矿石品位	XYACA	C40		
8	矿石可选性	PKGLC	C1		
9	选矿回收率	XYACJ	N5.2	%	
10	尾矿品位	XYACD	C40		
11	可回收组分	PKGKPE	C40		
12	矿石类型	PKGKQ	C35		
13	采样位置	PKHFE	C20		

表 3-7　开采技术条件属性表(KCJS)

序号	数据项名称	数据项代码	数据类型及长度	单　位	备　注
1	矿产地编号	PKAAA	C9		
2	水文地质类型	SWJCC	C5		
3	水文地质条件等级	SWNB	C3		
4	工程地质条件	GCAB	C12		
5	矿坑最大涌水量	SWJDAC	N6	m^3/d	
6	地下水补给来源	SWAIA	C5		
7	岩石坚固性分类	GCCBA	C1		
8	岩体结构类型	GCBI	C5		
9	环境危害类别	JJGLDA	C5		
10	环境危害程度	JJGLDB	C1		
11	剥采比	BCB	C6		
12	边坡角	BPJ	N2	度	
13	边坡稳定性	BPWDX	C20		
14	顶底板稳定性	DDBWDX	C20		

表 3-8　矿产勘查工作基本信息属性表(KCKC)(必填)

序号	数据项名称	数据项代码	数据类型及长度	单　位	备　注
1	矿产地编号	KCAAA	C9		必填项
2	矿床发现时间	QDAM	C6	YYYYMM	
3	发现单位	QDAN	C100		
4	矿床发现方法	QDAO	C24		
5	工作期限	QDAC	C41	YYYYMM	必填项
6	调查单位	QDANA	C100		必填项
7	矿床勘探类型	PKGJ	C3		
8	勘探网类型	PKGDDA	C1		
9	勘探工程密度	PKGDDC	C1		
10	勘探网度	PKGDDB	C18	m	
11	钻　探	GCJDBC	N9.2	m	
12	坑　探	PKGCC	N6.2	m	
13	槽　探	GCJDBO	N7.2		
14	报告名称	PKIIA	C40		必填项
15	报告编写人员	PKIIG	C26		
16	报告提交日期	PKIIH	C6	YYYYMM	必填项
17	报告审批单位	PKIII	C100		
18	报告审批日期	PKIIJ	C6	YYYYMM	
19	报告审批文号	PKIIL	C30		
20	备　注	MEMO	C200		

表 3-9　矿床技术经济评价基本信息属性表(KCJJ)

序号	数据项名称	数据项代码	数据类型及长度	单　位	备　注
1	矿产地编号	KCAAA	C9		必填项
2	设计生产规模	JJGAH	N5.2	t/a	
3	设计生产年限	JJGAL	N2	年	
4	产品方案	JJGAM	C2		
5	成品年产量	JJGHD	N9.2	t	
6	基本建设投资	JJGDB	N6	万元	
7	总利润	JJGJAD	N6	万元	
8	投资收益率	JJGJDF	N5.2	%	
9	静态还本期	JJGKC	N2	年	

2. 矿产地数据库的维护方法及流程

矿产地数据库维护工作包括对已经完成数据库的更新维护，以及对新增矿床(点)信息的收集、整理、补充入库两部分。

(1)矿产地数据库的数据核查与处理。对已有矿产地数据库进行核查。对已有的不同时期和不同阶段形成的矿产地数据库进行整合汇总，检查重复、错漏或存在问题的矿产地信息，然后依据实际资料予以删除或更正，并作出更新维护说明。

(2)矿产地数据库的补充与更新。按照“矿产地数据库建设工作指南”及基础地质数据库维护要求，对尚未入库的矿产地资料进行收集、整理、采集，补充到矿产地数据库中。更新维护过程包括资料收集与整理、属性卡片填写、属性卡片检查审核、录入、形成最终成果5个阶段。

资料收集阶段：根据省地质资料馆收录的矿点检查、普查、详查及勘探地质成果报告以及省级储量平衡表中新增或有变化的矿床（点）信息，筛选出符合建库要求的矿产地。

属性卡片填写阶段：按照中国地质调查局颁发的《矿产地数据库建设工作指南》及相关标准和规范编制属性表。按照数据库文件中各数据项的填写要求，采集报告中相应数据项的内容，对需要填写代码的字段应准确无误地填写相应代码。

属性卡片检查阶段：矿产地数据库建设工作是集资料的收集、筛选、过滤、整理、采集、录入、检查等于一体的工作过程。工作人员在采集过程中应严格遵循自检-互检制度。

录入、检查阶段：按照《矿产地数据库建设工作指南》及基础地质数据库维护要求，对新卡片进行录入，并进行自检-互检和修改。

形成最终成果：将校对修改后的数据生成MapGIS点位图投在省、市、县行政区划图上进行坐标位置检查。

最后通过矿产地数据库管理软件进行数据库的逻辑性等检查，准确无误后形成最终矿产地数据库。

（四）地质工作程度数据库更新维护的内容与方法

1. 地质工作程度数据库更新维护的内容

根据地质工作程度数据库更新维护的原则，地质工作程度数据库的更新维护内容主要有两个方面：①对已有地质工作程度数据库进行整合集成，核查重复、错漏数据，并依据实际资料进行更新和补充；②收集整理系统内及行业形成的各类地质成果资料（包括原有、新增），进行地质工作程度数据目录的核查对比，并将所有未建库的成果资料增补入地质工作程度数据库。

地质工作程度数据库建库的内容主要由3个表组成（表3-10～表3-12），数据模型见图2-11。

表3-10 地质工作程度属性数据表

序号	分类	数据项名称	数据项代码	数据类型及长度	备注
1	图层标识	用户ID	CHFCAC	C10	必填项
2		图层编号	CHTC	C4	必填项
3	项目简况	项目名称	PKMC	C100	必填项
4		承担单位	QDAEA	C40	必填项
5		起始时间	QDACA	C6	必填项
6		结束时间	QDACB	C6	
7		项目来源	PKLY	C40	必填项
8		项目费用	JJGFA	N8.2	
9		负责人	QDAED	C30	
10	工作简况	专业种类	BGIB	C4	必填项
11		专业子类	BGIBA	C4	必填项
12		矿产分类	PKAA	C5	必填项
13		勘查对象	KCC	C19	必填项
14		矿产地号	KCAAA	C9	必填项
15		比例尺	CHAMDB	N7	必填项
16		地理坐标	CHAHB	C250	必填项
17		工区面积	CHAO	N10.2	
18		地图编号	CHAMAC	C10	
19		行政区划	XZHQH	C6	必填项

续表 3-10

序号	分类	数据项名称	数据项代码	数据类型及长度	备　注
20	项目成果	成果名称	JJGAA	C100	必填项
21		工作量	PKGW	C1	
22	完成质量	验收情况	JJYS	C6	
23		验收单位	JJGAC	C40	
24	资料保存	原档存放(单位)	YBCF	C40	必填项
25		资料保管(单位)	PKIIM	C80	必填项
26		汇交类别	HJIB	C1	必填项
27		保存形式	CHTIX	C12	
28		档案号	PKIIN	C10	必填项
29		备　注	NOTE	C100	
30	责任项	填卡人	CHTKR	C10	必填项
31		录入人	CHLRR	C10	必填项

表 3-11　矿区工作情况属性表

序号	数据项名称	数据项代码	数据类型及长度	备　注
1	用户 ID	CHFCAC	C10	必填项
2	工作名称	CHTC	C4	必填项
3	比例尺	KCAAA	N7	必填项
4	工作量	CHAO	N9.2	必填项
5	数据单位	JJDAJ	C50	必填项

表 3-12　矿产地属性数据格式表

序号	数据项名称	数据项代码	数据类型及长度	备　注
1	用户 ID	CHFCAC	C10	必填项
2	图层编号	CHTC	C4	必填项
3	矿产地号	KCAAA	C9	必填项
4	矿产地名	JJDAJ	C100	必填项
5	地理经度	DWAAC	C15	必填项
6	地理纬度	DWAAD	C13	必填项
7	矿产分类	PKAA	C12	必填项
8	勘查对象	KCC	C19	必填项
9	矿床规模	PKGKB	C1	必填项
10	填卡人	CHTKR	C10	必填项
11	录入人	CHLRR	C10	必填项

2. 地质工作程度数据库更新维护的方法流程

地质工作程度数据库更新维护工作包括新增地质工作程度数据资料的补充入库和以往地质工作程度数据库的检查维护两部分。

(1)地质工作程度数据库的数据核查与处理。重点是对以往地质工作程度数据库的重复记录、错误内容以及由于工作指南变化而需进行内容调整的数据进行检查核实,并进行相应修改和作出修改说明。

(2)地质工作程度数据库补充与更新。补充和新增地质工作程度数据的主要方法及步骤包括资料收集、筛选、专业图层划分处理、属性数据采集和录入、图层数据生成、空间位置检查等若干环节。

资料收集:按项目要求收集完整的地质资料目录。

资料筛选:对收集的地质资料目录进行筛选和过滤,筛选出符合建库要求的资料目录。

专业图层划分:对筛选建库的资料进行专业图层的划分(按指南规定)。

属性数据采集和录入:根据地质报告、图件、附件等资料内容进行属性卡片段的采集与录入。

属性数据检查:对录入的属性数据进行检查,包括自检、互检、抽检和利用地质工作程度数据库管理软件进行逻辑性检查。

空间位置检查:生成 MapGIS 矢量图层文件,并与省、市、县行政区划叠加进行空间位置检查。

(五)区域地球化学数据库更新维护的内容与方法

1. 区域地球化学数据库更新维护内容

区域地球化学数据库更新维护主要是根据工作需要,收集补充 1∶5 万地球化学调查数据资料(或更大比例尺)和新增的 1∶20 万地球化学调查数据资料入库。具体内容按照《全国区域地球化学数据库维护技术要求》和中国地质调查局《地球化学数据库工作指南》有关要求执行。

2. 区域地球化学数据库维护的方法流程

(1)收集整理 1∶5 万和 1∶20 万地球化学调查数据资料。

(2)对已整理的数据资料进行入库。

(3)对入库成果数据进行数据处理和检查,包括误差处理、坐标转换、网格化等一系列常规处理。

(4)编制地球化学常规图件。

(六)自然重砂数据库更新维护的内容与方法

1. 自然重砂数据库更新维护的内容

自然重砂数据库更新维护主要是根据工作需要,收集补充 1∶5 万自然重砂数据资料和新增的 1∶20万自然重砂数据资料并进行入库。

自然重砂数据库建库的内容主要由 5 类表组成(表 3-13～表 3-17),数据模型见图 2-15。

表 3-13　基本信息数据文件(ZX△△△B)

序号	数据项名称	数据项代码	数据类型	备　注
1	1∶20 万图幅编号	CHAMAA	C9	
2	1∶20 万图幅名称	CHAMAC	C30	
3	地理经度	DWAAC	N7	数据格式 DDDMMSS
4	地理纬度	DWAAD	N6	数据格式 DDMMSS
5	调查单位	QDAE	C30	
6	图幅验收单位	QDYGG	C30	

续表 3-13

序号	数据项名称	数据项代码	数据类型	备 注
7	归档号	PKIIQ	C20	
8	完成日期	HXGBB	C6	数据格式 YYYYMM
9	样品数	PKHFR	N4	
10	重砂异常(数)	QDNGD	N3	
11	孤高点数	QDNGF	N3	
12	数据采集日期	SDAFAF	C6	数据格式 YYYYMM
13	项目负责	QDAED	C8	

表 3-14 样品基本信息数据文件(ZX△△△Y)

序号	数据项名称	数据项代码	数据类型及长度	单 位	备 注
1	统一编号	PKIAA	C10		必填项
2	1∶20 万图幅编号	CHAMAA	C9		
3	实际材料图幅编号	CHAMAAZ	C10		必填项
4	样品编号	PKHFB	C16		必填项
5	横坐标 X	DWAAC	N8	m	必填项
6	纵坐标 Y	DWAAD	N7	m	必填项
7	样品原始重量	ZSYPZL	N4.1	kg	必填项
8	自然重砂总重量	ZSZZL	N6.2	g	
9	缩分次数	ZSSFCS	N1		
10	缩分后重量	ZSSHZL	N6.2	g	
11	采样深度	ZSCYSD	N4.1	cm	
12	所在子区	ZSZQ	C2		
13	磁性部分重量	ZSCXZL	C20	g	
14	电磁性部分重量	ZSDCXZL	C20	g	
15	重部分重量	ZSZKWZL	C20	g	
16	轻部分重量	ZSQKWZL	C20	g	

表 3-15 样品鉴定结果数据文件(ZX△△△J)

序号	数据项名称	数据项代码	数据类型及长度	单 位
1	统一编号	PKIAA	C10	
2	自然重砂矿物代号	ZSKWM	C12	
3	自然重砂矿物物性	ZSKWSX	C120	
4	矿物在磁性部分含量	ZSCXHL	N12.4	
5	矿物在电磁性部分含量	ZSDCXHL	N12.4	
6	矿物在重部分含量	ZSZKWHL	N12.4	
7	矿物在轻部分含量	ZSQKWHL	N12.4	
8	标准化值	ZSKWZL	N11.6	10^{-6}
9	备 注	PKIIZ	C40	

表 3-16 样品鉴定结果数据文件

原鉴定报告中不定量值表示内容	数据录入值	原鉴定报告中不定量值表示内容	数据录入值
痕量、极微、很微量、很微	−5	有矿物名称无含量	−9
较多、大量、主要	−4	>100 颗、百余颗	100
少量、100 颗—××克(或其他代号)	−3	十几颗	15
微量、很少、次要(或其他代号)	−2	几十颗、数十颗	30
几颗、个别、个别—几颗(或其他代号)	−1	几百颗	300

表 3-17 水系属性文件(ZX△△△S)

序号	数据项名称	数据项代码	数据类型及长度	备 注
1	图元编号	CHFCAC	N8	
2	河流的径流类型	SWACB	C5	
3	河流名称	SWACF	C16	

2. 自然重砂数据库更新维护的方法流程

(1)基础数据采集。通过自然重砂鉴定报告、送样单、野外记录本、野外手图等资料，按数据文件格式及说明采集数据，以图幅为基本单位采集自然重砂样品的相关数据。

(2)图形数据采集。根据自然重砂取样实际材料图、数字化自然重砂取样点。数字化定位精度：点位误差不超过±0.2mm；若数字化水系时，水系误差不超过±0.25mm。

(3)点位属性确定。建立点位属性数据。

(4)空间数据库建立。以图幅为基本单位存储图层数据，自然重砂点位与属性数据按统一编号挂接，形成点位图层。图幅基本信息图层由 1∶20 万标准图幅的内图框线构成，挂接图幅基本信息属性。

(七)区域重力数据库更新维护的内容与方法

1. 区域重力数据库更新维护的内容

区域重力数据库的更新维护重点是收集补充新增的 1∶5 万和 1∶10 万区域重力数据资料，并进行整理入库。

2. 区域重力数据库更新维护的方法流程

(1)数据收集。收集区域重力资料包括重力测量成果数据资料、原始图件、成果解释图件、各类成果报告。对收集资料和数据进行归类与备份，同时摘录入库相关属性信息，主要包括工区名称、行政省区名、工作单位、完工时间、工作比例尺、重力系统、重力起算点、中间层密度、正常场公式、重力仪类型、重力观测精度、布格异常总精度、高程测量方法、高程测量精度、成果报告名称、成果报告完成时间、原始数据存放地等，建立工作日志记录。

(2)数据整理。对所收集的重力数据和资料，利用 RGIS 软件，按照《区域重力数据库信息系统使用说明》，进行各种改算；对已改算的数据进行 10%的重新改算抽查，以检查和判定已有数据成果的精度；建立工作日志记录。

(3)数据入库。按照《区域重力数据库信息系统使用手册》中关于数据入库的说明和要求，利用 RGIS 2008 进行展点、绘等值线图后直接入库，建立工作日志记录。

(4)数据质量检查。按照《区域重力数据库信息系统使用说明》，通过 RGIS 软件对入库数据进行注册、创建点操作，显示入库数据的空间分布情况；进一步对入库数据进行网格化、绘制等值线（或者由RGIS的数据转入/转出、网格化数据转出功能，将数据转出，由其他软件绘制等值线）。通过等值线检查数据质量，主要检查是否存在畸变数据。

（5）成果汇总。按照全国区域重力数据库技术要求，更新区域重力数据库。

（八）航磁数据库更新维护的内容与方法

区域航磁数据库的更新维护重点是收集补充新增的1∶5万区域航磁数据资料，并进行整理入库。

第三节　基础地质数据库的更新维护

一、1∶50万数字地质图空间数据库的更新维护

华东地区1∶50万数字地质图空间数据库是由华东五省共同参加，并按照全国统一标准建立完成。

本次全国矿产资源潜力评价项目对1∶50万数字地质图空间数据库的更新维护未作硬性要求，各省可根据本省项目需求进行维护。维护方法是在原有1∶50万数字地质图空间数据库的基础上，将区内最新的1∶5万地质图、1∶25万地质图成果扫描缩放到1∶50万地质图上，然后根据1∶5万和1∶25万地质图新成果、新认识进行局部修编，形成新的1∶50万数字地质图空间数据库。

根据上述原则和思路，浙江、安徽和福建三省对1∶50万数字地质图空间数据库进行了更新维护（表3-18）。具体更新维护工作量如下。

浙江利用50幅1∶5万区域地质调查成果资料和4幅1∶25万区域地质调查成果资料（金华幅、温州幅、杭州市幅、嵊州幅）对浙江省1∶50万数字地质图空间数据库进行了更新维护，数据资料截至2006年底。

安徽利用154幅1∶5万区域地质调查成果资料和3幅1∶25万区域地质调查成果资料对安徽省1∶50万数字地质图空间数据库进行了更新维护。

福建利用35幅1∶5万区域地质调查成果资料和12幅1∶25万区域地质调查成果资料对福建省1∶50万数字地质图空间数据库进行了更新维护，数据资料截至2006年底。

二、1∶20万数字地质图空间数据库的更新维护

1∶20万数字地质图空间数据库建库是2001年由各省分别完成，2001—2002年经全国数据综合处理形成全国1∶20万数字地质图空间数据库。限于当时的技术条件，1∶20万数字地质图空间数据库建库存在的主要问题如下：①MapGIS系统库不统一（以图幅为单位）；②部分图幅缺少地理图层（如等高线、图外整饰等）（前期未做硬性要求）；③图幅间要求不一致，有些省（或图幅）是按“原汁原味”建库，而有些省（或图幅）是按清理套改并进行接边处理后进行建库。

根据上述问题，本次有针对性地组织五省对华东地区139幅1∶20万数字地质图空间数据库建库进行了更新维护。其中77幅补充了图外柱状图和剖面图等，62个套改图幅进行了“原汁原味”的重建，139幅全部按矿产资源潜力评价系统库进行了系统库的统一（表3-19）。具体如下：

（1）江苏省共计更新维护14幅，其中6幅补充了图外柱状图和剖面图等，8个套改图幅进行了“原汁原味”的重建，并按矿产资源潜力评价系统库进行了系统库的统一。

表 3-18　华东地区 1∶50 万数字地质图空间数据库更新维护情况

序号	维护大类	维护子类	维护情况内容
1	数据库维护基本情况	数据库名称	华东地区 1∶50 万数字地质图空间数据库
		数据库维护主要内容	在原有 1∶50 万数字地质图空间数据库的基础上，将区内最新的 1∶5 万、1∶25 万地质图成果扫描缩放到 1∶50 万地质图上，然后根据 1∶5 万和 1∶25 万地质图的新成果、新认识进行局部修编，形成新的 1∶50 万数字地质图空间数据库
		数据库维护技术要求	补充各种新资料及重要的科研新成果；尽可能利用已有的标准，包括国标、行标作为本次维护的基础；按照统一标准、技术要求、编码原则和方法，使用统一的文件格式
		元数据维护情况	无
		维护前数量	共 30 个文件，总大小 273MB
		维护后数量	共 30 个文件，安徽、浙江和福建三省利用 239 幅 1∶5 万和 19 幅 1∶25 万区域地质调查成果资料对 1∶50 万数字地质图空间数据库进行了更新维护
		新增数量	无
		若为空间数据，其覆盖范围、比例尺、坐标参数（大地坐标系统、高程基准、地图椭球参数、地图投影类型）	1∶50 万覆盖华东地区，等角割圆锥投影、1954 北京坐标系、1985 国家高程基准，（第一纬度 25°40′00″，第二纬度 29°20′00″，原点经度 117°00′00″，原点纬度 24°40′00″）
		数据库维护负责人和主要技术人员	胡海风、李学燮、李翔等
		数据库维护资料来源	安徽、浙江和福建省 1∶5 万和 1∶25 万地质图
		数据库维护存在的主要问题描述	原数据库资料为 1999 年，根据工作需要补充新的 1∶5 万和 1∶25万地质图资料和成果
2	数据库概念模型维护情况	数据库概念模型变化情况	无变化
3	数据库维护后地质工作程度略图	地质数据库附工作程度略图	安徽、浙江和福建三省更新，工作程度图略
4	数据库维护工作流程	数据库维护工作流程框图	
5	数据库维护验收情况	数据库维护工作完成情况	已完成

（2）安徽省共计更新维护 34 幅，补充了图外柱状图和剖面图等，并按矿产资源潜力评价系统库进行了系统库的统一。

（3）浙江省共计更新维护 28 幅，补充了图外柱状图和剖面图等，并按矿产资源潜力评价系统库进行了系统库的统一。

(4)江西省共计更新维护 32 幅，其中 9 幅补充了图外柱状图和剖面图等，23 个套改图幅进行了“原汁原味”的重建，并按矿产资源潜力评价系统库进行了系统库的统一。

(5)福建省共计更新维护 31 幅，31 个套改图幅全部进行了“原汁原味”的重建，并按矿产资源潜力评价系统库进行了系统库的统一。

表 3－19　华东地区 1∶20 万数字地质图空间数据库更新维护情况

序号	维护大类	维护子类	维护情况内容
1	数据库维护基本情况	数据库名称	华东地区 1∶20 万数字地质图空间数据库
		数据库维护主要内容	77 幅补充了图外柱状图和剖面图等，62 个套改图幅进行了“原汁原味”的重建，并按矿产资源潜力评价系统库进行了统一
		数据库维护技术要求	按照中国地质调查局下发的《地质图空间数据库建设工作指南 2.0》(2002 年)
		元数据维护情况	根据数据库更新维护情况进行了更新
		维护前数量	139 幅
		维护后数量	139 幅(77 幅更新维护，62 幅重建)
		新增数量	77 幅补充了图外整饰(包括图外柱状图和剖面图等)，62 幅进行了“原汁原味”的重建，139 幅全部按照矿产资源潜力评价系统库进行了系统库的统一
		若为空间数据，其覆盖范围、比例尺、坐标参数(大地坐标系统、高程基准、地图椭球参数、地图投影类型)	基本覆盖华东地区；比例尺为 1∶20 万 MapGIS，格式为高斯投影和经纬度无投影数据。高斯投影坐标以毫米为单位(包括北京、西安两类)，经纬度无投影坐标选择秒为单位
		数据库维护负责人、主要技术人员	肖志坚、朱静苹、胡海风、李向远、何伟相、李学夔、李燕、于若同、尚培颖、李霞、刘丽利等
		数据库维护资料来源	华东各省地质资料馆
		数据库维护存在的主要问题描述	原数据库标准不统一
2	数据库概念模型维护情况	数据库概念模型变化情况	无
3	数据库维护后地质工作程度略图	地质数据库附工作程度略图	图 3－1
4	数据库维护工作流程	数据库维护工作流程框图	图 3－2、图 3－3
5	数据库维护验收情况	数据库维护工作完成情况	已完成维护工作
		数据库维护工作验收情况	2012 年对江苏省、安徽省和浙江省的维护成果进行了验收，福建省和江西省未做统一验收

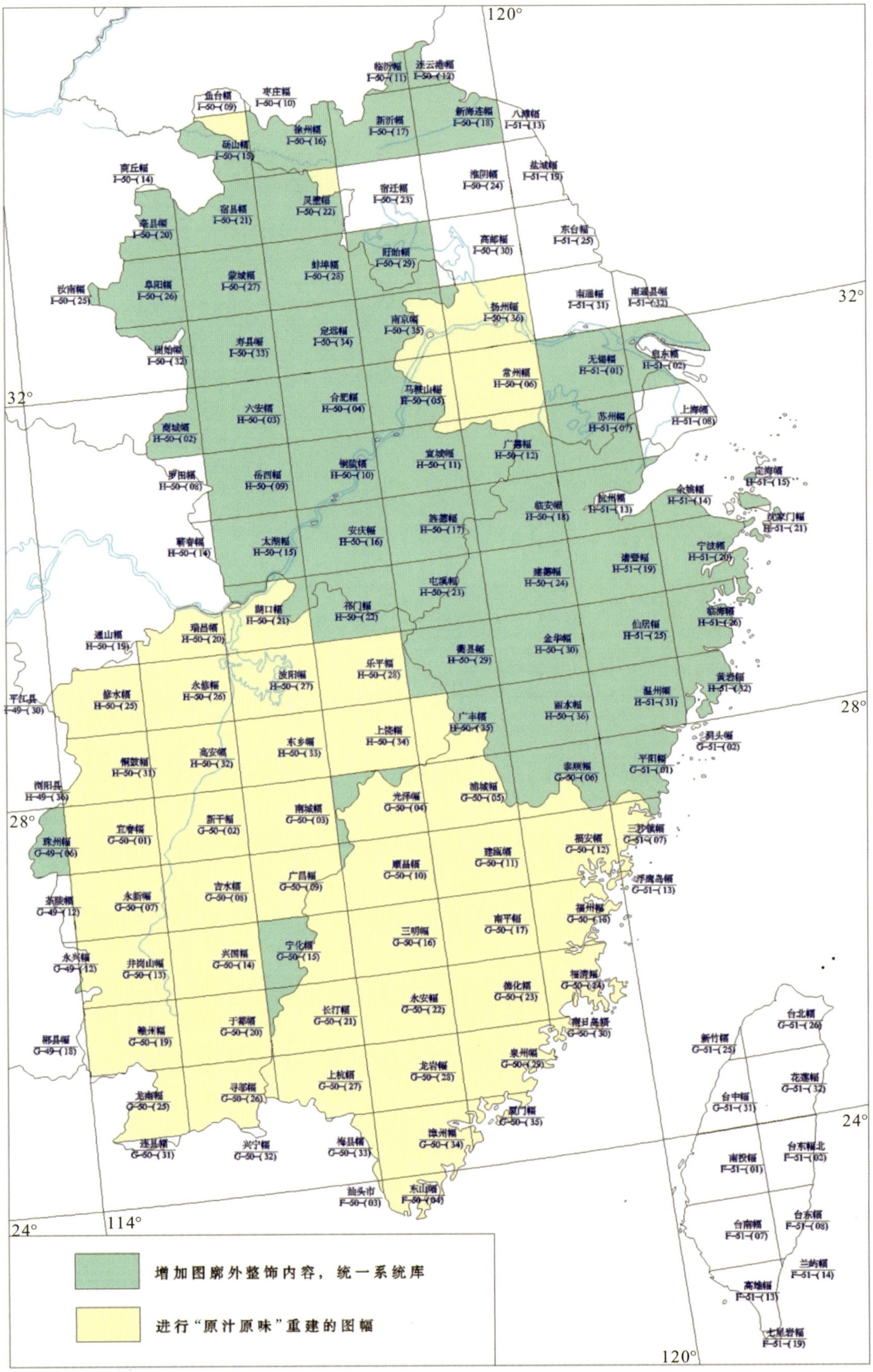

图 3-1 华东地区 1∶20 万数字地质图空间数据库维护工作程度图

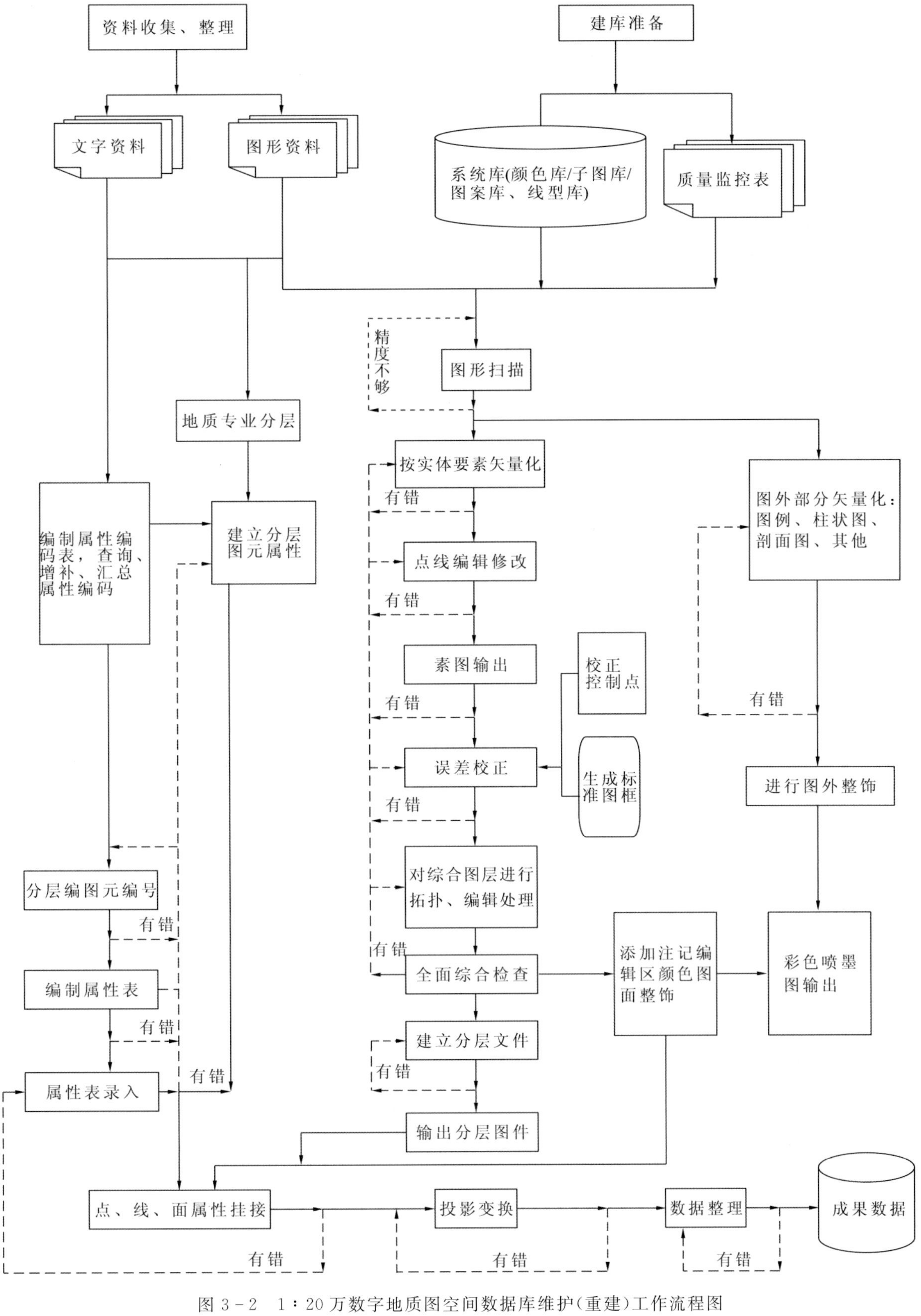

图 3-2　1∶20 万数字地质图空间数据库维护(重建)工作流程图

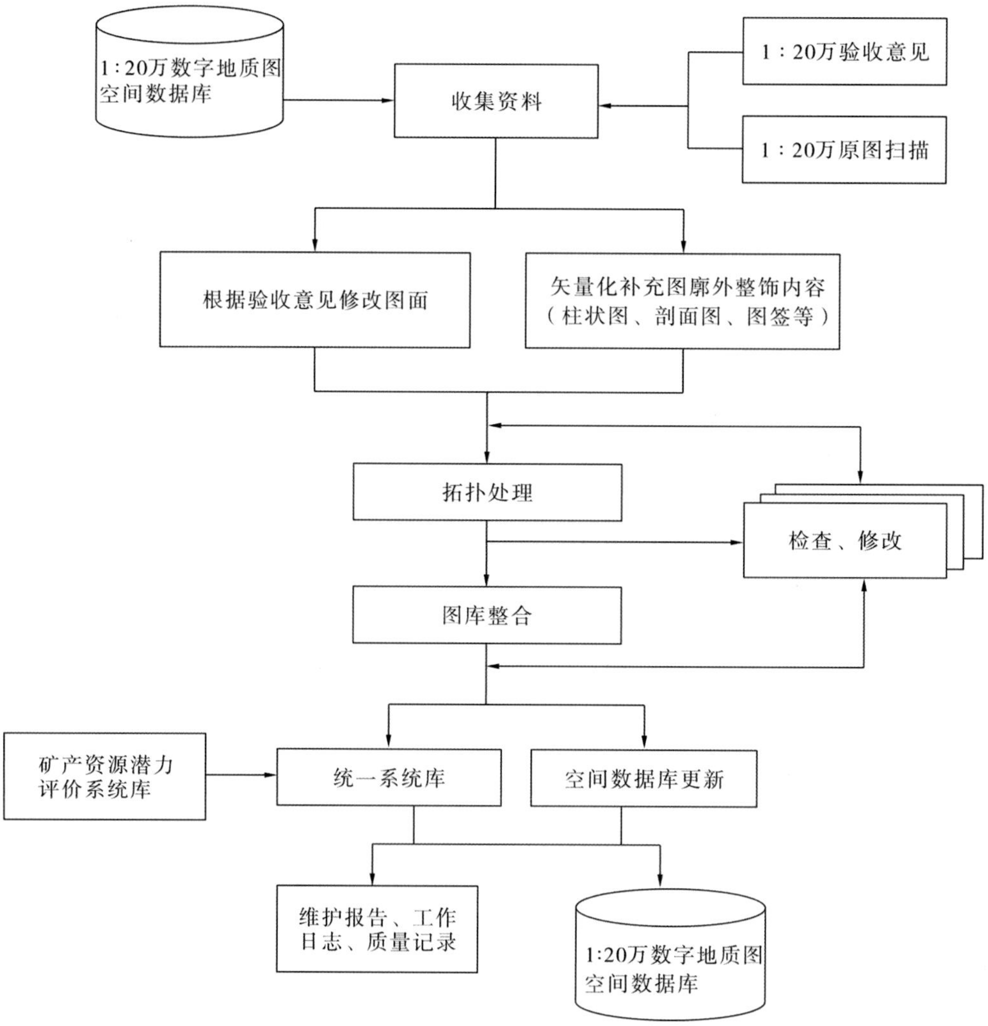

图 3-3　1：20 万数字地质图空间数据库维护工作流程图

三、矿产地数据库的更新维护

1. 华东地区矿产地数据库的更新维护

华东地区矿产地数据库是 2001—2002 年由华东五省地质调查(研究)院分别建立完成。2003—2005 年由南京地质调查中心牵头，华东五省地质调查(研究)院共同参加对华东地区矿产地数据库进行了更新维护，资料截至 2004 年底，矿产地共计 7744 处，其中江苏 709 处、安徽 808 处、浙江 2313 处、江西 1449 处、福建 2465 处。

根据华东地区矿产资源潜力评价综合信息集成的工作安排和矿产地更新维护的思路与原则，2008—2012 年组织华东各省对华东地区矿产地数据库进行了统一的更新维护，共计收录矿产地 11 228 处(其中新增矿产地 3649 处，删除重复或多余的 165 处)，其中江苏 1256 处、安徽 1491 处、浙江 3271 处、江西 2124 处、福建 3086 处(表 3-20 和表 3-21)。

表 3-20　华东地区矿产地数据库更新维护情况表

序号	维护大类	维护子类	维护情况内容
1	数据库维护基本情况	数据库名称	华东地区矿产地数据库
		数据库维护主要内容	对已经提交的矿产地数据库数据，按照最新工作指南要求进行了数据核查与维护；配合矿产资源潜力评价矿种需要，收集、整理、补充华东地区尚未入库以及每年新增矿产地的成果资料并进行补充入库
		数据库维护技术要求	依据矿产地数据库工作指南（2011 年 5 月修订）及基础数据库维护技术要求等相关标准
		元数据维护情况	根据《地质信息元数据标准》（DD－2006－05）对数据库元数据进行了更新
		维护前数量	矿产地 7744 处
		维护后数量	矿产地 11 228 处
		新增数量	维护新增矿产地 3649 处，删减 165 处（表 3-21～表 2-23、图 3-4、图 3-5）
		若为空间数据，其覆盖范围、比例尺、坐标参数（大地坐标系统、高程基准、地图椭球参数、地图投影类型）	华东地区范围内，MS Access 数据格式
		数据库维护负责人和主要技术人员	肖志坚、吴涵宇、尚培颖、王晓梅、李向远、李学燮、喻小平、朱静苹、李燕、胡海风、何伟相、李霞等
		数据库维护资料来源	各省地质调查（研究）院资料室、各省地质资料馆
		数据库维护存在的主要问题描述	由于不同时期地质报告的储量分级方式有所不同，使数据库的储量分类无法统一
2	数据库概念模型维护情况	数据库概念模型变化情况	无
3	数据库维护后地质工作程度略图	地质数据库附工作程度略图	图 3-7～图 3-10
4	数据库维护工作流程	数据库维护工作流程框图	图 3-6
5	数据库维护验收情况	数据库维护工作完成情况	全部完成，资料截至 2011 年底
		数据库维护工作验收情况	每年均组织验收，优秀率为 76%

表 3－21　华东地区矿产地数据库更新维护一览表

序号	省名	原有矿产地数	维护删减矿产地数	2008 年新增	2009 年新增	2010 年新增	2011 年新增	2012 年新增	现有矿产地数
1	江苏	709	－16	420	39	42	39	23	1256
2	安徽	808	－4	237	160	146	99	45	1491
3	浙江	2313	－17	785	35	35	71	49	3271
4	江西	1449	－38	496	130	38	21	28	2124
5	福建	2465	－90	505	66	73	32	35	3086
合　计		7744	－165	2443	430	334	262	180	11 228

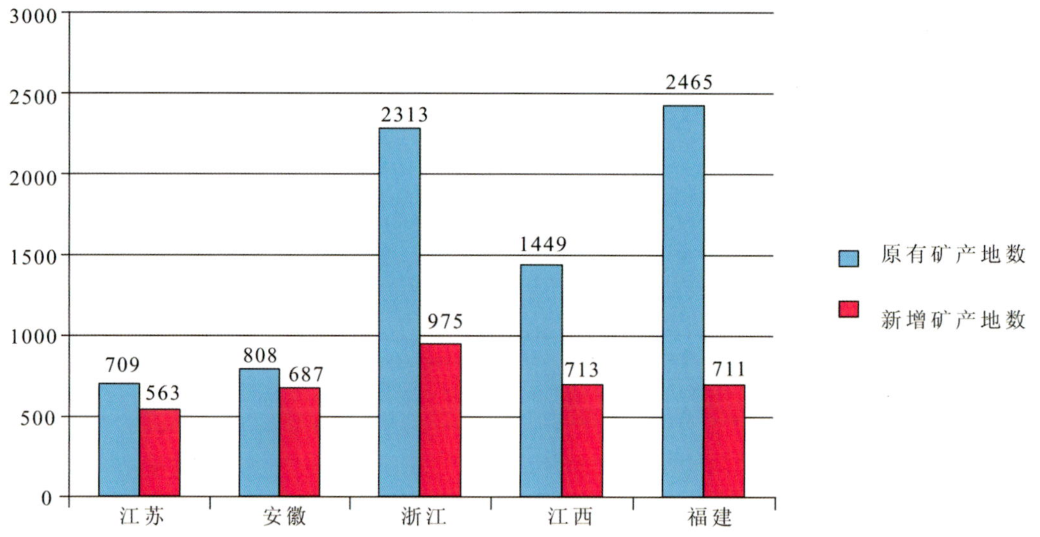

图 3－4　华东地区新增矿产地数据库对比图

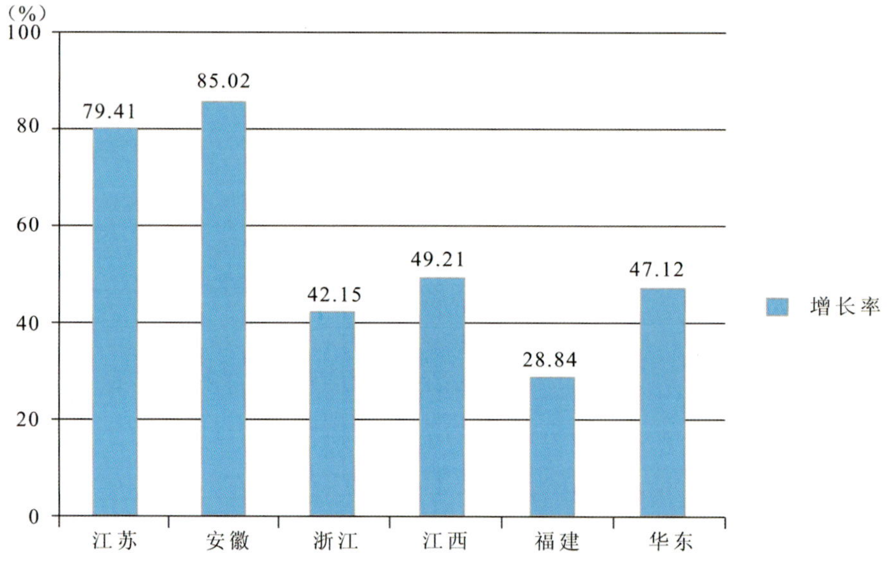

图 3－5　华东地区矿产地数据库维护增长率图

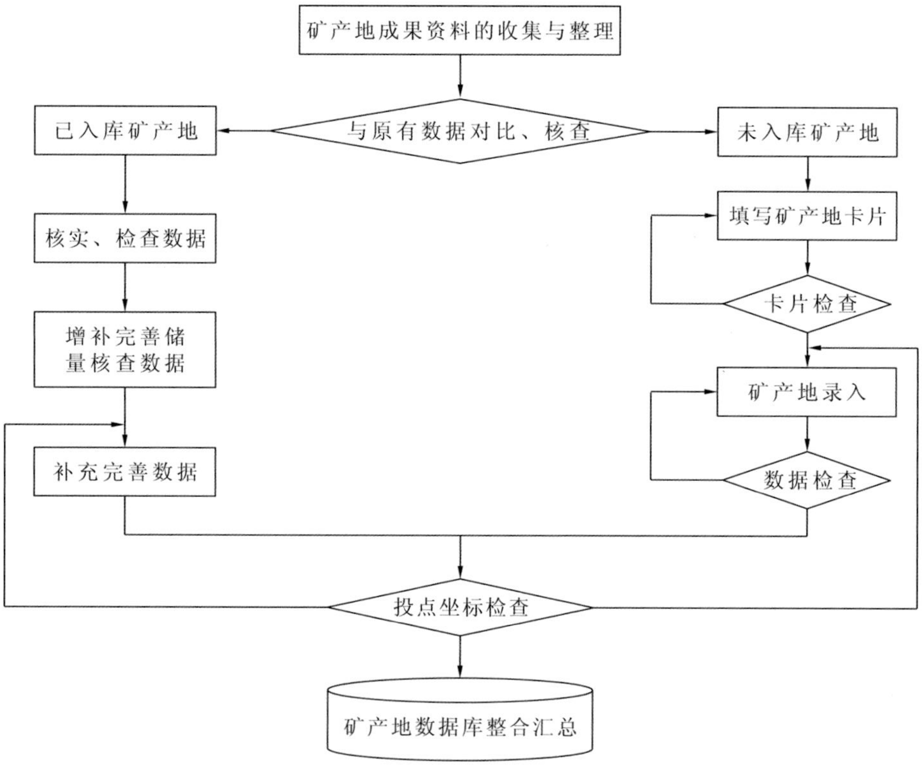

图 3-6　矿产地数据库维护工作流程图

2. 华东地区矿产资源分布特征

(1)华东地区的矿产类型分布特征。华东地区矿产地数据库通过数年的更新与维护，共计收录矿产地11 228处，涵盖了13类矿产175个矿种，并以有色金属、黑色金属和贵金属居多(表3-22，图3-7、图3-8)。

表 3-22　华东地区矿产地数据库矿产类型统计表

序号	矿　产	原有矿产地数(处)	新增矿产地数(处)	合计	增长率(%)
1	贵金属	595	402	997	67.56
2	有色金属	2091	818	2909	39.12
3	黑色金属	1399	594	1993	42.46
4	燃料矿产	421	292	713	69.36
5	稀有金属	150	10	160	6.67
6	稀土金属	161	35	196	21.74
7	冶金原料	566	596	1162	105.30
8	化工原料	339	164	503	48.38
9	建筑材料	1481	418	1899	28.22
10	其他矿产	446	320	766	71.75
合　计		7579(原有7744处，维护删减165处)	3649	11 228	47.71

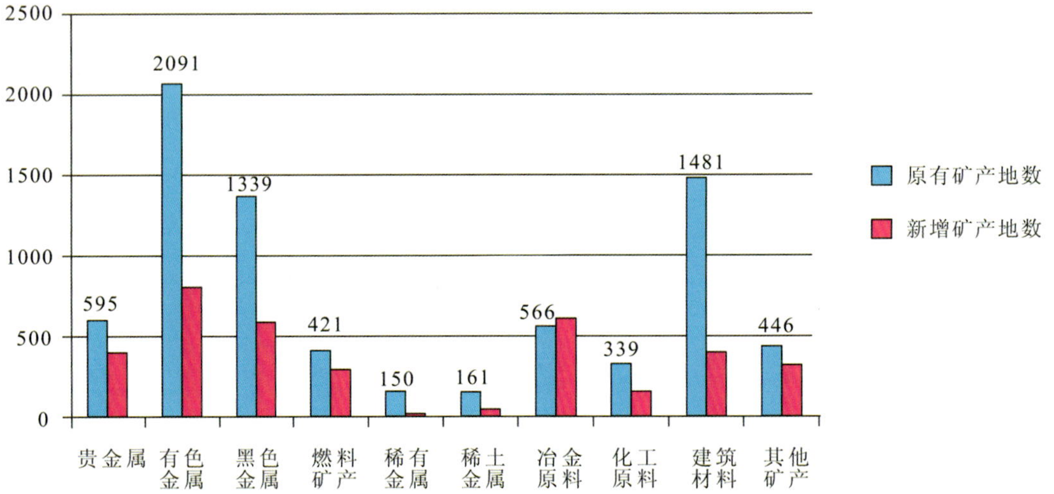

图 3-7　华东地区矿产地数据库矿产类型分布特征图

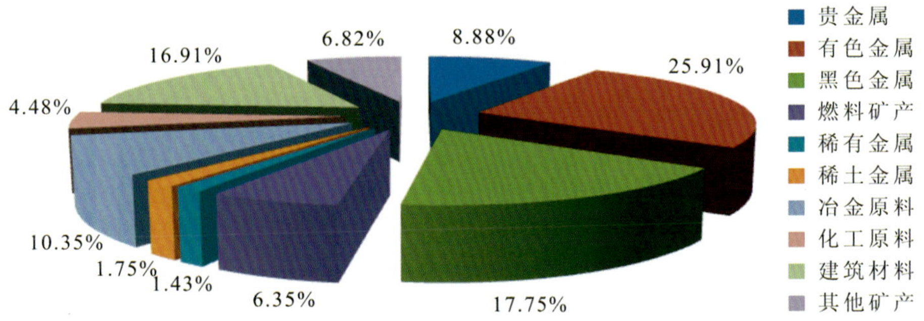

图 3-8　华东地区矿产地数据库矿产类型分布比率

(2)华东地区的矿产规模分布特征。华东地区矿产地规模整体上呈正态分布，矿点居多，然后是小型矿床、矿化点等(表 3-23，图 3-9、图 3-10)。

表 3-23　华东地区矿床规模的分布特征表

序号	矿　产	特大	大型	中型	小型	矿点	矿化点	合计
1	贵金属	1	18	46	259	415	247	986
2	有色金属	4	42	164	475	1661	479	2825
3	黑色金属	3	28	115	321	1171	353	1991
4	燃料矿产	3	12	91	271	328	30	735
5	稀有金属	6	5	6	18	112	11	158
6	稀土金属	0	4	5	41	144	2	196
7	冶金原料	1	75	108	442	506	36	1168
8	化工原料	6	28	91	119	225	29	498
9	建筑材料	20	174	310	381	1004	10	1899
10	其他矿产	6	33	62	108	556	7	772
合　计		50	419	998	2435	6122	1204	11 228
比率(%)		0.45	3.73	8.89	21.69	54.52	10.72	100.00

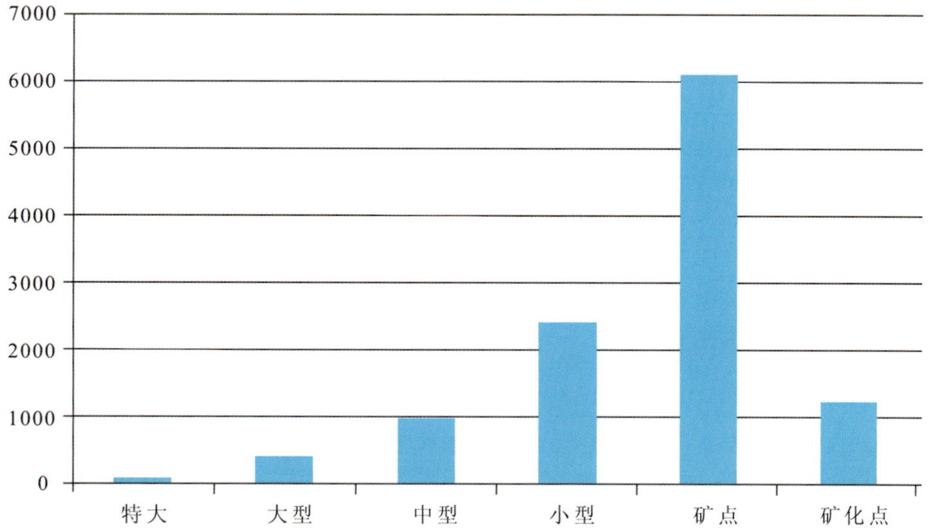

图 3-9　华东地区矿产地数据库矿产规模分布特征(正态分布)

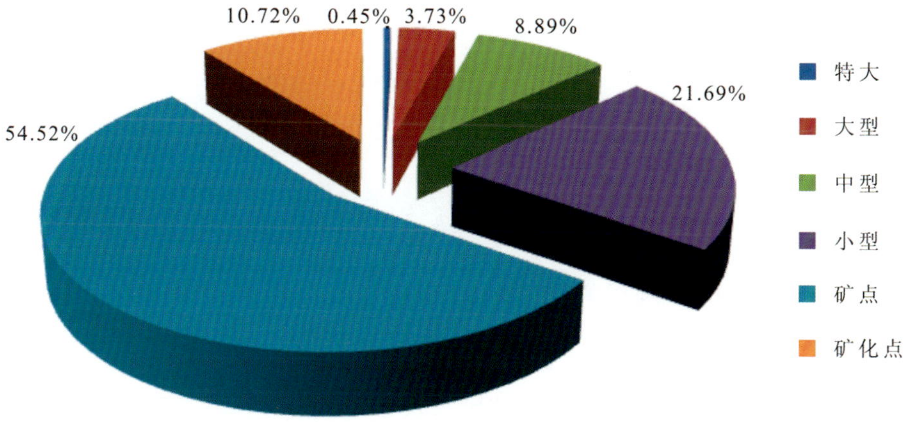

图 3-10　华东地区矿产地数据库矿产规模分布比率

四、地质工作程度数据库的更新维护

1. 华东地区地质工作程度数据库的更新维护

华东地区地质工作程度数据库是在 2001—2002 年由华东五省地质调查(研究)院分别建立完成。2003 年由南京地质调查中心牵头,华东五省地质调查(研究)院共同参加对华东地区地质工作程度数据库进行了更新维护,资料截至 2003 年底,共计地质工作程度数据库 13 668 项,其中江苏 1801 项、安徽 2977 项、浙江 3192 项、江西 2770 项、福建 2928 项。

根据华东地区矿产资源潜力评价综合信息集成的工作安排和地质工作程度数据库更新维护的思路与原则,2008—2012 年组织华东五省对地质工作程度数据库进行了统一的更新维护,共计收录地质工作程度 20 927 项(其中新增 7263 项,删除重复或多余的 4 项),其中江苏 1256 项、安徽 1491 项、浙江 3271 项、江西 2124 项、福建 3086 项(表 3-24)。

表 3-24　华东地区地质工作程度数据库更新维护情况表

<table>
<tr><th>序号</th><th>维护大类</th><th>维护子类</th><th>维护情况内容</th></tr>
<tr><td rowspan="12">1</td><td rowspan="12">数据库维护基本情况</td><td>数据库名称</td><td>华东地区地质工作程度数据库</td></tr>
<tr><td>数据库维护主要内容</td><td>对原数据库中的数据内容进行检查，形成数据质量检查监控表；收集、整理华东地区 2012 年以前形成的相关地质工作资料（国土资源大调查、资源补偿费矿产勘查、商业性地质勘查项目等），补充完善华东地区地质工作程度数据库。资料截至 2011 年 12 月</td></tr>
<tr><td>数据库维护技术要求</td><td>依据《全国地质工作程度数据库建设工作指南》（2006 年 9 月修订）以及《数据库维护工作技术要求》（2006 年 11 月）</td></tr>
<tr><td>元数据维护情况</td><td>根据《地质信息元数据标准》（DD-2006-05）对数据库元数据进行了更新</td></tr>
<tr><td>维护前数量</td><td>地质工作程度数据库 13 668 项</td></tr>
<tr><td>维护后数量</td><td>地质工作程度数据库 20 927 项</td></tr>
<tr><td>新增数量</td><td>新增地质工作程度数据库 7263 项，删除重复或多余的 4 项（表 3-25、图 3-11、图 3-12）</td></tr>
<tr><td>若为空间数据，其覆盖范围、比例尺、坐标参数（大地坐标系统、高程基准、地图椭球参数、地图投影类型）</td><td>覆盖华东地区；统一采用地理坐标系统、等角割圆锥、克拉索夫斯基投影。①工作区以经纬度表示的数据，空间图形统一换算为以度为单位的十进制；②工作区以行政区代码表示的数据，空间图形采用 1∶50 万数字地图（中国地质调查局下发）的行政区界线直接获取</td></tr>
<tr><td>数据库维护负责人和主要技术人员</td><td>肖志坚、吴涵宇、尚培颖、王晓梅、李向远、李学夔、喻小平、朱静苹、李燕、胡海风、何伟相、李霞</td></tr>
<tr><td>数据库维护资料来源</td><td>各省地质资料馆、地质调查（研究）院资料室</td></tr>
<tr><td>数据库维护存在的主要问题描述</td><td>工作指南重新修订过，形成的成果与第一批成果有些差异，如用户 ID；部分资料在划分专业图层时，存在模棱两可的情况，图层归属可能存在因人而异，甚至是因时而异的现象</td></tr>
<tr><td colspan="2" style="display:none"></td></tr>
<tr><td>2</td><td>数据库概念模型维护情况</td><td>数据库概念模型变化情况</td><td>无</td></tr>
<tr><td>3</td><td>数据库维护后地质工作程度略图</td><td>地质数据库附工作程度略图</td><td>图 3-14、图 3-15</td></tr>
<tr><td>4</td><td>数据库维护工作流程</td><td>数据库维护工作流程框图</td><td>图 3-13</td></tr>
<tr><td rowspan="2">5</td><td rowspan="2">数据库维护验收情况</td><td>数据库维护工作完成情况</td><td>全部完成，资料截至 2011 年底</td></tr>
<tr><td>数据库维护工作验收情况</td><td>每年均组织验收，优秀率为 76%</td></tr>
</table>

表 3-25 华东地区地质工作程度数据库更新维护一览表

序号	省名	原有工作程度	维护删减	2008 年新增	2009 年新增	2010 年新增	2011 年新增	2012 年新增	合 计
1	江苏	1801	0	1846	86	33	78	25	3869
2	安徽	2977	67	692	214	42	52	83	4127
3	浙江	3192	—4	1528	478	158	399	103	5854
4	江西	2770	29	199	151	39	47	74	3309
5	福建	2928	0	620	57	57	31	75	3768
合 计		13 668	92	4885	986	329	607	360	20 927

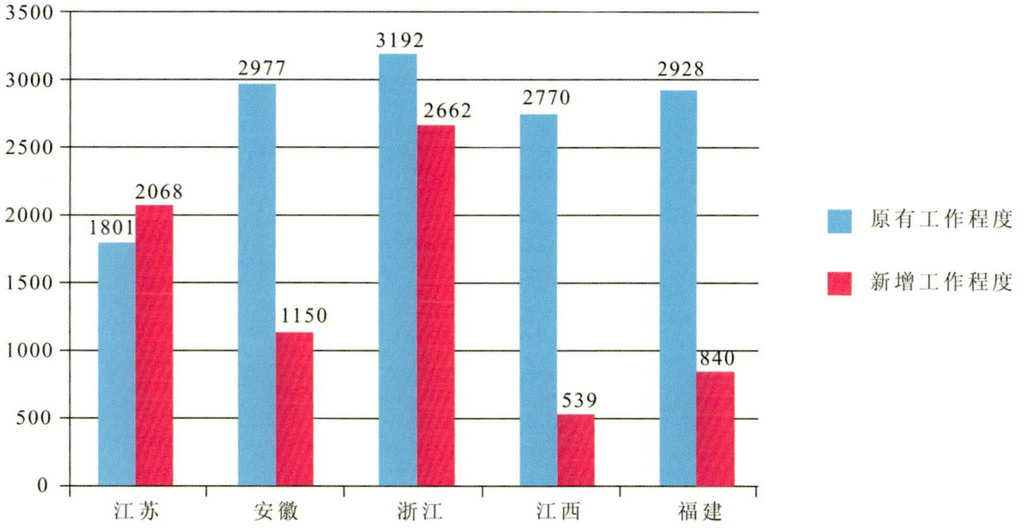

图 3-11 华东地区地质工作程度数据库维护对比图

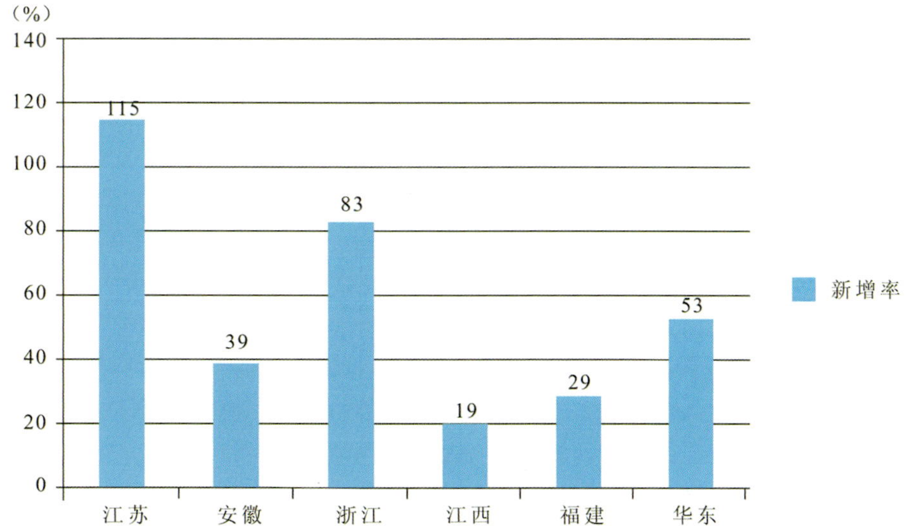

图 3-12 华东地区地质工作程度数据库维护新增率

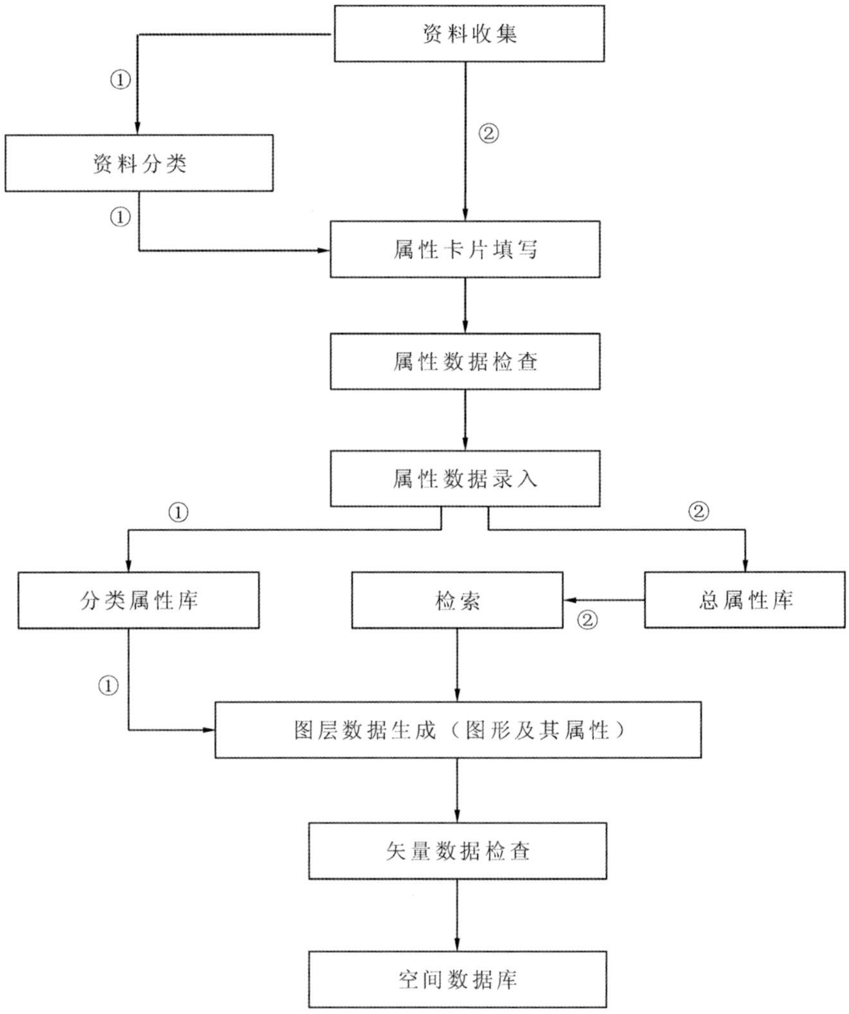

图 3-13　华东地区地质工作程度数据库维护工作流程图

2. 华东地区地质工作程度数据库的专业分布特征

华东地区地质工作程度数据库从专业种类的分布特征来看，主要是矿产勘查、环境地质和基础地质，分别占 63.6%、8.8%和 6.1%，表明地勘项目的投入方向和侧重(表 3-26，图 3-14、图 3-15)。

五、区域地球化学数据库的更新维护

华东地区区域地球化学数据库是由华东五省独立建立，经中国地质调查局发展研究中心汇集后于 2006 年 6 月下发南京地质调查中心。数据库数据格式为 Access，比例尺为 1∶20 万，数据点 122 645 个(其中江苏 2428 个、安徽 21 447 个、浙江 24 369 个、江西 42 085 个、福建 32 316 个)。

根据华东地区矿产资源潜力评价综合信息集成的工作安排和区域地球化学数据库更新维护的思路与原则，结合华东各省实际和工作需求，组织和指导各省对区域地球化学数据库进行了更新维护，重点是增补 1∶5～1∶1 万中大比例尺区域地球化学数据资料，其中新增 1∶5 万 136 幅，1∶2 万～1∶2.5 万 8 幅，1∶1 万 13 幅，1∶20 万 1 幅，具体工作量如下。

表 3-26　华东地区地质工作程度数据库专业种类统计表

专业类别	原有工作程度(项)	新增工作程度(项)	现有工作程度(项)
地质调查	1254	22	1276
海洋地质调查	23		23
矿产勘查	12 868	448	13 316
水工环综合调查	85		85
水文地质调查	1146	4	1150
工程地质调查	456	6	462
环境地质调查	1381	460	1841
综合物化遥调查	496	3	499
地球物理勘查	997	16	1013
地球化学勘查	579	8	587
遥感地质	75		75
其　他	600		600
合　计	19 960	967	20 927

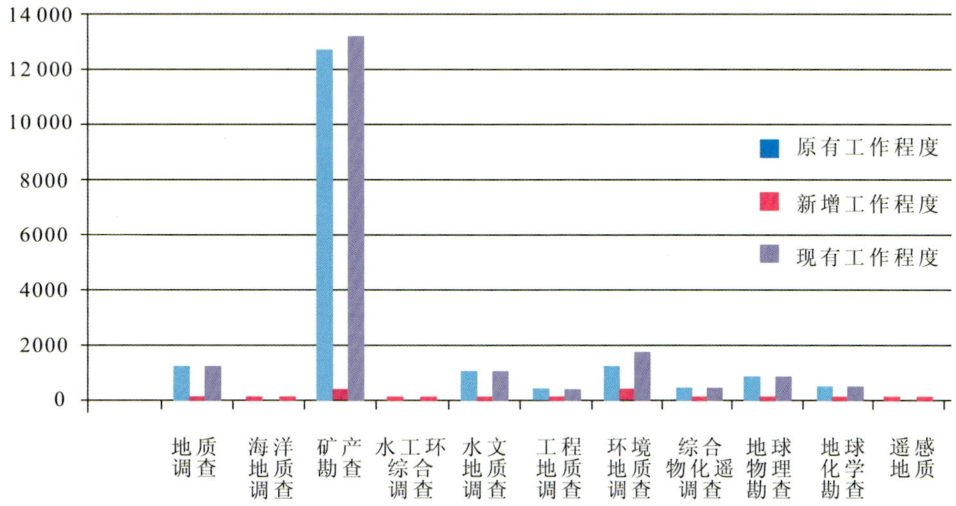

图 3-14　华东地区地质工作程度数据库的专业分布特征

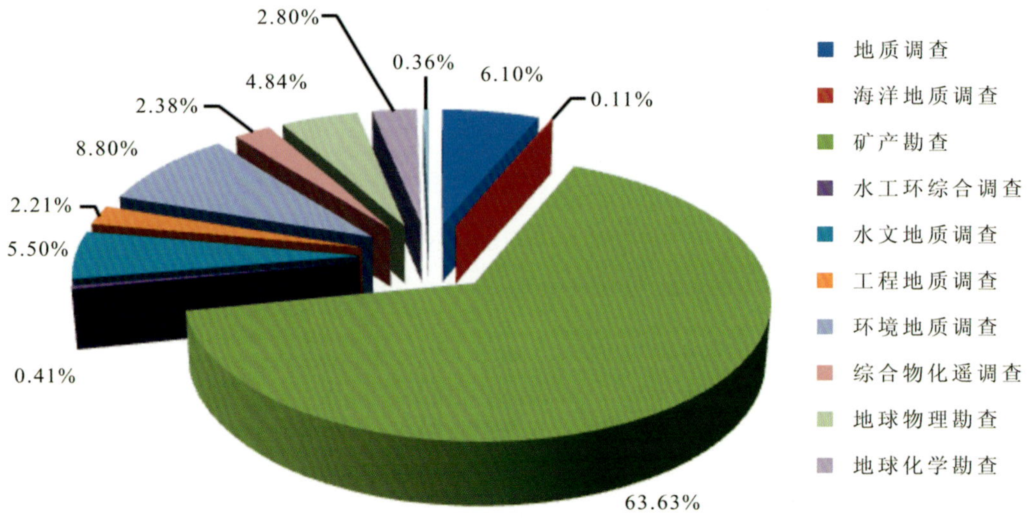

图 3-15　华东地区地质工作程度数据库的专业分布比率

江苏省：新增宁镇山脉、宁芜地区、溧水地区、宜溧地区、东海西部、江浦地区、邳睢地区 7 个 1∶5 万工区共计 23 485 个样，安基山矿区、盘龙岗矿区、栖霞山矿区、汤山矿区、徐州利国、徐州班井、东海西部、燕子口矿区 8 个 1∶2 万～1∶2.5 万工区共计 68 463 个样，苏州西部、铜井矿区、高淳漕塘、江宁天宝山、仓山-凤凰山-西山 5 个 1∶1 万工区共计 22 633 个样。

浙江省：新增浙北平原 1∶20 万土壤地球化学调查分析数据，共计数据点 2830 个。新增白牛镇幅、于潜镇幅、顺溪镇幅、昌化镇幅、麻车埠幅、王阜幅、临歧镇幅、场口镇幅、河上镇幅、唐村镇幅、大汊口幅、郭村幅、淳安县幅、梅城镇幅、陈蔡镇幅、枫桥镇幅、牌头镇幅、苏溪幅、虎鹿幅、丰惠镇幅、嵊县幅、亭下镇幅、裘村镇幅、涂茨幅、江湾镇幅、叶村镇幅、汾口幅、寿昌镇幅、长乐镇幅、儒岙镇幅、小将镇幅、赖家幅、象山县幅、大溪边幅、上方镇幅、石渠幅、孝顺镇幅、宁海县幅、力洋镇幅、芳村幅、平镇幅、天台县幅、朱溪镇幅、关塘镇幅、蛤湖幅、石玄湖幅、沙湾镇幅、文成县幅、马屿镇幅、松溪县幅、庆元县幅、荷地幅、山门镇幅、苍南县幅、政和县幅、湖屯幅、寿宁县幅、安吉县幅、杭垓幅、沐尘幅、灵山幅、龙泉市幅、安仁镇幅、柳村幅、松阳县幅 65 幅 1∶5 万区域地球化学数据，共计数据点 78 000 个。

安徽省：新增城安幅、黄峰坑幅、霍山水幅、苏家埠幅、诸佛庵幅、响洪甸幅、库山幅、沙园幅、太平县幅、乌石垄 10 幅 1∶5 万水系沉积物测量数据点 10 833 个，新增广德白茅岭幅、歙县苏村幅、黟县美溪幅 3 幅 1∶1 万土壤测量数据点共计 537 个。

江西省：新增会昌幅、南岩幅、铅山幅、瑞金幅、永平幅、中村幅 6 幅 1∶5 万区域地球化学数据，共计数据点 20 547 个。

福建省：新增广平幅、文江幅、大坪幅、岩溪幅、政和幅、川石幅、后山幅、付坊幅、里心幅、新市幅、宁化幅、中沙幅、石城幅、湖雷幅、池园幅、渔梁幅、永兴幅、九都幅、上杭县幅、上杭紫金山地区、永定县大排-高陂幅、浦城县古楼幅、建瓯石洲幅、松溪县陈源幅、元坑幅、将乐幅、万安幅、才溪幅、大溪幅、九峰幅、南胜幅、平和幅、霞寨幅、尤溪梅仙幅、夏道幅(东)、夏道幅(西)、迪口幅(东)、迪口幅(西)、泉上幅、清流县幅、明溪县幅、胡坊幅、安砂幅、黄土安幅、邱家际幅、大竹岚幅、武陵幅、官司坪幅 48 幅 1∶5 万区域地球化学数据。新增雷母寨幅、豪村幅、大林坑幅、豪村幅、北坑场幅 5 幅 1∶1 万区域地球化学数据，共计数据点 93 968 个(表 3-27)。

表 3-27　区域地球化学数据库更新维护情况表

序号	维护大类	维护子类	维护情况内容
1	数据库维护基本情况	数据库名称	华东地区区域地球化学数据库
		数据库维护主要内容	对已经入库的 1∶20 万水系沉积物地球化学测量数据进行检查，并对极值进行核查；补充华东地区 1∶20 万、1∶5 万、1∶1 万～1∶2.5 万水系沉积物（或土壤）地球化学数据
		数据库维护技术要求	按照《全国区域地球化学数据库维护技术要求》，并执行中国地质调查局《地球化学数据库工作指南》
		元数据维护情况	根据《地质信息元数据标准》（DD-2006-05）及最新数据库情况，进行元数据维护
		维护前数量	数据点 122 645 个
		维护后数量	数据点 443 941 个，新增数据点 321 296 个，并建立了点空间数据库
		新增数量	新增 1∶5 万化探数据 136 幅，1∶2 万～1∶2.5 万 8 幅，1∶1 万 13 幅，1∶20 万 1 幅，新增数据点 321 296 个
		若为空间数据，其覆盖范围、比例尺、坐标参数（大地坐标系统、高程基准、地图椭球参数、地图投影类型）	基本华东地区，参照华东片区及省（市）成图比例尺及地图投影规定
		数据库维护负责人和主要技术人员	华东各省相关人员
		数据库维护资料来源	各省地质调查（研究）院资料室
		数据库维护存在的主要问题描述	新增相关数据
2	数据库概念模型维护情况	数据库概念模型变化情况	无变化
3	数据库维护后地质工作程度略图	地质数据库附工作程度略图	图 3-16、图 3-17
4	数据库维护工作流程	数据库维护工作流程框图	图 3-18
5	数据库维护验收情况	数据库维护工作完成情况	已完成维护工作，初步建立华东地区中大比例尺地球化学数据库，并建立了 MapGIS 点空间数据库
		数据库维护工作验收情况	已在潜力评价化探专题应用中验收

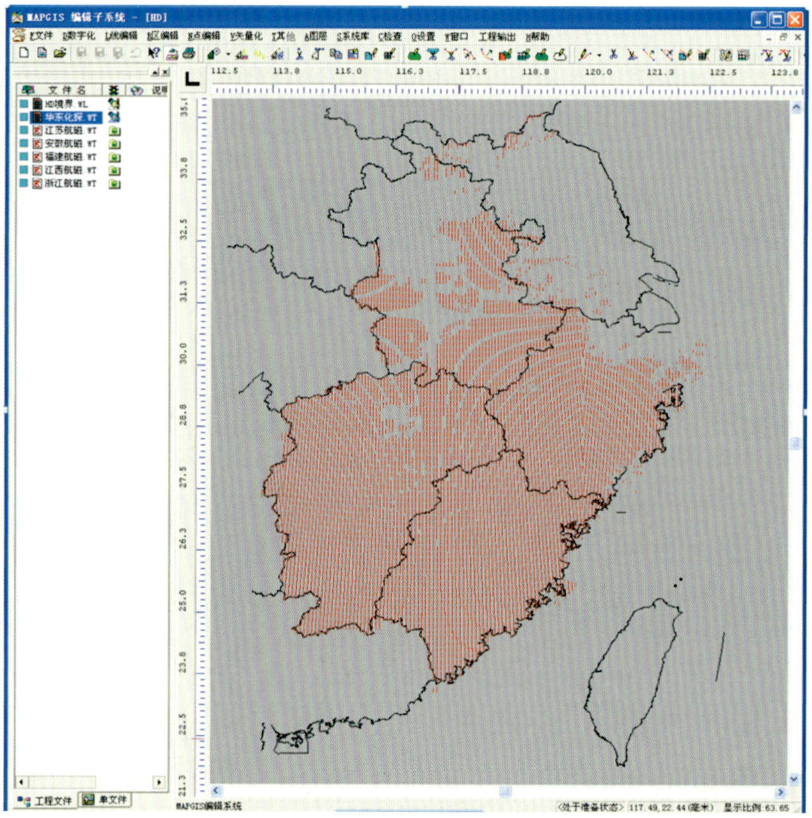

图 3-16　华东地区 1∶20 万区域地球化学数据库工作程度略图(点空间数据库)

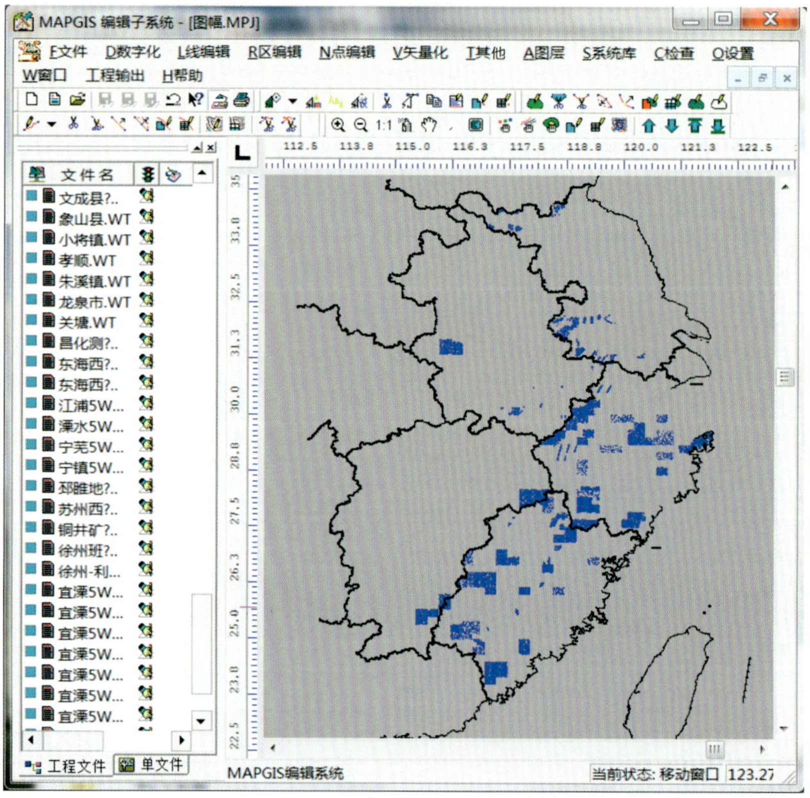

图 3-17　华东地区新增 1∶5 万地球化学数据库工作程度略图(点空间数据库)

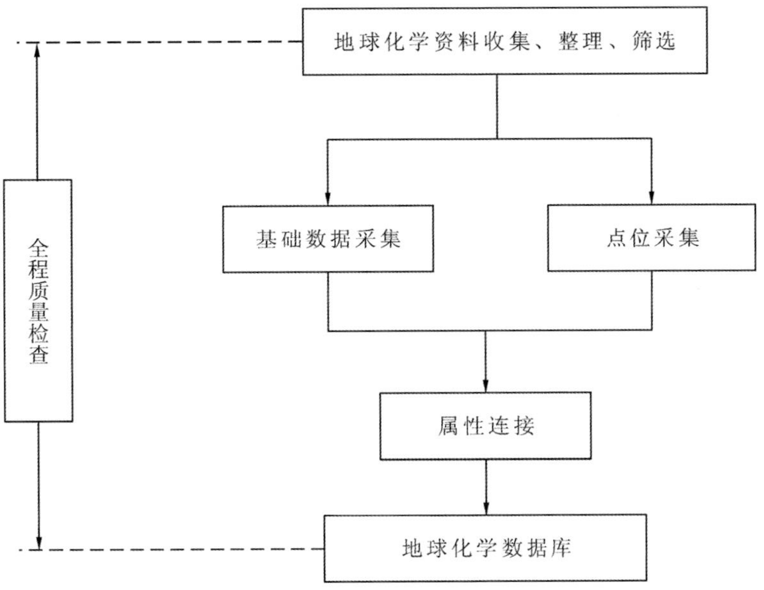

图 3-18　华东地区地球化学数据库维护工作流程图

六、自然重砂数据库的更新维护

华东地区 1∶20 万自然重砂数据库是由华东五省独立建立，经中国地质调查局发展研究中心汇集后于 2006 年 6 月下发南京地质调查中心使用。华东地区 1∶20 万自然重砂数据库共计 100 幅。

根据华东地区矿产资源潜力评价综合信息集成的项目工作安排和 1∶20 万自然重砂数据库更新维护的思路与原则，结合华东各省实际和工作需求，组织和指导各省对 1∶20 万自然重砂数据库进行了更新维护，重点是增补 1∶5 万自然重砂数据资料。共计新增 1 幅 1∶20 万自然重砂数据，自然重砂样品 2980 个，96 幅 1∶5 万自然重砂数据，自然重砂样品 73 234 个(表 3-28)，具体更新维护情况如下。

江苏省：新增宁镇、宁芜、溧水、宜溧、徐州、东海 6 个地区(包含大港镇幅、江宁县幅、孟河幅、南京市幅、埠城幅、上党幅)、汤山镇幅、江宁县幅、江宁镇幅、博望镇幅、溧水县幅、上沛埠幅、天王寺幅、柘塘镇幅、鼎蜀镇幅、溧水县幅、山北幅、流洞桥幅、社渚幅、徐舍镇幅、宜兴县幅、张渚镇幅、阿湖镇幅、陈家巡会幅、大埠幅、双店幅、郯城县幅、新沂县幅、大庙迁运幅、房村幅、韩庄幅、贾汪幅、桃山集幅、徐州市幅、郑集幅 35 幅 1∶5 万标准图幅的自然重砂数据，共计自然重砂样品 6182 个。

浙江省：新增临海幅 1∶20 万自然重砂数据，共计自然重砂样品 2980 个。新增陈蔡测区[枫桥幅、陈蔡幅、厦程里幅、苏溪(东半幅)、牌头(东半幅)、长乐幅]、昌化测区(白牛桥幅、于潜幅、顺溪幅、昌化幅、麻车埠幅)、萧山测区(萧山幅、河上幅、漓渚幅)、宁波测区(宁波幅、柴桥幅)、赖家测区(莼湖幅、涂茨幅、大赖幅、象山幅、宁海幅、力洋幅)、上方测区(大溪边幅、上方幅、芳村幅)、遂昌测区(桃溪幅、大柘幅、遂昌幅、柳城幅、柳村幅)、汛桥测区(朱溪幅、汛桥幅)、黄岩测区(宁溪幅、茅畲幅、黄岩幅、鹤盛幅、大荆幅)、瑞安测区(玉壶幅、湖岭幅、文成幅、马屿镇幅、瑞安幅、莒江幅、山门街幅、苍南幅、彭坑幅、矾山镇幅)共 10 个测区 47 幅 1∶5 万自然重砂数据，共计自然重砂样品 37 452 个。

福建省：新增将乐幅、万安幅、元坑幅、街面幅、中仙幅、里心幅、付坊幅、上杭幅、芷溪幅、才溪幅共 10 幅 1∶5 万标准图幅的自然重砂数据，共计自然重砂样品 18 880 个。

江西省：新增四十八都幅、山庄幅、崇义幅、关田幅、海口副、鳞潭圩幅共 6 幅 1∶5 万标准图幅的自然重砂数据，共计自然重砂样品 10 720 个。

表 3－28　华东地区自然重砂数据库维护情况表

序号	维护大类	维护子类	维护情况内容
1	数据库维护基本情况	数据库名称	华东地区 1∶20 万自然重砂数据库
		数据库维护主要内容	增补 1∶20 万自然重砂数据；增补 1∶5 万标准图幅自然重砂数据
		数据库维护技术要求	依据《自然重砂数据库建设工作指南(2.0 版)》(2001 年 6 月 1 日发布)、全国重要矿产资源潜力预测评价项目《数据库维护工作技术要求》(2006 年 11 月)
		元数据维护情况	以 1∶5 万或 1∶20 万标准图幅为单位，Access 格式建立元数据
		维护前数量	共计 100 幅 1∶20 万自然重砂数据(其中江苏 10 幅、安徽 22 幅、浙江 21 幅、江西 24 幅、福建 23 幅)、自然重砂样品 281 787 个
		维护后数量	自然重砂样品 358 001 个，其中 1∶20 万自然重砂样品 284 767 个，1∶5 万自然重砂样品 73 234 个
		新增数量	新增 1 幅 1∶20 万自然重砂数据，自然重砂样品 2980 个，96 幅 1∶5万标准图幅自然重砂数据，自然重砂样品 73 234 个
		若为空间数据，其覆盖范围、比例尺、坐标参数(大地坐标系统、高程基准、地图椭球参数、地图投影类型)	覆盖华东地区，采用地理坐标系统(北京 1954)，用经纬度表示，以度为单位
		数据库维护负责人和主要技术人员	华东各省相关人员
		数据库维护资料来源	各省地质调查(研究)院资料室
		数据库维护存在的主要问题描述	(1)1∶5 万区调自然重砂工作始于 20 世纪 70 年代，部分原始图件过于陈旧，破损比较严重，图件扫描后变形较大，必须严格校正图件误差，达不到精度需多次校正。故在数字化同时，将图幅中的主要方格网交叉点输入控制点，对图形进行校正。好在多数资料是 20 世纪 80 年代的工作成果，图件质量相对较好，精度可靠。由于收集到的资料是多期次的，样品实验分析数据亦为不同时期、不同项目所提交的，因此，矿物分析结果表达形式上存在一些差异。自然重砂数据取样点位图包括 1∶5 万、1∶2.5 万或 1∶1 万地形图，不同地区甚至是同一地区也会出现使用不同比例尺的图件。 (2)样品野外编号与采样点图上编号多数对应性较好，亦有部分编号，尚未能相互对应得上。 (3)由于实际材料图纸质老化或折叠，个别采样点位模糊不清；或采样点标注时，未标注中心点位置，因此，数据采集较为困难，同时采集点位难免会产生偏差
		数据库其他情况描述	数据库建设是一项不断积累和更新的过程，应建立完善的更新维护机制，以确保数据库的现势性
2	数据库概念模型维护情况	数据库概念模型变化情况	无
3	数据库维护后地质工作程度略图	地质数据库附工作程度略图	图 3－19
4	数据库维护工作流程	数据库维护工作流程框图	图 3－20
5	数据库维护验收情况	数据库维护工作完成情况	已完成维护工作
		数据库维护工作验收情况	在自然重砂专题成果中进行的验收

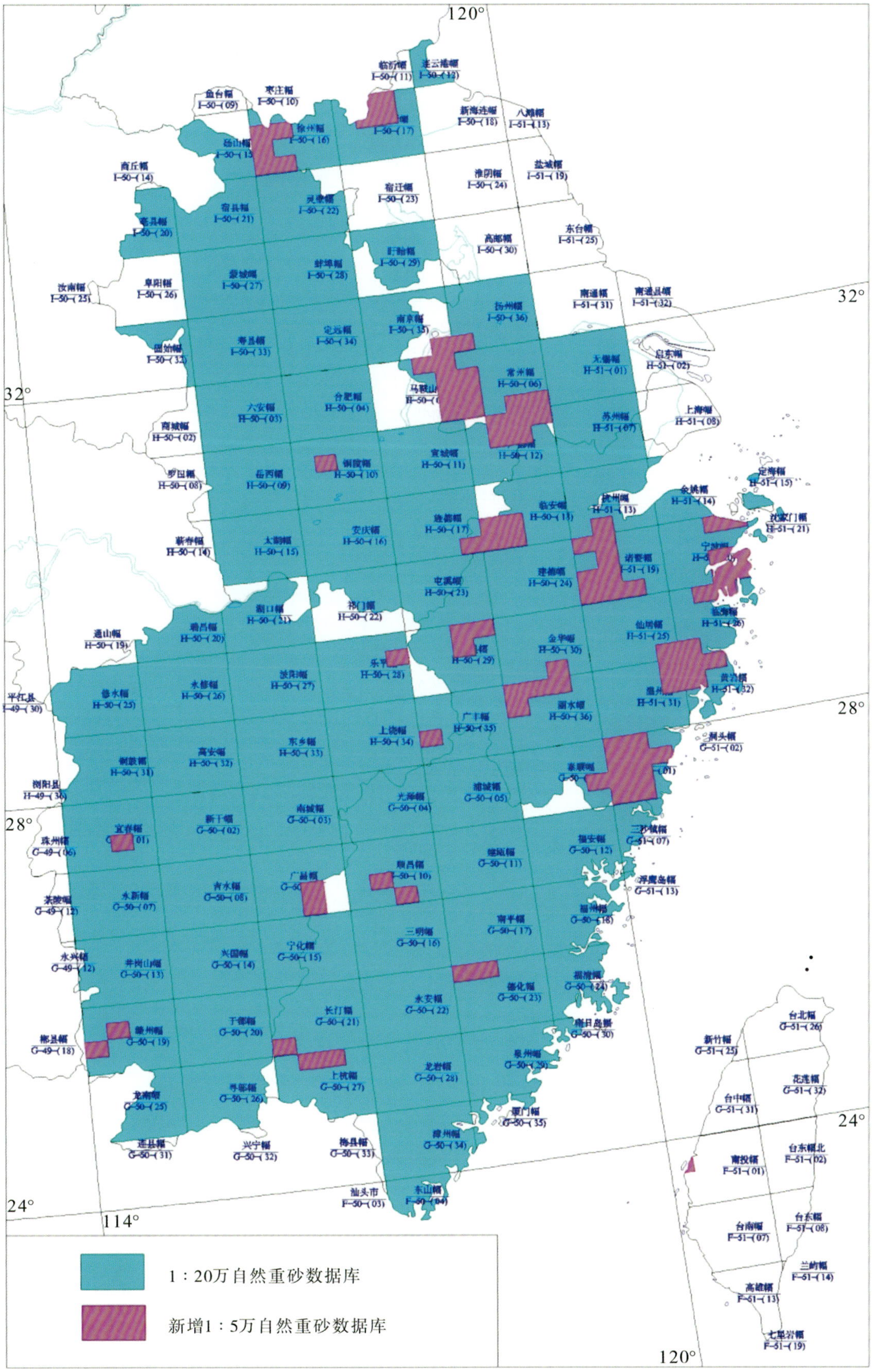

图 3-19　华东地区自然重砂数据库工作程度略图

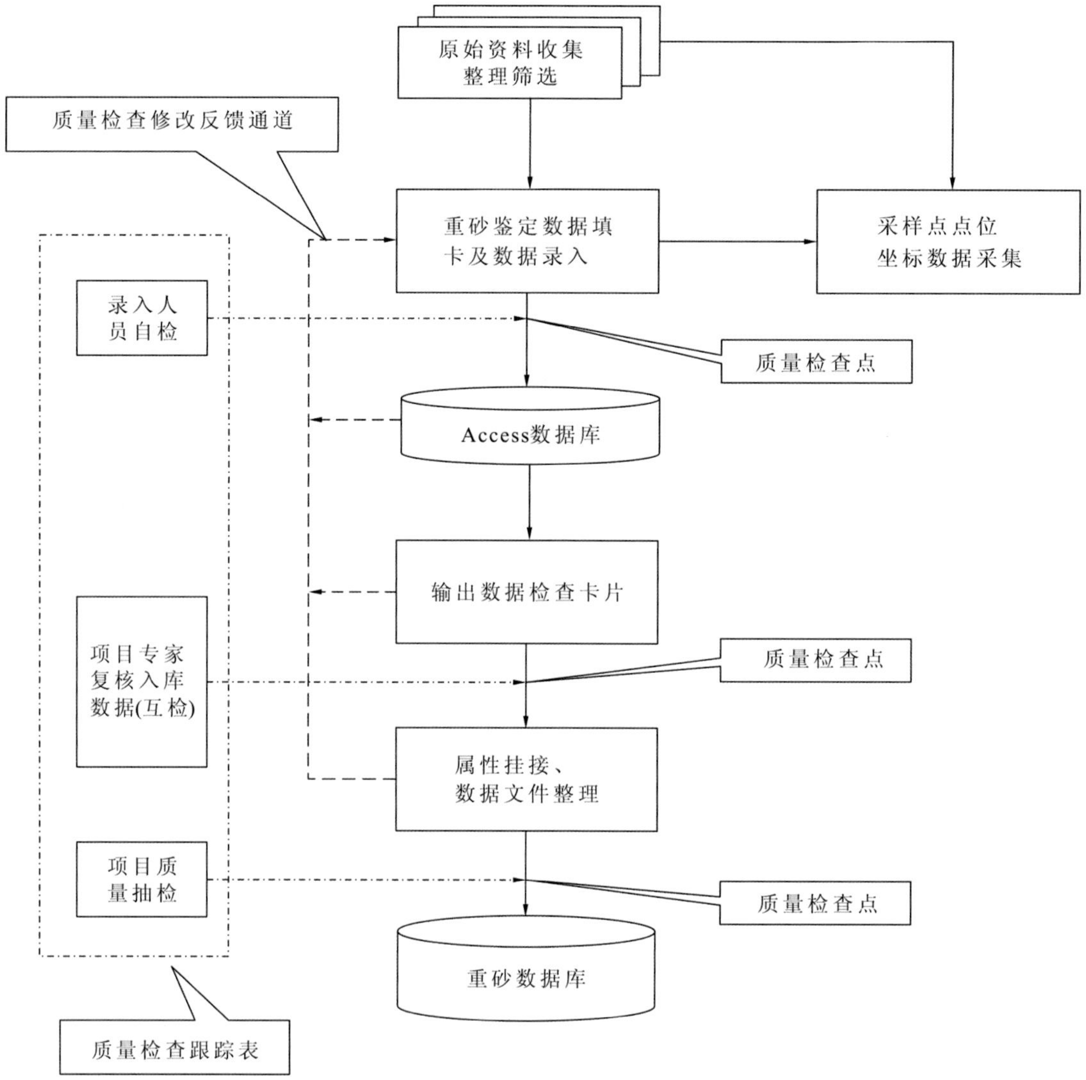

图 3-20 华东地区自然重砂数据库维护工作流程图

七、区域重力数据库的更新维护

根据工作需要对接收的华东地区重力剖面数据(*.txt 文本格式)建立了点空间数据库(图 3-21)。

此次重力数据库的维护只有浙江省在原有重力数据库的基础上,收集并增补了部分 1∶5 万～1∶20万重力数据资料,新增数据记录 130 741 条(表 3-29)。

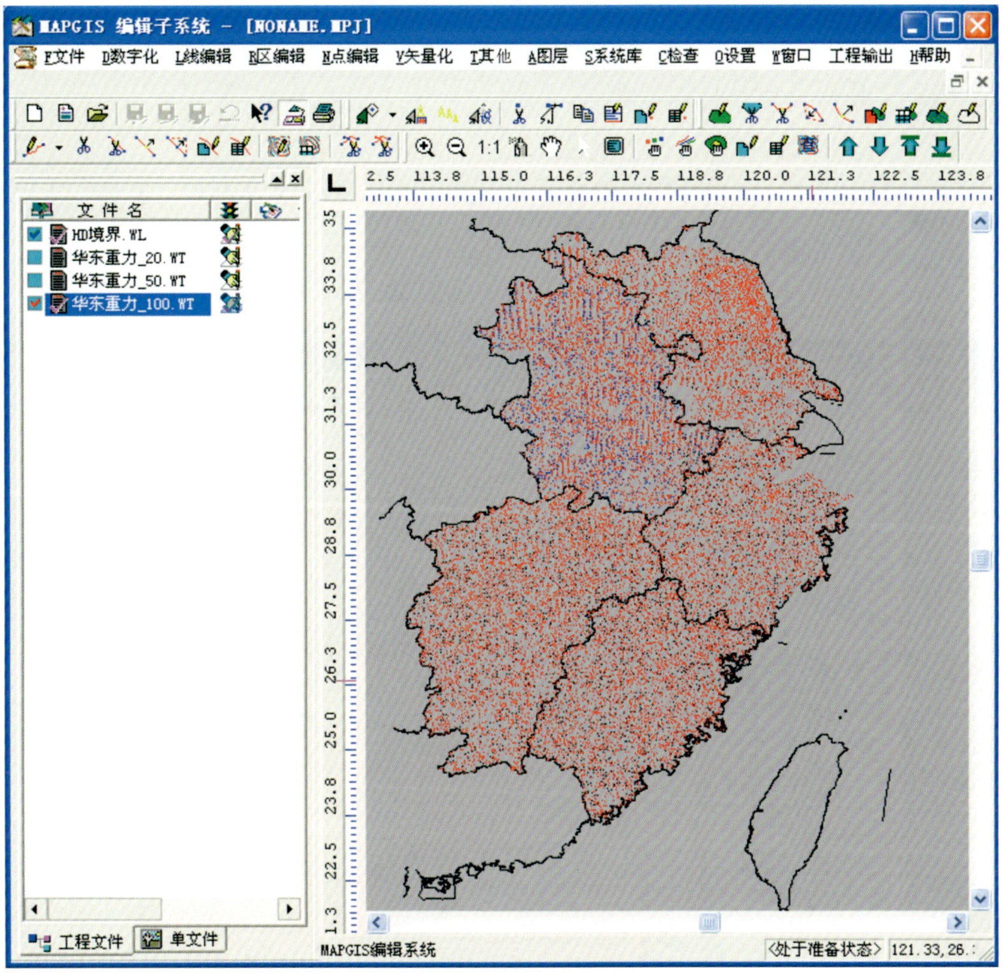

图 3-21　华东地区重力数据库工作程度及点空间数据库

表 3-29　浙江省增补的 1∶5 万～1∶20 万重力数据一览表

项目名称	比例尺	工作面积(km^2)	测点数(个)	工作年度(年)	完成单位及资料所在地
朱溪—讯桥重力调查	1∶10 万	900	477	1986	浙江省地球物理地球化学勘查院
温州城市物探重力调查	1∶10 万	900	1010	1989	
杭州湾地区重力调查	1∶5 万	13 000	约 104 000	1977	石油部物探局普查大队
金衢盆地重力调查	1∶5 万	2800	约 22 400	1993	浙江省石油勘探处
宁溪五部铅锌矿重力调查	1∶5 万	420	273	1990	浙江省地球物理地球化学勘查院
上江—弄坑地区重力调查	1∶5 万	180	1467	1998	
开化杭坑地区重力调查	1∶5 万	120	1114	1999	
合　计			130 741		

八、航磁数据库的更新维护

根据工作需要对接收的华东地区航磁剖面数据（*.txt 文本格式）建立了点空间数据库（图 3-22）。

此次航磁数据库的维护只有浙江省在原有航磁数据库的基础上，收集并增补了部分 1∶5 万地磁数据资料（表 3-30）。

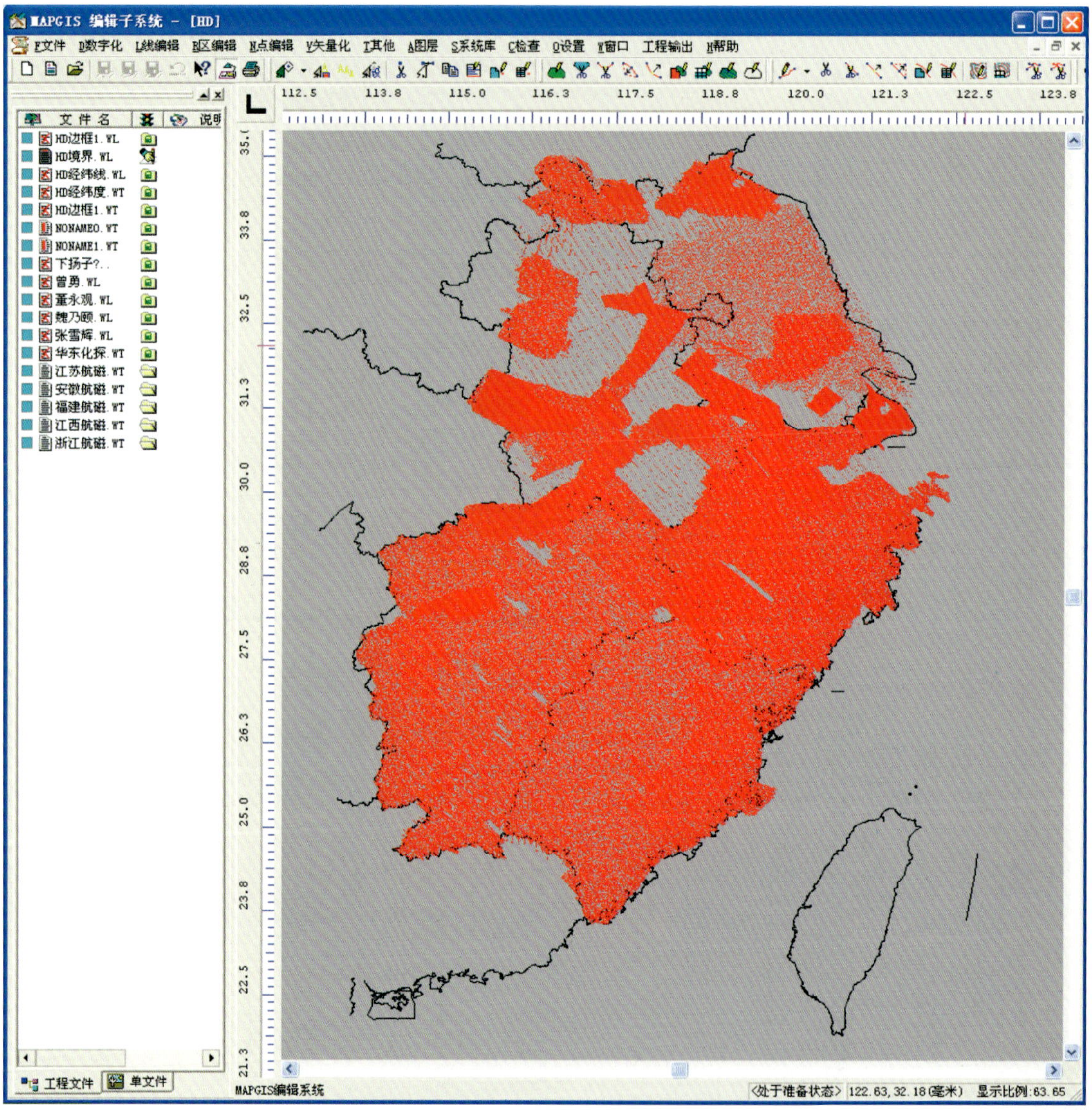

图 3-22　华东地区航磁数据库工作程度及点空间数据库

表 3-30　浙江省增补 1∶5 万地磁数据一览表

项目名称	面积(km^2)	剖面(km)	工作年度(年)	完成单位	资料所在地
吴兴县旧馆地区地面磁法	200		1970	浙江省物探大队	浙江省物探大队
浙江省吴兴县乌镇长超煤田物探初步普查	262	11	1963	浙江省物探大队	浙江省物探大队
浙江省余杭县横湖地区地面磁法	40		1968	浙江省物探大队	浙江省物探大队
浙江省杭、富、余地面磁法普查	802	10.4	1970	浙江省物探大队	浙江省物探大队
浙江省临安太阳—乌金山地区物化探普查	64	4	1977	浙江省物探大队	浙江省物探大队
浙江省余杭县附近地区地面磁测	240		1956	冶金部地质局物探队	浙江省冶金工业局
浙江省宁波—五乡地面磁法	30		1976	第六地质大队	浙江省地质资料档案馆
浙江省建德地区物化探普查	578.6	8.1	1964	浙江省物探大队	浙江省物探大队
浙江省天台县龙皇堂工区航检	44		1978	浙江省物探大队	浙江省物探大队
浙江省象山港南岸物化探工作	1645	23.4	1978	浙江省物探大队	浙江省物探大队
浙江省开化县航磁异常检查暨大溪边、小溪边地质物化探详查	133	6	1978	浙江省第三地质大队	浙江省第三地质大队
浙江省常山县毛良坞—岩前地面磁法普查、详查	90		1972	浙江省第三地质大队	浙江省地质资料档案馆
江山及龙游、巨县、兰溪一带地面磁法路线测量	600		1958	不详	
浙江省松阳—龙泉一带物化探综合普查	1815		1985	浙江省物探大队	浙江省物探大队

第四章　矿产资源潜力评价专题图件属性数据库建设

根据华东地区矿产资源潜力评价的总体部署和要求，华东地区重点是开展煤炭、铁、铜、铅、锌、锰、镍、钨、锡、钾、金、铬、钼、锑、稀土、银、硼、锂、磷、硫、萤石、菱镁矿、重晶石共23个矿种的矿产资源潜力评价工作，涉及地质背景、成矿规律、矿产预测、地球物理、地球化学、遥感、自然重砂等多个专题的综合研究、图件编制及数据库建设。因此，全面采用GIS技术进行空间数据处理、信息提取和矿产资源潜力评价专题图件属性数据库建设，全过程实施GIS矿产评价预测，是此项工作得以顺利实施的必然选择。

GIS作为一种技术方法手段，在华东地区矿产资源潜力评价工作的基础数据库管理、数据模型应用、信息提取、信息综合分析、专题属性数据库建设、数据集成等方面起到了基础支撑作用。

第一节　专题图件属性数据库建设的组织与实施

根据华东地区矿产资源潜力评价综合信息集成的总体部署和安排，其主要任务是：

(1)推广并指导华东各省全面、全过程应用GIS技术，组织相关应用软件的升级。

(2)指导华东各省完成各专题图件属性数据库的建设。

(3)组织省级专题图件属性数据库的验收。

(4)开展大区专题图件属性数据库的集成与汇总。

依据上述目标和要求，南京地质调查中心有计划、有目标地组织开展了华东地区矿产资源潜力评价专题图件属性数据库建设工作。

一、专题图件属性数据库建设的组织体系

矿产资源潜力评价专题图件属性数据库建设是全国矿产资源潜力评价项目的基础，其核心是建立省级专题图件属性数据库，因此，专题图件属性数据库建设的基本思路和流程如下：①建立省级专题图件属性数据库；②在建立省级专题图件属性数据库的基础上，由大区进行汇总建立大区级专题图件属性数据库；③在建立大区及省级专题图件属性数据库的基础上，由全国矿产资源潜力评价综合信息汇总组进行集成汇总，形成全国矿产资源潜力评价专题图件属性数据库。

依据上述的建库思路和流程，全国汇总组、大区项目组和省级项目组在专题图件属性数据库建设中具有明确的职责和分工(图4-1)。

二、专题图件属性数据库建设的实施

专题图件属性数据库的建设涉及领域较多，主要有地质背景、成矿规律、成矿预测、化探、重力、磁测、遥感和自然重砂等，因此，在专题图件属性数据库建设的实施过程中，依据上述的专题图件属性数据库建设组织体系架构，各项目组结合不同专业领域的特点和矿种特色，各自建立了一套行之有效的实施方法(图4-2)。

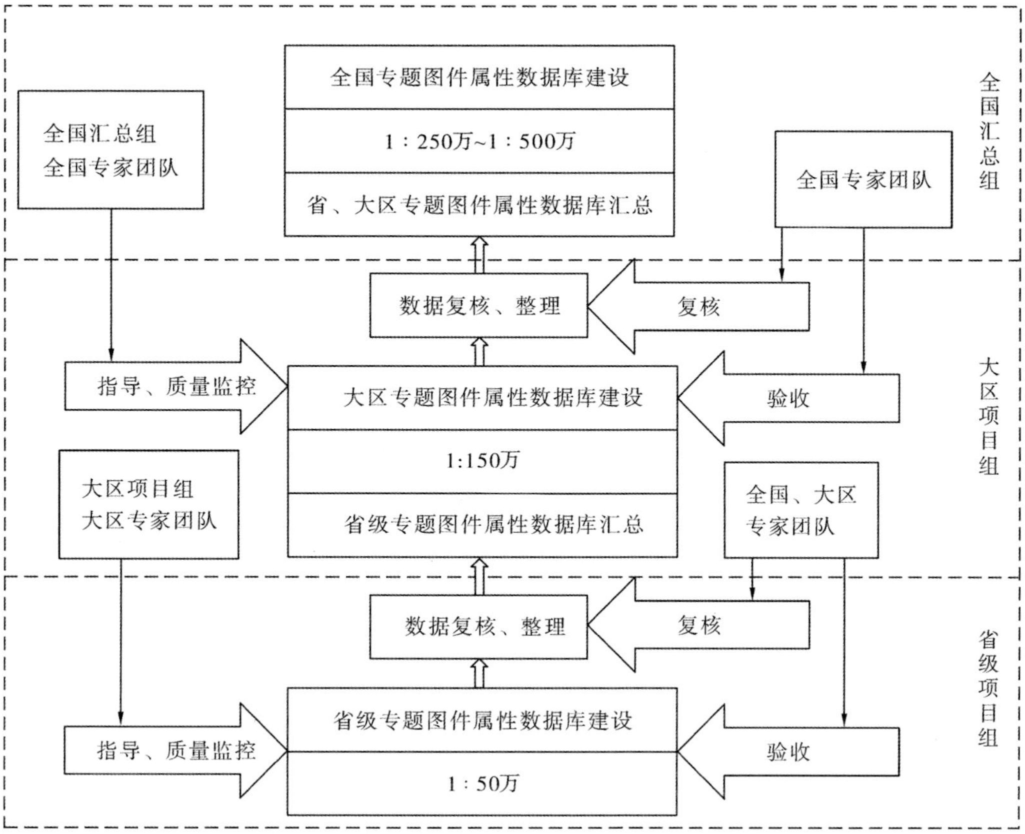

图4-1 专题图件属性数据库建设组织体系框架图

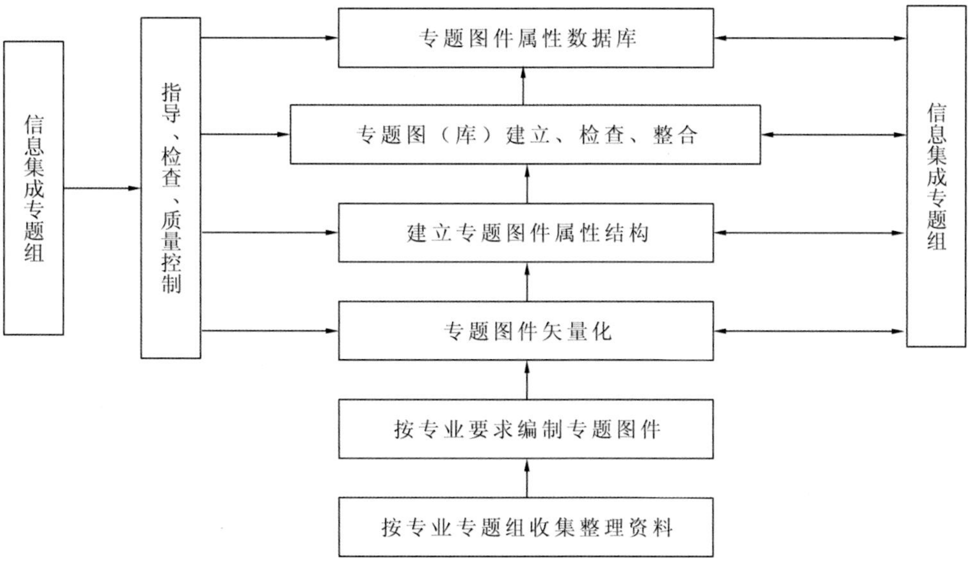

图4-2 专题图件属性数据库建设的实施方法

第二节　专题图件属性数据库建设的技术方法支撑

综合本章第一节所述，为各专题组提供GIS技术方法、基础数据、专题图件属性数据库建设的技术方法和流程等技术支撑是综合信息集成专题组的重要工作之一。因此，华东地区矿产资源潜力评价综合信息集成专题紧密围绕上述各个环节，全面开展了专题图件属性数据库建设技术方法的支撑与服务，确保了专题图件属性数据库建设的进度与质量。

一、基础数据支撑

要建立专题图件属性数据库，基础地质数据库是必不可少的基础数据资料，运用得当，可起到事半功倍的作用。

1. 基础地理底图

基础地理底图是大区、省级地质背景、成矿规律与成矿预测、重力、磁测、化探、自然重砂、遥感等专题编制各类图件必备的底图。为了确保各专题图件的统一，大区和省级综合信息集成专题首先为各专题提供了统一的地理底图数据库，为地质背景、成矿规律与成矿预测、重力、磁测、化探、自然重砂、遥感等专题图件的编制提供了基础保障。

大区综合信息集成专题组为各专题提供了华东地区1∶150万地理底图数据库。各省级综合信息集成专题组为各专题提供了本省1∶50万地理底图数据库和1∶25万地理底图数据库。

2. 基础地质图空间数据库

基础地质图空间数据库包括已完成的1∶25万地质图空间数据库、同步维护的1∶20万地质图空间数据库和正在建设的1∶5万地质图空间数据库。这些是基础地质编图中不可或缺的基础数据库，如省级1∶50万地质图空间数据库、大地构造相图、1∶25万实际材料图、1∶25万建造构造图等的编制均需上述数据库的数据。

浙江利用50幅1∶5万地质图空间数据库和4幅1∶25万地质图空间数据库，安徽利用154幅1∶5万地质图空间数据库和3幅1∶25万地质图空间数据库，福建利用35幅1∶5万地质图空间数据库和12幅1∶25万地质图空间数据库，分别修编了本省的1∶50万地质图空间数据库。

各省以1∶50万地质图空间数据库为基础，编制省级重力、航磁、化探、重砂等背景图层，编制省级大地构造相图等。

应用1∶25万地质图空间数据库(华东地区共计20幅)、1∶5万地质图空间数据库(在建数据库项目，华东地区已完成540幅)进行了1∶25万实际材料图、1∶25万建造构造图及21个矿种预测工作区的沉积建造构造图、构造岩相古地理图、变质建造构造图、侵入岩浆建造构造图、火山岩性岩相建造构造图、地貌与第四纪地质图等的编制(图4-3、图4-4)。

3. 物探、化探、自然重砂数据库

在原有重力数据库的基础上，各省增补了部分1∶5万～1∶20万重力数据资料，为大区及各省21个矿种在预测工作区重力系列图的编制提供了数据支撑。

在原有磁测数据库的基础上，各省增补了部分1∶5万～1∶20万地磁数据资料，为大区及各省21个矿种在预测工作区磁测系列图的编制提供了数据支撑。

在原有化探数据库的基础上，各省新增化探数据1∶5万136幅，1∶2万～1∶2.5万8幅，1∶1万13幅，1∶20万1幅，新增数据点321 296个，为大区及省级化探系列图的编制和预测工作区化探系列图的编制提供了数据支撑。

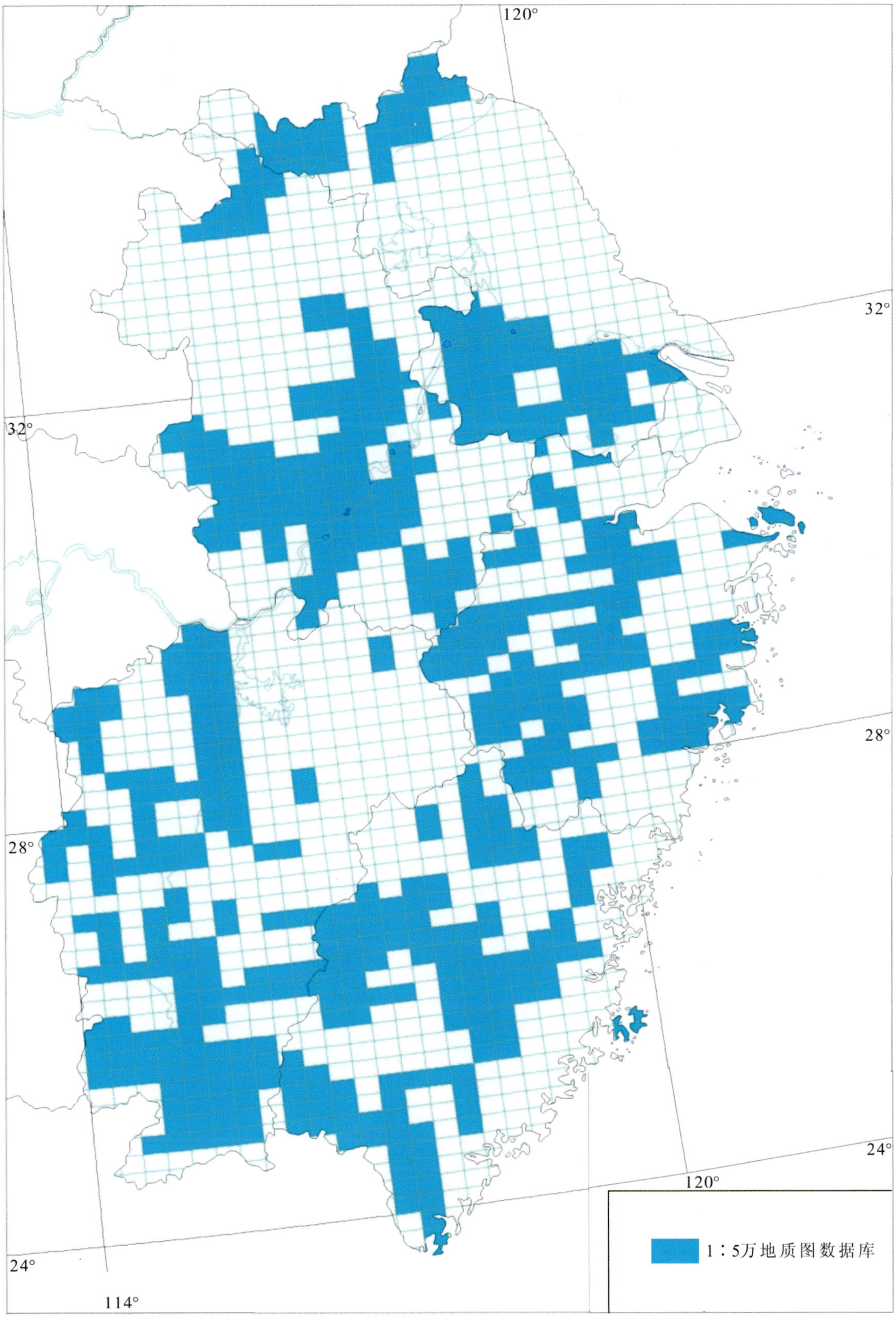

图 4-3　1∶5 万地质图空间数据库应用范围示意图

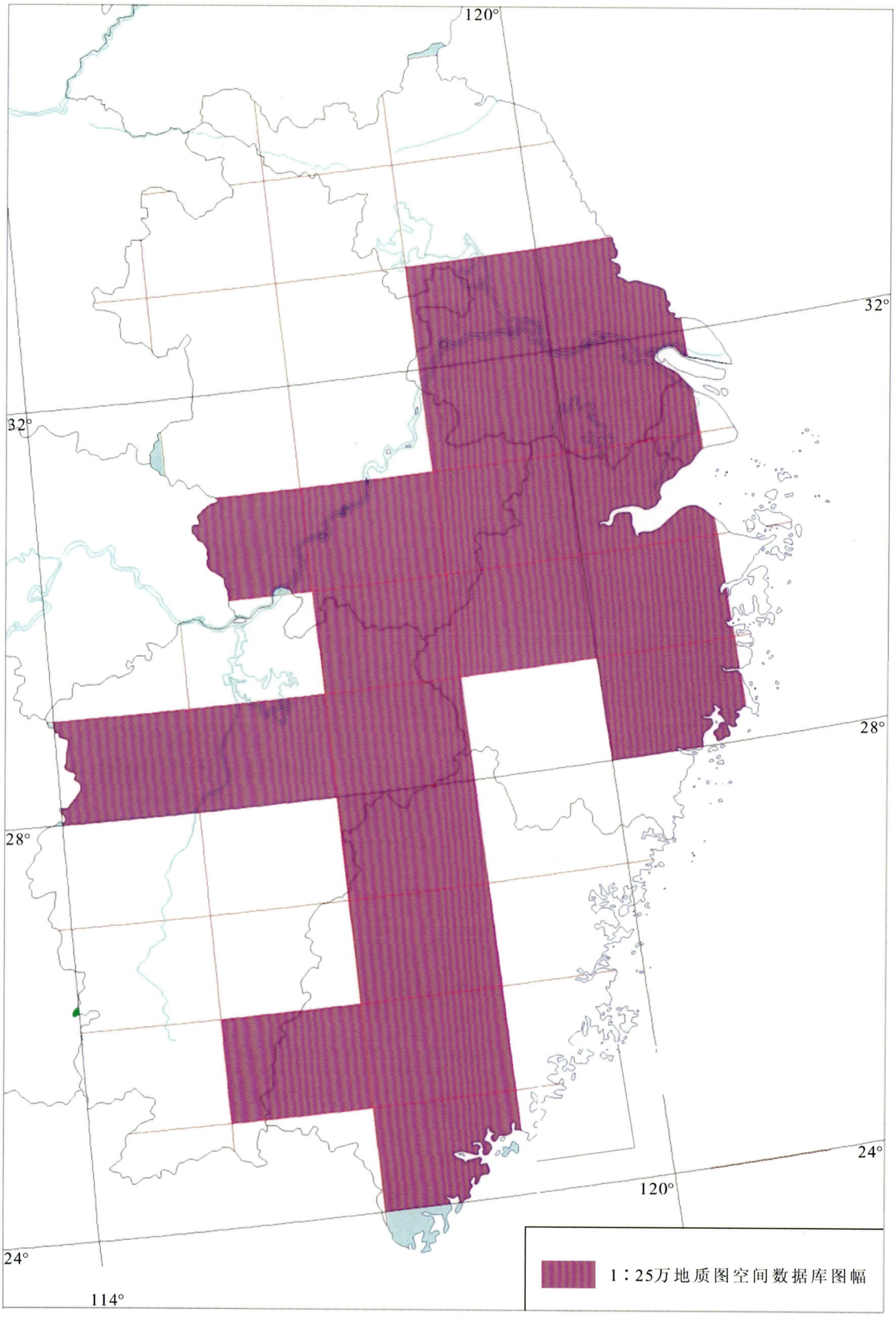

图 4-4　1∶25 万地质图空间数据库应用范围示意图

在原有 1∶20 万自然重砂数据库的基础上，各省新增自然重砂样品 358 001 个，其中 1∶20 万自然重砂样品 284 767 个，1∶5 万自然重砂样品 73 234 个，为大区及省级自然重砂系列图的编制和预测工作区自然重砂系列图的编制提供了数据支撑。

4. 矿产地、地质工作程度数据库

在华东原有矿产地数据库（矿产地 7744 处）的基础上，各省新增矿产地 3649 处，为大区及省级 21 个矿种预测类型的划分，典型矿床、预测工作区成矿规律与成矿预测各类图件的编制，成矿地质背景、物探、化探、自然重砂、遥感综合信息等专业图层的引用提供了数据支撑。

在华东原有地质工作程度数据库（地质工作程度 13 668 项）的基础上，各省新增地质工作程度7 263 项，为区域地质调查、物化探调查和矿产地质勘查图层及 21 个矿种的大区、省区和预测工作区的工作程度图层编制提供了数据支撑。

二、GIS 技术和工具软件的支撑

华东地区矿产资源潜力评价工作是基于 GIS 技术、全程计算机化、信息化的新型工作模式，因此，作为综合信息集成专题，必须为各专题组提供全方位的 GIS 技术、工具软件及专业软件的技术支持与服务。

1. 技术学习与交流

配合全国综合信息集成汇总组，组织省级综合信息集成专题组和其他专业专题组学习 GIS 应用技术、专用工具软件应用与操作技术，使项目组成员能够较全面地掌握各软件的工作方法和操作流程，并在整个项目实施过程中全面应用，提高了整体项目的工作效率。

2. 专业软件的应用与支撑

专业软件在矿产资源评价项目的实施过程中起到了不可或缺的作用，它直接为专业数据的处理、成图、编图提供了技术、方法和手段支撑。

（1）物探重磁电数据处理和资料解释软件（RGIS 2010）：该软件包括重、磁数据处理软件模块 13 个，重、磁数据反演解释软件模块 6 个，是目前国内重、磁、电数据处理与制图功能最全的软件系统。熟练运用该软件，可对华东地区或省级的重力、航磁资料进行正、反演数据处理和推断解释。

2005 年，中国地质调查局发展研究中心将物探重、磁、电数据处理软件系统集成到多元地学空间数据管理与分析系统（GeoExpl）之中，为用户进行综合研究提供了便利条件。

软件的数据处理与物探异常反演功能，基本涵盖了我国重力、磁测、电法勘探资料解释处理的全部功能，可以处理各种情况与观测精度的重、磁数据资料和绝大多数格式的电法资料，尤其是重、磁数据处理功能，包括了常用的延拓、化极、滤波、求导、分量转换、梯度模、界面反演、剖面反演等，以及复杂的带地形反演、三维反演、深度计算、综合约束反演等。

本次评价综合信息重力、磁测数据主要应用该软件进行数据处理。

（2）航磁软件 AGRS GeoProbe 2.0：中国国土资源航空物探遥感中心研制的地球物理数据处理解释系统 AGRS GeoProbe 2.0，集地球物理数据管理、数据处理、数据分析和数字制图于一体，是拥有完全自主知识产权的综合系统软件。该软件具有常用的延拓、化极、求导、分量转换等功能。

本次航磁综合信息数据处理与化极处理主要由该软件完成。

（3）区域地球化学数据管理信息系统（GEOMDIS 2005）：是中国地质调查局发展研究中心研制开发的基于 GIS 的应用型区域地球化学数据处理软件系统。2006 年中国地质调查局发展研究中心将该系统集成于多元地学空间数据管理与分析系统（GeoExpl）。

其主要功能有：完善全面的多数据库、多工作环境的数据库管理功能；多样精美的地球化学专题图件制作功能；强大的专业数据分析处理模块；灵活快捷的数据检索查询功能；方便实用的多种数据格式转换、多图层随意剪裁以及投影转换一体化功能等。

本次化探综合信息的数据处理主要由该软件完成。

(4)全国自然重砂数据库管理系统(ZSAPS 2.0):是一套用于全国自然重砂数据的管理、查询检索与应用的综合性软件系统,熟练运用该系统软件,可对华东地区及省级自然重砂数据进行数据处理和成矿信息提取。

本次评价大区及省级自然重砂专题的自然重砂数据处理和成矿信息提取均由该软件完成。

(5)ERDAS 9.1图像处理软件:ERDAS IMAGINE是美国ERDAS公司开发的遥感图像处理系统。它以先进的图像处理技术,友好、灵活的用户界面和操作方式,面向广阔应用领域的产品模块,服务于不同层次用户的模型开发工具以及高度的RS/GIS(遥感图像处理和地理信息系统)集成功能,为遥感及相关应用领域的用户提供了内容丰富而功能强大的图像处理工具,代表了遥感图像处理系统未来的发展趋势。

本次遥感影像的几何校正处理主要由该软件完成。

(6)PCI Geomatica V8.2图像处理系统:PCI Geomatica软件是地理空间信息领域世界级的专业公司即加拿大PCI公司的主要产品之一。PCI Geomatica遥感图像处理软件是目前所有图像处理软件中正射处理效果好、精确度高的遥感图像处理软件,由于取得了常见商用卫星的飞行轨道及传感器参数,因此支持严格的卫星轨道模型,能获得高精度的正射校正结果。Pansharping独具特色的融合方式,能最大限度地保留多光谱影像的颜色信息和全色影像的空间信息,融合后的图像更加接近实际。

本次遥感影像图制作和遥感异常的提取主要应用该软件处理。

(7)多元地学空间数据管理与分析系统(GeoExpl):该系统是基于GIS的应用型软件系统,可以对多元地学数据进行综合管理和应用,满足地学各类专业工作者在区域地质调查、基础地质研究、矿产资源评价与预测、化探数据处理、物探数据处理解释以及多元地学数据综合利用等方面的需求。该系统具有数据管理与GIS图形数据功能。熟练运用该系统软件可管理区域重力、航磁、地球化学、遥感图像、矿产地数据及相关的数据资料信息等,同时可对与综合应用有关的信息进行数据处理、信息提取、综合预测分析,并可进行相关图件制作与输出。

(8)矿产资源综合信息评价系统(MRAS 2.0):是在国产MapGIS平台上自行设计、开发的软件系统,主要应用于矿产资源评价及矿产勘查领域,为区域矿产资源综合评价人员提供了资源评价数据信息综合和资源潜力制图的计算机辅助工具软件。该软件系统以地质矿产调查多元地学空间数据库为基础,开发出能够辅助矿产资源评价人员进行数据综合、成矿多元信息提取和矿产资源潜力定量评价的工具,能够对建立在GIS平台上的地质、物探、化探、遥感、矿产等多元空间数据库进行信息深加工,提取能够指示和识别某种矿床存在及储存规模的深层次信息。

3. 工具软件的应用与支撑

(1)GeoMAG软件:是矿产资源潜力评价项目自主研发的模型应用和检查软件。该软件不仅能按矿产资源潜力评价数据模型生成、规范模型结构,生成模型规定的工程名称、图件代码、图件分层、图件比例尺、坐标投影参数、图层对应属性数据结构,还能进行属性填写、查找相应的下属词代码,同时还是属性数据库的检查工具。

该软件是矿产资源潜力评价专题图件属性数据库建设的主要工具。

(2)空间拓扑检查GeoTOK软件:由中国地质调查局发展研究中心研制开发,基于预定的空间拓扑检查规则,主要对成矿地质背景、成矿规律与成矿预测两个专题的图件进行空间拓扑检查,生成检查表格,指出错误类型和位置,指导编图人员修改完善,最大程度地消除空间数据错误和空间拓扑错误,建立正确的空间拓扑关系,尽量达到零缺陷状态,以满足成果数据库的空间查询、分析、管理等操作。

空间拓扑检查主要包括:①拓扑结点检查;②线或弧重叠坐标检查;③Z字形线或弧段检查;④线或

弧段自相交检查；⑤多余弧段检查；⑥重叠点线面检查；⑦文件压缩存盘情况检查；⑧套合（公共）一致性检查；⑨拓扑一致性检查。

该软件是矿产资源潜力评价专题图件属性数据库空间拓扑检查的主要工具。

（3）数据库建设 GeoPEX 软件系统：由全国矿产资源潜力评价综合信息集成项目组委托四川省地质调查院勘查技术中心开发，用于省级矿产资源潜力评价资料性成果汇总建库，建立省级矿产资源潜力评价资料性成果数据库。该系统支持基于本地、局域网、广域网分布式管理，实现省级矿产资源潜力评价图件、报告、编图说明书、元数据等一体化管理，可按专业、矿种、图件类型、图层分类、空间范围、图元属性等多种方式浏览、查询、检索图件、图层、图元、属性及相关文档附件，并可方便地导出检索结果，辅助综合编图等应用。

该软件主要功能包括：①数据库注册、查询方案配置、环境设置；②用户管理、权限分配；③图件投影转换（批量转换等）；④按省级基础编图数据库和单矿种（组）数据库进行图件入库；⑤图件、图层、图元及属性浏览、查询和检索；⑥导出检索结果；⑦数据维护，包括图件、编图说明书、元数据等文档；⑧数据库备份、迁移和恢复。

（4）全国矿产资源潜力评价元数据采集器：配合相应的全国矿产资源潜力评价元数据模版，能快速便捷地完成矿产资源潜力评价专题图件属性数据库元数据的编制和采集。

（5）GISEditTool 67 软件：使用 GISEditTool 67 软件辅助进行拓扑错误修改。对照 GeoTOK 软件拓扑结点检查、重叠点坐标检查、Z 字形线检查、自相交线弧检查、多余弧段检查、重复点线面检查、文件压缩存盘情况检查、套合一致性检查、拓扑一致性检查的错误逐一进行修改，再用 GeoTOK 软件检查，直至通过检查为止。

（6）地质背景建库数据查错改错软件平台 1.0：利用该软件可对地质背景成果图件数据库的属性内容进行逻辑性错误检查和修改，还可检查是否存在二次、三次等多次覆盖区的情况。

（7）GeoO35 数据库目录检查软件：按照《关于开展省级基础编图和铁铝等 11 个矿种潜力评价成果资料及相应数据库收交工作的通知》（全国矿产资源潜力评价项目办 2011 年 35 号文）要求，利用 GeoO35 数据库目录检查软件对省级专题图件数据库目录进行检查，可快速查出汇交数据库目录是否正确、完整、齐全，以便修改完善。

通过上述各类软件的推广、交流与学习，专业技术人员能够熟练地运用软件及 GIS 技术，开展地质背景、地球物理、地球化学、遥感、矿产等多元空间数据库的信息加工、数据提取与处理，并在此基础上利用地学基础数据库和矿产资源评价专题数据库，结合数据模型进行成矿预测，圈定成矿远景区，预测远景资源量，从而为专题图件属性数据库的建设奠定了坚实的基础。

三、技术方法和工作流程的支撑

1. 技术方法

专题图件属性数据库建设主要是依据全国矿产资源潜力评价数据模型及《全国矿产资源潜力评价省级矿产资源潜力评价资料性成果图件及属性库复核汇总技术方案》（全国矿产资源潜力评价项目办 2010 年 35 号文）规定的要求，运用各类专业软件和工具软件进行建库。

其主要方法（图 4－5）为：①利用各类专业软件进行专业数据处理；②编制和建立专业图件；③专业图件矢量化，建立空间拓扑；④利用 GeoTOK 软件进行空间拓扑检查和修改；⑤利用 GeoMAG 软件规范属性库结构，并编录属性内容；⑥形成专题图件属性数据库。

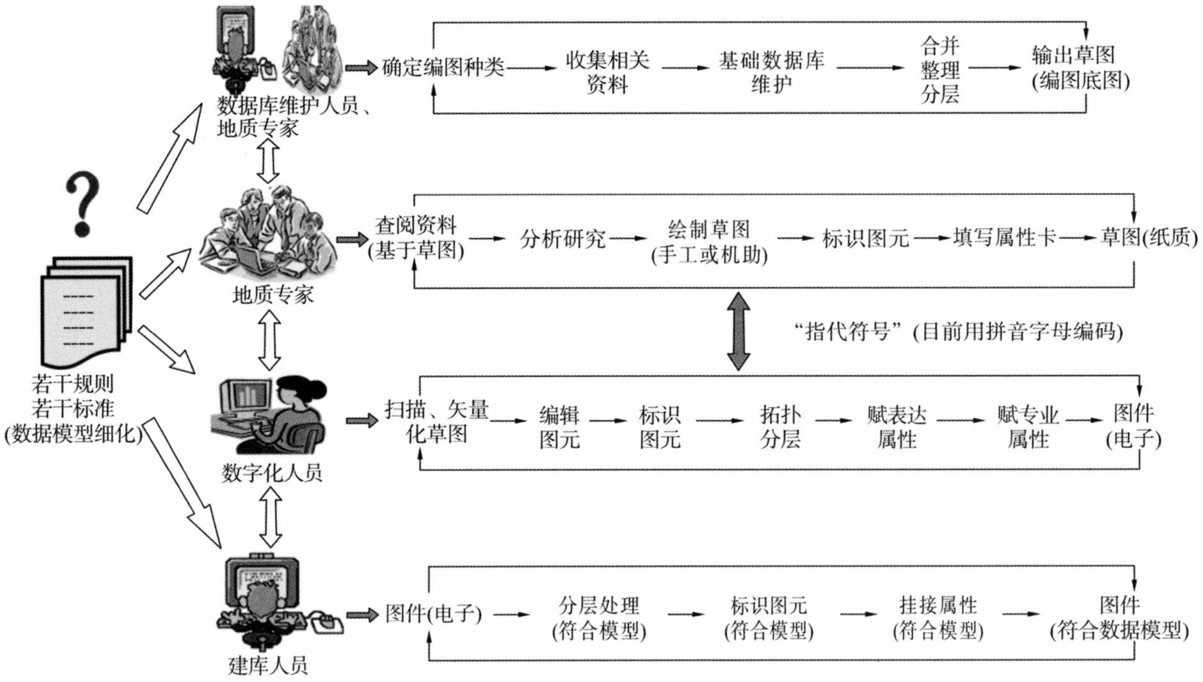

图 4-5　专题图件属性数据库建库的基本工作方法图

2. 工作流程

专题图件属性数据库建设主要工作流程分为 8 个步骤。

(1)资料收集。收集已有的地质、矿产、自然重砂、物化探、遥感等基础地学数据库,最新的资料和相关的科研成果与数据。

(2)资料整理。对收集的地质、矿产、自然重砂、物化探、遥感等基础地学数据库,地调成果资料和相关的科研成果与数据进行整理。

(3)图件矢量化。扫描原始图件,使用 MapGIS 软件进行矢量化;重力、航磁、化探、重砂、遥感等基础数据库则利用专业软件直接生成 MapGIS 图件。

(4)规范图件。主要是通过 GeoMAG 软件进行规范,重点是根据数据模型规范图(库)的图层结构(包括规定图层、辅助图层和引用图层等)、图层文件命名、图层属性结构等。规范方法如下:①对于还未制作的图件,先通过 GeoMAG 软件生成空的工程文件,然后再对工程中的图层文件进行编辑,工程文件中没有的图层文件暂用中文名称作为附加图层;②对已形成的 MapGIS 图件,根据数据模型进行图层整理,然后用 GeoMAG 软件进行规范,不能规范的暂用中文名称作为附加图层。

(5)数据卡片填写。按照《全国矿产资源潜力评价数据模型》各专题图件分册规定的要求填写属性卡片。

(6)数据属性录入。将填写好的卡片内容对应录入属性表中,可以直接在 GeoMAG 生成的图件中对应录入;也可以将图件结构转出到 EXCEL 表中,在 EXCEL 表中录入,然后转入 GeoMAG 进行属性挂接。

(7)检查与修改。包括属性检查、拓扑检查和修改,并建立质量检查卡片。对已录入的属性数据进行检查;利用 GeoMAG 软件对属性数据进行检测,包括检查图层结构、图件结构、属性结构、属性项值域、属性项填写率等;用 GeoTOK 软件对图件进行空间拓扑检查;用地质背景建库数据查错改错软件平台 1.0 对地质背景图件的逻辑关系进行检查。

(8)专题图(库)。通过检查修改,形成专题图件属性数据库(图 4-6)。

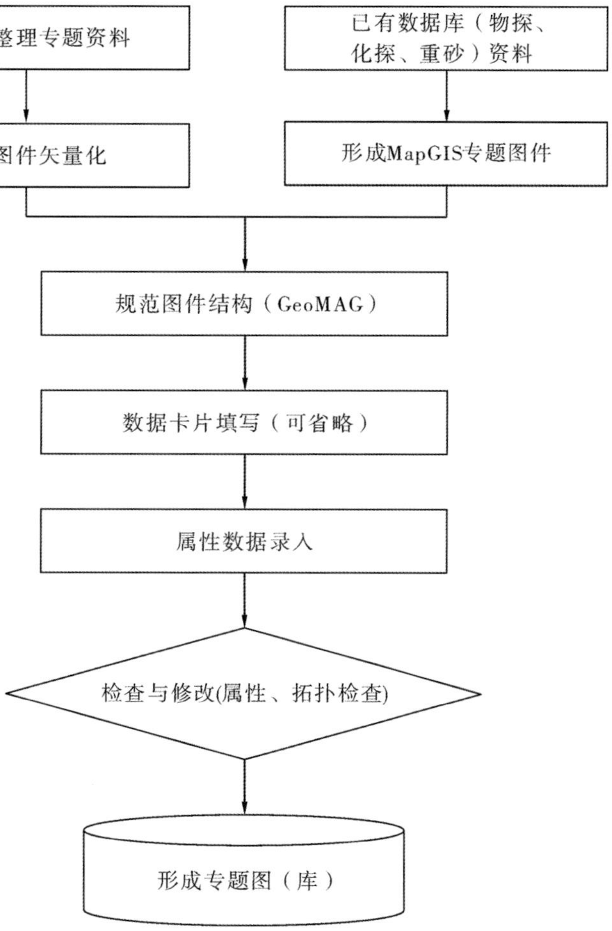

图 4-6 专题图件属性数据库建库工作流程图

第三节 专题图件属性数据库建设

华东地区矿产资源潜力评价专题图件属性数据库建设主要分两级完成,即大区级矿产资源潜力评价专题图件属性数据库和省级矿产资源潜力评价专题图件属性数据库。

省级矿产资源潜力评价专题图件属性数据库建设主要由华东五省独立完成,大区负责技术指导、业务协调、质量监控和成果验收及复核等。

大区级矿产资源潜力评价专题图件属性数据库主要是在省级矿产资源潜力评价专题图件属性数据库建设的基础上,由大区进行汇总、综合、加工处理后形成华东地区矿产资源潜力评价专题图件属性数据库。

一、成矿地质背景专题图件属性数据库建设

华东地区矿产资源潜力评价成矿地质背景专题图件属性数据库主要涉及华东地区 1∶150 万大地构造相图和华东五省的 1∶25 万实际材料图及建造构造图、1∶50 万大地构造相图及 21 个矿种预测工作区的沉积建造构造图、构造岩相古地理图、变质建造构造图、侵入岩浆建造构造图、火山岩性岩相建造构造图、地貌与第四纪地质图等专题图件属性数据库。

1. 建库基本流程

成矿地质背景专题图件属性数据库的建库工作分为图形编辑、建库和属性录入三个阶段。

(1)图形编辑阶段。在成矿地质背景专业编图人员完成 MapGIS 编图的图件基础上，由信息集成专业人员进行图形编辑，建立分层文件，并分别对点、线、面等图形要素进行检查和修改，为相关线状要素建立拓扑关系，按数据模型规定分层，形成符合数据模型分层要求的数字化地质图件。此阶段的核心是建立各图层之间的拓扑关系。

(2)建库阶段。图形属性库由空间库(图形库)和属性库组成，建库在 GeoMAG、GeoTOK 软件中进行。首先在 GeoMAG 软件中按照不同的专题规范符合数据模型要求的图件结构，即对工程文件名、分层文件名、专业分层数据结构等进行规范；其次是对相关地理部分等辅助图层采用“添加辅助图层”进行补充，形成完整的专题图件模型；再次是对专题图的图层结构、图层属性结构进行规范；最后完成矿产资源潜力评价专题图件属性建库的初级阶段。

(3)属性录入阶段。依据数据模型要求对所有属性项进行属性录入，形成属性库。属性录入可由专业技术人员直接在 GeoMAG 软件中进行，也可由计算机操作人员根据专业地质人员填写的属性卡片录入挂接。

(4)添加引用图层。根据专题图件规定的图层结构添加重力、磁测、化探、自然重砂、遥感等专业的综合信息引用图层。

(5)质量检查。利用 GeoMAG、GeoTOK 等软件对已建属性数据库进行空间拓扑、数据投影、图层分层、数据结构、下属词规范、属性填写率等检查，并利用成矿地质背景建库数据查错改错软件平台 1.0 版软件进行人机配合的属性检查。

(6)规范图元编码。利用自编工具软件一次性对所有图层的图元编码及图元特征代码进行重新规范。

(7)元数据编写。按照《地质信息元数据标准》DD2006－05 要求，应用元数据采集器和矿产资源潜力评价元数据模版进行元数据编写，输出 TXT 与 XML 格式的元数据。

2. 华东地区地质背景专题属性数据库

通过上述工作，华东地区共完成 1∶150 万大地构造相专题图件属性数据库 1 个，省级 1∶50 万大地构造相专题图件属性数据库 11 个，1∶25 万实际材料专题图件属性数据库 44 个(图 4－7)，1∶25 万建造构造专题图件属性数据库 60 个(图 4－8)，21 个矿种预测工作区的沉积建造构造图、构造岩相古地理图、建造构造图、变质建造构造图、侵入岩浆建造构造图、火山岩性岩相建造构造图、地貌与第四纪地质图等专题图件属性数据库 456 个(表 4－1)。

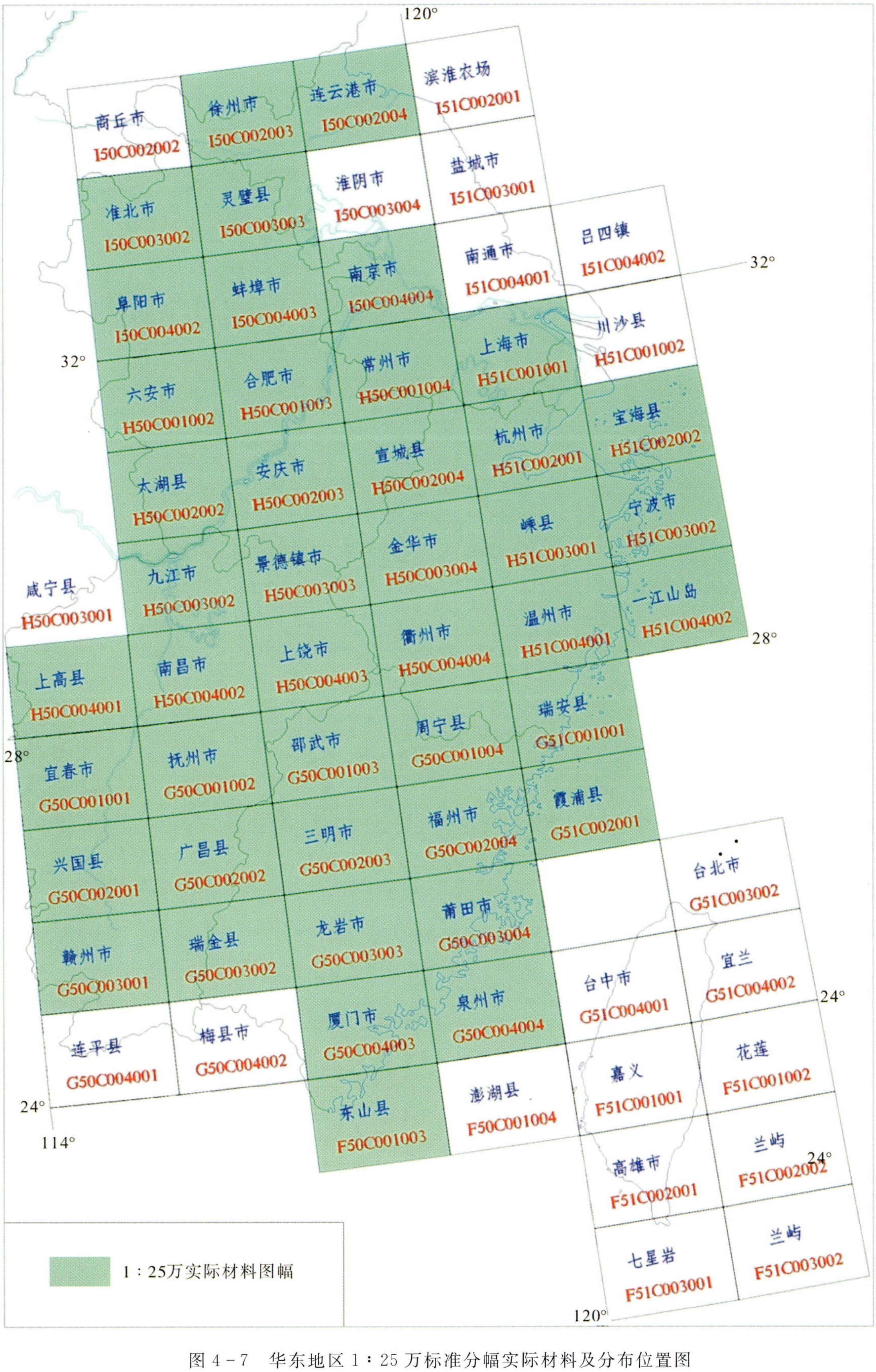

图 4-7　华东地区 1∶25 万标准分幅实际材料及分布位置图

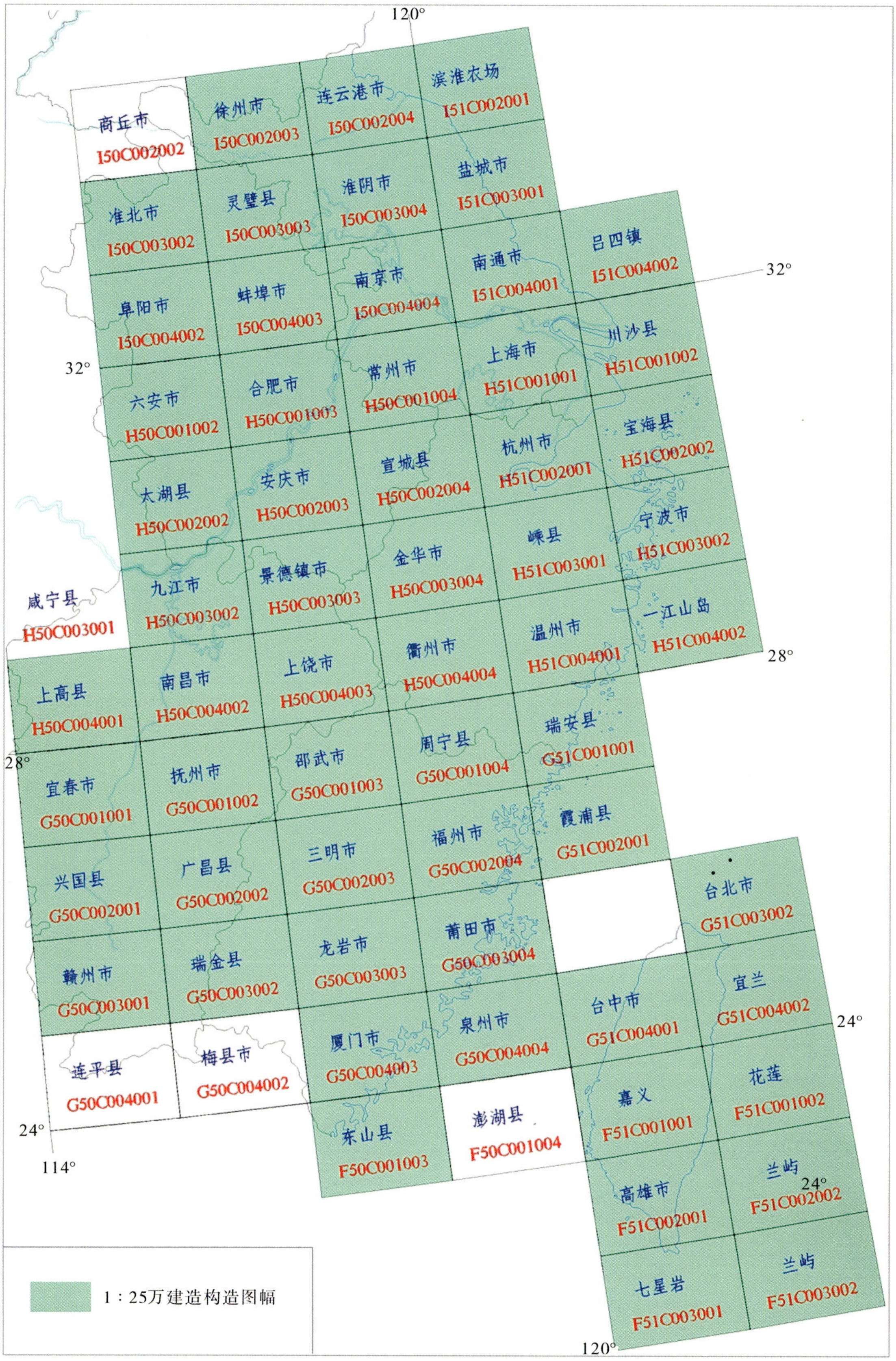

图 4－8　华东地区 1∶25 万标准分幅建造构造及分布位置图

表 4-1　华东地区地质背景专题图件属性数据库统计表

矿　种	种　类	数据库	说明书	元数据	比例尺
地质背景	大地构造相图	11	6	11	1∶50 万
	分幅实际材料图	44	44	44	1∶25 万
	分幅建造构造图	60	60	60	1∶25 万
铁　矿	预测工作区变质建造构造图	11	11	11	1∶5 万～1∶25 万
	预测工作区火山岩性岩相构造图	14	14	14	1∶5 万
	预测工作区侵入岩浆建造构造图	27	27	27	1∶5 万～1∶10 万
铜　矿	预测工作区火山岩性岩相构造图	17	17	17	1∶5 万
	预测工作区建造构造图	18	18	18	1∶5 万
	预测工作区侵入岩浆构造图	24	24	24	1∶5 万
金　矿	预测工作区变质建造构造图	9	9	9	1∶5 万
	预测工作区火山岩性岩相构造图	15	15	15	1∶5 万
	预测工作区建造构造图	24	24	24	1∶5 万
	预测工作区侵入岩浆建造构造图	4	4	4	1∶5 万
磷　矿	预测工作区变质建造构造图	7	7	7	1∶5 万
	预测工作区火山岩性岩相构造图	7	7	7	1∶5 万
铅锌矿	预测工作区变质建造构造图	3	3	3	1∶5 万
	预测工作区火山岩性岩相构造图	9	9	9	1∶5 万
	预测工作区建造构造图	18	18	18	1∶5 万
	预测工作区侵入岩浆构造图	12	12	12	1∶5 万
镍(铬)矿	预测工作区地貌及第四纪地质图	1	1	1	1∶10 万
	预测工作区侵入岩浆构造图	2	2	2	1∶10 万
锑　矿	预测工作区建造构造图	7	7	7	1∶5 万
钨　矿	预测工作区建造构造图	15	15	15	1∶5 万
	预测工作区侵入岩浆建造构造图	17	17	17	1∶5 万
稀土矿	预测工作区地貌与第四纪地质图	7	7	7	1∶5 万
	预测工作区建造构造图	1	1	1	1∶5 万
	预测工作区侵入岩浆构造图	2	2	2	1∶5 万
硫　矿	预测工作区沉积建造构造图	2	2	2	1∶5 万
	预测工作区构造岩相古地理图	2	2	2	1∶5 万
	预测工作区火山岩性岩相构造图	15	15	15	1∶10 万
	预测工作区建造构造图	11	11	11	1∶10 万
锰　矿	预测工作区沉积建造构造图	7	7	7	1∶5 万
	预测工作区构造岩相古地理图	6	4	4	1∶5 万
	预测工作区建造构造图	1	1	1	1∶5 万

续表 4-1

矿　种	种　类	数据库	说明书	元数据	比例尺
钼　矿	预测工作区沉积建造构造图	3	3	3	1∶5万
	预测工作区建造构造图	8	8	8	1∶5万～1∶25万
	预测工作区侵入岩浆建造构造图	27	27	27	1∶5万～1∶25万
硼　矿	预测工作区侵入岩浆构造图	1	1	1	1∶5万～1∶25万
锂　矿	预测工作区侵入岩浆构造图	12	12	12	1∶5万
菱镁矿	预测工作区变质建造构造图	1	1	1	1∶5万
锡　矿	预测工作区建造构造图	9	9	9	1∶5万
	预测工作区侵入岩浆构造图	3	3	3	1∶5万
银　矿	预测工作区建造构造图	15	15	15	1∶5万
	预测工作区侵入岩浆建造构造图	12	12	12	1∶5万
萤石矿	预测工作区建造构造图	21	21	21	1∶5万
	预测工作区侵入岩浆建造构造图	7	7	7	1∶5万
	预测工作区火山岩性岩相构造图	12	12	12	1∶5万～1∶10万
重晶石矿	预测工作区沉积建造构造图	2	2	2	1∶5万
	预测工作区构造岩相古地理图	3	3	3	1∶5万
	预测工作区建造构造图	5	5	5	1∶5万
合　计		571	564	569	

二、华东地区成矿规律与预测专题图件属性数据库建设

华东地区成矿规律与预测研究专题图件属性数据库主要涉及21个矿种的典型矿床成矿要素图、典型矿床预测要素图、预测工作区成矿要素图、预测工作区预测要素图、预测工作区预测成果图及大区和省级成矿规律图、预测类型分布图、勘查工作部署图、未来开发基地预测图、预测成果图等专题属性数据库的建设。

1. 建库基本流程

成矿规律与预测研究专题图件属性数据库建设主要有以下几个步骤。

（1）按矿产预测类型进行归类。首先将成矿规律与预测专题组编制的MapGIS图件进行归类，按矿产预测方法类型分为：沉积型、变质型、侵入岩体型、火山岩型、层控内生型、复合内生型；其次根据矿产预测方法类型确定主图层（按照《全国矿产资源潜力评价数据模型　成矿规律及预测分册》规定确定）。

大区级成矿规律图、预测类型分布图的编图方式与省级有所不同：①首先根据21个矿种和预测类型等确定要编制的大区级成矿规律图、预测类型分布图等图件；②根据已确定编制的大区1∶150万目标图件，将五省已形成的省级1∶50万同类目标图件进行拼接；③根据大区1∶150万目标图件的编制要求进行缩编和简化，形成大区级1∶150万的目标图件。

（2）规范建库图件。根据《全国矿产资源潜力评价数据模型　成矿规律及预测分册》的要求，应用GeoMAG软件，对图件结构、工程文件名、图层文件名、数据属性结构等进行规范。其方法：一是在GeoMAG中直接生成图件结构，然后依据MAP图件图层内容添加辅助图层和地理图层（图4-9）；二是直接对MAP图件进行图件结构规范，按矿产预测类型确定主图层，按图面内容确定辅助图层和地理图层（图4-10）。

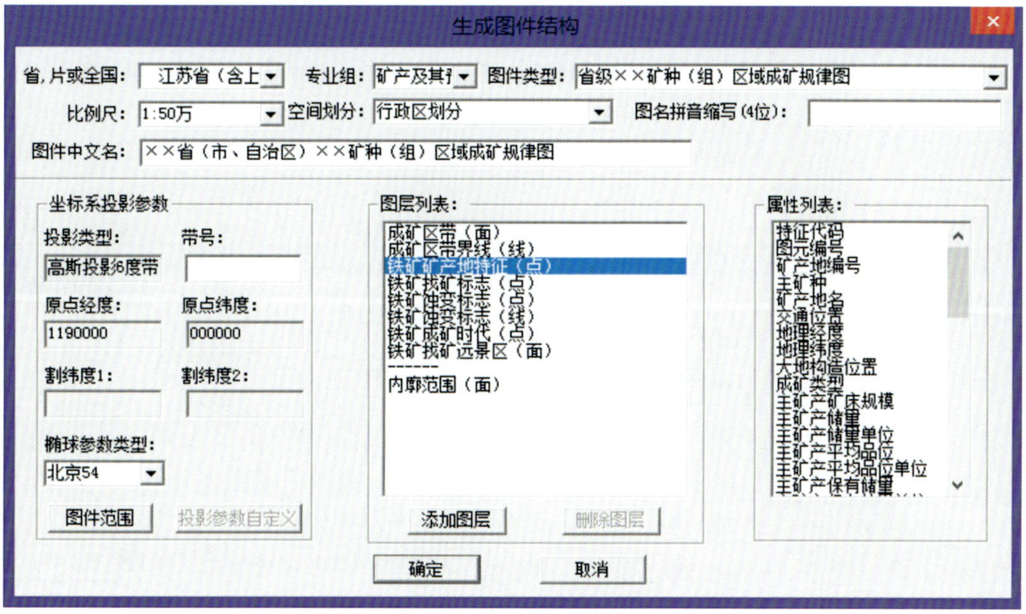

图4-9　GeoMAG直接生成图件结构

图4-10　利用GeoMAG规范图件结构

(3)引用相关专业图层。根据数据模型对目标图层所规定的引用和辅助图层，添加已规范好的地球物理、地球化学、遥感和地质背景等图层。

(4)建立拓扑关系。首先对所有相关的面图层建立拓扑关系，确保线弧一致性，然后根据矿床成因类型确定与成矿有关的目标图层，并进行着色。

(5)填写或挂接图元属性数据。一是利用 GeoMAG 软件功能直接填写属性(图 4-11)；二是利用转入图元属性、转出图元属性、批改图元属性等功能完成图元属性数据的填写(图 4-12)。

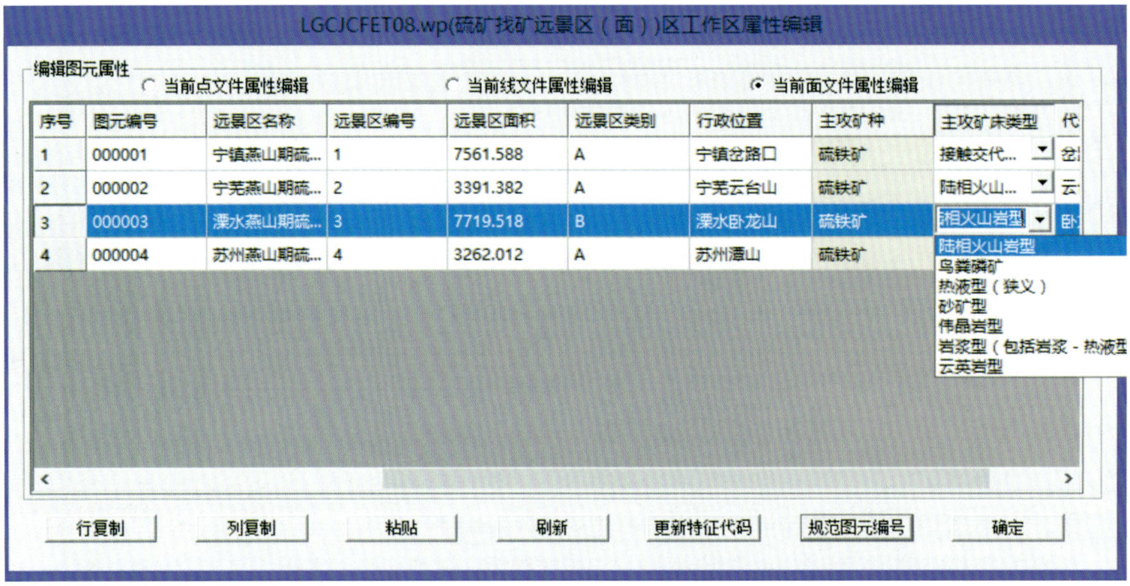

图 4-11　GeoMAG 的属性编辑功能直接填写属性

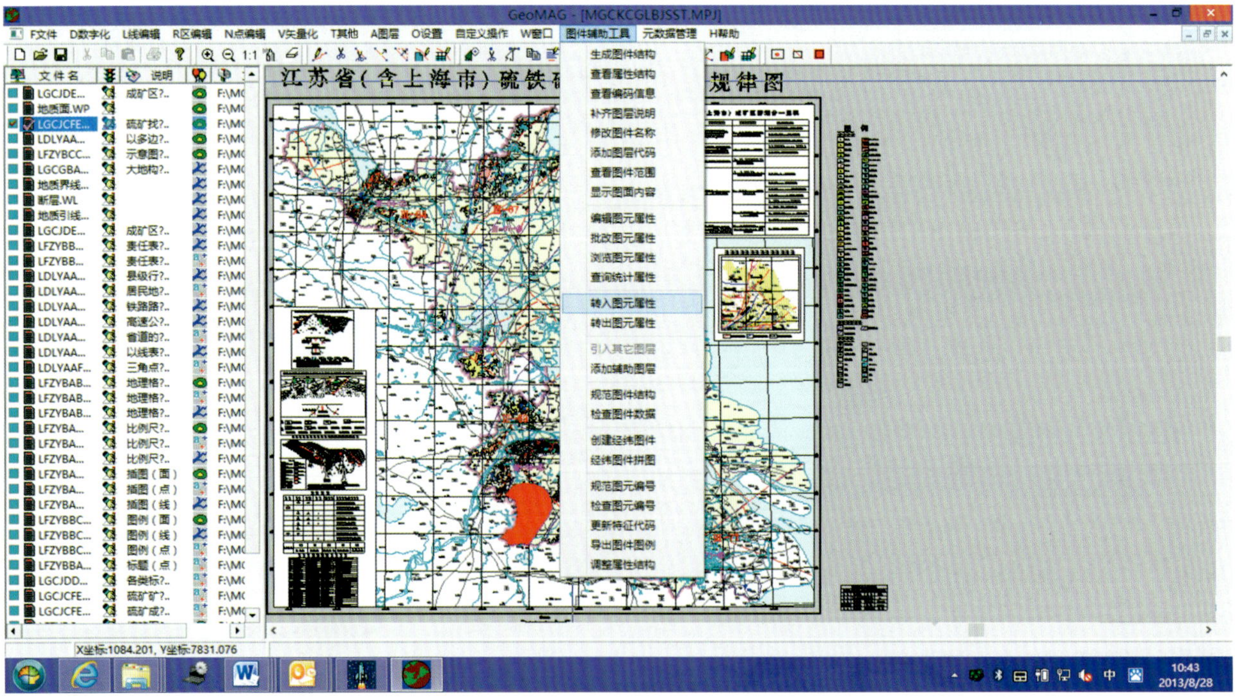

图 4-12　GeoMAG 的转入和转出功能进行属性挂接

(6)检查图件数据。利用GeoMAG、GeoTOK等软件对已建属性数据库的空间拓扑、图层结构、图件结构、属性结构、属性项值域、属性填写率等进行检查，并形成7种检查结果表，然后根据检查结果对存在的问题进行修改完善。

(7)统一规范图元编码及特征代码。利用GeoMAG的属性编辑功能对图层的图元编码及特征代码进行重新规范(图4-13)。

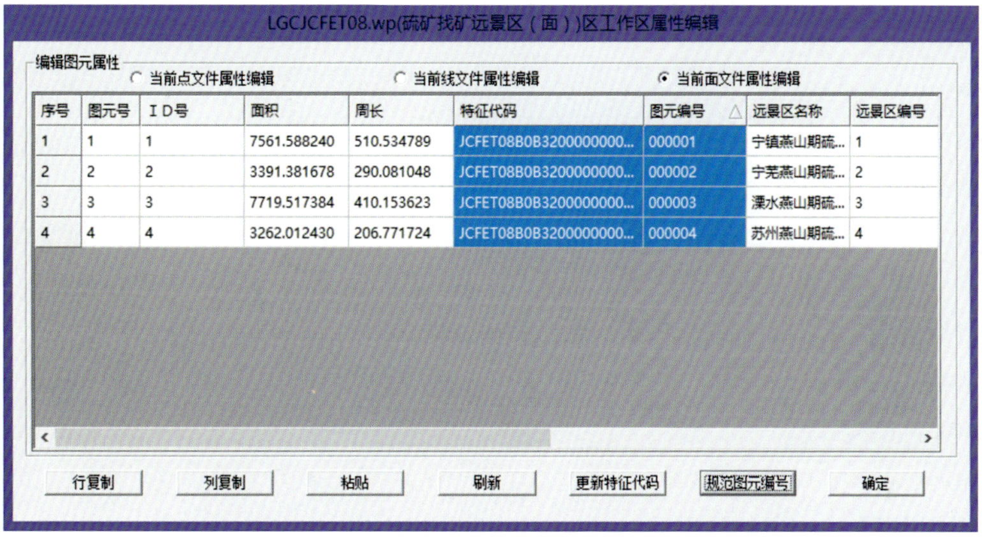

图4-13 GeoMAG对图元编码及特征代码的统一规范

(8)编写元数据。按照《地质信息元数据标准》DD2006-05要求，应用元数据采集器和潜力评价元数据模版进行元数据编写，并输出TXT与XML格式的元数据。

2. 华东地区成矿规律与预测专题图件属性数据库

华东地区共建立21个矿种的典型矿床成矿要素图、典型矿床预测要素图、预测工作区成矿要素图、预测工作区预测要素图、预测工作区矿产预测类型预测成果图、省级成果图的属性数据库2387个(表4-2)。

表4-2 华东地区成矿规律与预测专题图件属性数据库统计表

矿种	种类	数据库	说明书	元数据	比例尺
铁矿	典型矿床成矿要素图	45	45	45	1∶2000～1∶1万
	典型矿床预测要素图	45	45	45	1∶2000～1∶1万
	铁矿预测工作区成矿要素图	53	53	53	1∶5万～1∶25万
	铁矿预测工作区预测要素图	51	51	51	1∶5万～1∶25万
	铁矿预测工作区矿产预测类型预测成果图	50	49	49	1∶5万～1∶25万
	省级成果图	29	29	29	1∶50万

续表 4-2

矿　种	种　类	数据库	说明书	元数据	比例尺
铜　矿	典型矿床成矿要素图	48	48	48	1∶2000～1∶1 万
	典型矿床预测要素图	48	48	48	1∶2000～1∶1 万
	铜矿预测工作区成矿要素图	64	64	64	1∶5 万～1∶10 万
	铜矿预测工作区预测要素图	64	64	64	1∶5 万～1∶10 万
	铜矿预测工作区矿产预测类型预测成果图	63	63	63	1∶5 万～1∶10 万
	省级成果图	29	29	29	1∶50 万
金　矿	典型矿床成矿要素图	42	42	42	1∶1000～1∶1 万
	典型矿床预测要素图	42	42	42	1∶1000～1∶1 万
	金矿预测工作区成矿要素图	52	52	52	1∶5 万～1∶10 万
	金矿预测工作区预测要素图	52	52	52	1∶5 万～1∶10 万
	金矿预测工作区矿产预测类型预测成果图	52	51	51	1∶5 万～1∶10 万
	省级成果图	24	24	24	1∶50 万
磷　矿	典型矿床成矿要素图	7	7	7	1∶2000
	典型矿床预测要素图	7	7	7	1∶2000
	磷矿预测工作区成矿要素图	12	12	12	1∶5 万
	磷矿预测工作区预测要素图	12	12	12	1∶5 万
	磷矿预测工作区矿产预测类型预测成果图	10	10	10	1∶5 万
	省级成果图	21	21	21	1∶50 万
铅锌矿	典型矿床成矿要素图	38	38	38	1∶1000～1∶1 万
	典型矿床预测要素图	51	40	40	1∶1000～1∶1 万
	铅锌矿预测工作区成矿要素图	42	42	42	1∶5 万～1∶10 万
	铅锌矿预测工作区预测要素图	42	42	42	1∶5 万～1∶10 万
	铅锌矿预测工作区矿产预测类型预测成果图	64	55	55	1∶5 万～1∶10 万
	省级成果图	30	29	29	1∶50 万
锑　矿	典型矿床成矿要素图	6	6	6	1∶1000～1∶2000
	典型矿床预测要素图	6	6	6	1∶1000～1∶2000
	锑矿预测工作区成矿要素图	7	7	7	1∶5 万～1∶10 万
	锑矿预测工作区预测要素图	7	7	7	1∶5 万～1∶10 万
	锑矿预测工作区矿产预测类型预测成果图	7	7	7	1∶5 万～1∶10 万
	省级成果图	15	15	15	1∶50 万
钨　矿	典型矿床成矿要素图	21	21	21	1∶2000～1∶1 万
	典型矿床预测要素图	21	21	21	1∶2000～1∶1 万
	钨矿预测工作区成矿要素图	26	26	26	1∶10 万
	钨矿预测工作区预测要素图	26	26	26	1∶10 万
	钨矿预测工作区矿产预测类型预测成果图	26	26	26	1∶10 万
	省级成果图	20	20	20	1∶50 万

续表 4－2

矿　种	种　类	数据库	说明书	元数据	比例尺
稀土矿	典型矿床成矿要素图	6	6	6	1∶5000
	典型矿床预测要素图	6	6	6	1∶5000
	稀土矿预测工作区成矿要素图	8	8	8	1∶10 万
	稀土矿预测工作区预测要素图	8	8	8	1∶10 万
	稀土矿预测工作区矿产预测类型预测成果图	8	8	8	1∶10 万
	省级成果图	20	20	20	1∶50 万
硫　矿	典型矿床成矿要素图	21	21	21	1∶1000～1∶2000
	典型矿床预测要素图	21	21	21	1∶1000～1∶2000
	硫矿预测工作区成矿要素图	33	33	33	1∶5 万
	硫矿预测工作区预测要素图	33	33	33	1∶5 万
	硫矿预测工作区矿产预测类型预测成果图	34	34	34	1∶5 万
	省级成果图	25	25	25	1∶50 万
锰　矿	典型矿床成矿要素图	8	8	8	1∶2000～1∶1 万
	典型矿床预测要素图	8	8	8	1∶2000～1∶1 万
	锰矿预测工作区成矿要素图	11	11	11	1∶5 万
	锰矿预测工作区预测要素图	11	11	11	1∶5 万
	锰矿预测工作区矿产预测类型预测成果图	10	10	10	1∶5 万
	省级成果图	15	15	15	1∶50 万
镍(铬)矿	典型矿床成矿要素图	2	2	2	1∶1 万
	典型矿床预测要素图	2	2	2	1∶1 万
	镍(铬)矿预测工作区成矿要素图	2	2	2	1∶10 万
	镍(铬)矿预测工作区预测要素图	2	2	2	1∶10 万
	镍(铬)矿预测工作区矿产预测类型预测成果图	2	2	2	1∶10 万
	省级成果图	10	10	10	1∶50 万
钼　矿	典型矿床成矿要素图	22	22	22	1∶1000～1∶1 万
	典型矿床预测要素图	22	22	22	1∶1000～1∶1 万
	钼矿预测工作区成矿要素图	37	35	37	1∶5 万
	钼矿预测工作区预测要素图	37	35	37	1∶5 万
	钼矿预测工作区矿产预测类型预测成果图	43	41	43	1∶5 万
	省级成果图	25	25	25	1∶50 万
硼　矿	典型矿床成矿要素图	1	1	1	1∶5 万
	典型矿床预测要素图	1	1	1	1∶5 万
	硼矿预测工作区成矿要素图	1	1	1	1∶5 万
	硼矿预测工作区预测要素图	1	1	1	1∶5 万
	硼矿预测工作区矿产预测类型预测成果图	1	1	1	1∶5 万
	省级成果图	5	5	5	1∶5 万

续表 4-2

矿　种	种　类	数据库	说明书	元数据	比例尺
锂　矿	典型矿床成矿要素图	3	3	3	1∶5 万
	典型矿床预测要素图	3	3	3	1∶5 万
	锂矿预测工作区成矿要素图	4	4	4	1∶5 万
	锂矿预测工作区预测要素图	4	4	4	1∶5 万
	锂矿预测工作区矿产预测类型预测成果图	3	3	3	1∶5 万
	省级成果图	5	5	5	1∶5 万
菱镁矿	典型矿床成矿要素图	1	1	0	1∶2000
	典型矿床预测要素图	1	1	0	1∶2000
	菱镁矿预测工作区成矿要素图	1	1	0	1∶5 万
	菱镁矿预测工作区预测要素图	1	1	0	1∶5 万
	省级成果图	1	1	0	1∶5 万
锡　矿	典型矿床成矿要素图	10	10	10	1∶2000
	典型矿床预测要素图	10	10	10	1∶2000
	锡矿预测工作区成矿要素图	20	20	20	1∶10 万
	锡矿预测工作区预测要素图	20	20	20	1∶10 万
	锡矿预测工作区矿产预测类型预测成果图	20	20	20	1∶10 万
	省级成果图	15	15	15	1∶50 万
银　矿	典型矿床成矿要素图	17	17	17	1∶2000～1∶1 万
	典型矿床预测要素图	17	17	17	1∶2000～1∶1 万
	银矿预测工作区成矿要素图	27	27	27	1∶5 万
	银矿预测工作区预测要素图	27	27	27	1∶5 万
	银矿预测工作区矿产预测类型预测成果图	34	34	34	1∶5 万
	省级成果图	25	25	25	1∶50 万
萤石矿	典型矿床成矿要素图	23	23	23	1∶1000～1∶1 万
	典型矿床预测要素图	23	23	23	1∶1000～1∶1 万
	萤石矿预测工作区成矿要素图	38	37	38	1∶5 万
	萤石矿预测工作区预测要素图	38	37	38	1∶5 万
	萤石矿预测工作区矿产预测类型预测成果图	38	38	38	1∶5 万
	省级成果图	25	25	25	1∶50 万
重晶石矿	典型矿床成矿要素图	6	6	6	1∶2000～1∶1 万
	典型矿床预测要素图	6	6	6	1∶2000～1∶1 万
	重晶石矿预测工作区成矿要素图	9	9	9	1∶5 万
	重晶石矿预测工作区预测要素图	9	9	9	1∶5 万
	重晶石矿预测工作区矿产预测类型预测成果图	9	9	9	1∶5 万
	省级成果图	15	15	15	1∶50 万
合　计		2387	2356	2359	

续表 4-3

矿种	种类	数据库	说明书	元数据	比例尺
钼矿	钼矿预测工作区布格重力异常图	22	22	22	1∶5万～1∶25万
	钼矿预测工作区重力工作程度图	36	36	36	1∶5万～1∶25万
	钼矿预测工作区剩余重力异常图	39	39	39	1∶5万～1∶25万
	钼矿预测工作区重力推断地质构造图	36	36	36	1∶5万～1∶25万
硼矿	硼矿预测工作区布格重力异常图	1	1	1	1∶5万～1∶25万
	硼矿预测工作区重力工作程度图	1	1	1	1∶5万～1∶25万
	硼矿预测工作区剩余重力异常图	1	1	1	1∶5万～1∶25万
	硼矿预测工作区重力推断地质构造图	1	1	1	1∶5万～1∶25万
锂矿	锂矿预测工作区布格重力异常图	4	4	4	1∶5万
	锂矿预测工作区重力工作程度图	4	4	4	1∶5万
	锂矿预测工作区剩余重力异常图	4	4	4	1∶5万
	锂矿预测工作区重力推断地质构造图	4	4	4	1∶5万
菱镁矿	菱镁矿预测工作区布格重力异常图	1	1	1	1∶5万
	菱镁矿预测工作区重力工作程度图	1	1	1	1∶5万
	菱镁矿预测工作区剩余重力异常图	1	1	1	1∶5万
	菱镁矿预测工作区重力推断地质构造图	1	1	1	1∶5万
锡矿	锡矿预测工作区布格重力异常图	12	12	12	1∶5万
	锡矿预测工作区重力工作程度图	20	20	20	1∶5万
	锡矿预测工作区剩余重力异常图	20	20	20	1∶5万
	锡矿预测工作区重力推断地质构造图	20	20	20	1∶5万
银矿	银矿预测工作区布格重力异常图	18	18	18	1∶5万
	银矿预测工作区重力工作程度图	27	27	27	1∶5万
	银矿预测工作区剩余重力异常图	31	31	31	1∶5万
	银矿预测工作区重力推断地质构造图	27	27	27	1∶5万
萤石矿	萤石矿预测工作区布格重力异常图	35	35	35	1∶5万～1∶10万
	萤石矿预测工作区重力工作程度图	38	38	38	1∶5万～1∶10万
	萤石矿预测工作区剩余重力异常图	40	40	40	1∶5万～1∶10万
	萤石矿预测工作区重力推断地质构造图	38	38	38	1∶5万～1∶10万
重晶石矿	重晶石矿预测工作区布格重力异常图	7	7	7	1∶5万～1∶10万
	重晶石矿预测工作区重力工作程度图	9	8	9	1∶5万～1∶10万
	重晶石矿预测工作区剩余重力异常图	9	9	9	1∶5万～1∶10万
	重晶石矿预测工作区重力推断地质构造图	9	9	9	1∶5万～1∶10万
合计		1793	1736	1737	

四、磁测专题图件属性数据库建设

华东地区矿产资源潜力评价磁测专题图件属性数据库建设主要涉及21个矿种的航磁工作程度图、地磁工作程度图、磁法推断地质构造图、省级磁异常分布图、航磁 ΔT 等值线平面图、航磁 ΔT 化极等值线平面图、航磁 ΔT 化极垂向一阶导数等值线平面图、省级磁法推断磁性矿床分布图等专题图件属性数据库建设。

1. 基本建库流程

(1)软件生成重磁图件。通过对铁、铝、铜、铅、锌等21个矿种的磁测资料应用研究，依据区域磁测维护数据库及部分1∶5万磁测数据，运用多元地学数据库管理软件GeoExpl、重、磁、电数据处理与管理系统RGIS2011、地球物理数据处理解释系统AGRS GeoProbe 2.0等专业软件，加工处理形成磁法推断地质构造图、省级磁异常分布图、航磁 ΔT 等值线平面图、航磁 ΔT 化极等值线平面图、航磁 ΔT 化极垂向一阶导数等值线平面图等专题图件。

(2)格式转换。对已形成的各类磁测图件，用GeoExpl、RGIS2011、AGRS GeoProbe 2.0等软件的数据接口功能转换为MapGIS6.7格式的点、线、面文件。

(3)图件编辑。按照《全国矿产资源潜力评价数据模型　磁测分册》(v3.10)技术要求进行分层、编辑和整饰。

(4)GeoMAG软件规范。使用GeoMAG对分层图件进行工程文件、分层文件、图层格式、数据结构等规范。

(5)属性录入。按照《全国矿产资源潜力评价数据模型　磁测分册》(v3.10)技术要求，利用GeoMAG软件直接进行图层属性录入或属性挂接。

(6)辅助和引用图层。引入已规范好的地理图层，部分属性数据库按模型规定引入地质界线、断层、矿产地等引用和辅助图层。

(7)GeoMAG软件检查。使用GeoMAG软件提供的检查功能对属性数据库的投影参数、规定图层、数据结构、下属词规范、属性填写率等进行检查和修改。

2. 华东地区磁测专题图件属性数据库

华东地区共建立21个矿种的航磁工作程度图、地磁工作程度图、磁法推断地质构造图、省级磁异常分布图、航磁 ΔT 等值线平面图、航磁 ΔT 化极等值线平面图、航磁 ΔT 化极垂向一阶导数等值线平面图、省级磁法推断磁性矿床分布图等专题图件属性数据库2317个(表4-4)。

表4-4　华东地区磁测专题图件属性数据库统计表

矿　种	种　类	数据库	说明书	元数据	比例尺
省　级	航磁工作程度图	5	5	5	1∶50万
	地磁工作程度图	5	5	5	1∶50万
	磁法推断地质构造图	5	5	5	1∶50万
	省级磁异常分布图	6	6	6	1∶50万
	航磁 ΔT 等值线平面图	5	5	5	1∶50万
	航磁 ΔT 化极等值线平面图	5	5	5	1∶50万
	航磁 ΔT 化极垂向一阶导数等值线平面图	5	5	5	1∶50万
	省级磁法推断磁性矿床分布图	4	4	4	1∶50万

续表 4-4

矿 种	种 类	数据库	说明书	元数据	比例尺
铁 矿	铁矿省级磁法推断磁性矿床分布图	1	1	1	1∶50万
	铁矿预测工作区磁法推断地质构造图	48	48	48	1∶5万～1∶25万
	铁矿预测工作区磁异常范围分布图	41	41	41	1∶5万～1∶25万
	铁矿预测工作区地磁等值线平面图	22	22	22	1∶5万～1∶10万
	铁矿预测工作区地磁化极垂向一阶导数等值线平面图	14	14	14	1∶5万～1∶10万
	铁矿预测工作区地磁化极等值线平面图	14	14	14	1∶5万～1∶10万
	铁矿预测工作区航磁 ΔT 等值线平面图	61	61	61	1∶5万～1∶25万
	铁矿预测工作区航磁 ΔT 化极垂向一阶导数等值线平面图	61	61	61	1∶5万～1∶25万
	铁矿预测工作区航磁 ΔT 化极等值线平面图	61	61	61	1∶5万～1∶25万
	铁矿预测工作区矿产预测类型磁法推断磁性矿产分布图	41	41	41	1∶5万～1∶25万
铜 矿	铜矿预测工作区磁法推断地质构造图	65	54	54	1∶5万～1∶10万
	铜矿预测工作区航磁 ΔT 等值线平面图	70	59	59	1∶5万～1∶10万
	铜矿省级磁法推断磁性矿床分布图	11	11	11	1∶50万
	铜矿预测工作区磁异常分布图	33	22	22	1∶5万～1∶10万
	铜矿预测工作区地磁等值线平面图	19	16	16	1∶5万～1∶10万
	铜矿预测工作区地磁化极垂向一阶导数等值线平面图	19	16	16	1∶5万～1∶10万
	铜矿预测工作区地磁化极等值线平面图	19	16	16	1∶5万～1∶10万
	铜矿预测工作区航磁 ΔT 化极垂向一阶导数等值线平面图	60	49	49	1∶5万～1∶10万
	铜矿预测工作区航磁 ΔT 化极等值线平面图	60	49	49	1∶5万～1∶10万
金 矿	金矿预测工作区磁法推断地质构造图	54	51	51	1∶5万～1∶25万
	金矿预测工作区航磁 ΔT 等值线平面图	58	55	55	1∶5万～1∶25万
	金矿预测工作区航磁 ΔT 化极垂向一阶导数等值线平面图	58	55	55	1∶5万～1∶25万
	金矿预测工作区航磁 ΔT 化极等值线平面图	58	55	55	1∶5万～1∶25万
	金矿预测工作区磁异常分布图	21	18	18	1∶5万～1∶25万
	金矿预测工作区地磁等值线平面图	5	5	5	1∶5万～1∶25万
	金矿预测工作区地磁化极等值线平面图	5	5	5	1∶5万～1∶25万
	金矿预测工作区地磁化极垂向一阶导数等值线平面图	2	2	2	1∶5万～1∶25万
	金矿省级磁法推断磁性矿床分布图	1	1	1	1∶5万～1∶25万
磷 矿	磷矿预测工作区磁法推断地质构造图	9	9	9	1∶5万～1∶10万
	磷矿省级磁法推断磁性矿床分布图	5	5	5	1∶50万
	磷矿预测工作区磁异常分布图	6	6	6	1∶5万～1∶10万
	磷矿预测工作区航磁 ΔT 等值线平面图	11	11	11	1∶5万～1∶10万
	磷矿预测工作区航磁 ΔT 化极垂向一阶导数等值线平面图	8	8	8	1∶5万～1∶10万
	磷矿预测工作区航磁 ΔT 化极等值线平面图	8	8	8	1∶5万～1∶10万
	磷矿预测工作区地磁等值线平面图	2	2	2	1∶5万～1∶10万
	磷矿预测工作区地磁化极等值线平面图	1	1	1	1∶5万～1∶10万
	磷矿预测工作区地磁化极垂向一阶导数等值线平面图	1	1	1	1∶5万～1∶10万

续表 4-4

矿 种	种 类	数据库	说明书	元数据	比例尺
铅锌矿	铅锌矿预测工作区磁法推断地质构造图	47	47	47	1∶5万～1∶10万
	铅锌矿预测工作区航磁 ΔT 等值线平面图	51	51	51	1∶5万～1∶10万
	铅锌矿预测工作区航磁 ΔT 化极垂向一阶导数等值线平面图	51	51	51	1∶5万～1∶10万
	铅锌矿预测工作区航磁 ΔT 化极等值线平面图	51	51	51	1∶5万～1∶10万
	铅锌矿预测工作区地磁等值线平面图	10	10	10	1∶5万
	铅锌矿预测工作区地磁化极垂向一阶导数等值线平面图	10	10	10	1∶5万
	铅锌矿预测工作区地磁化极等值线平面图	10	10	10	1∶5万
	铅锌矿省级磁法推断磁性矿床分布图	1	1	1	1∶50万
	铅锌矿预测工作区磁异常分布图	15	15	15	1∶5万～1∶10万
镍(铬)矿	镍(铬)矿预测工作区磁法推断地质构造图	2	2	2	1∶10万
	镍(铬)矿预测工作区航磁 ΔT 等值线平面图	3	3	3	1∶10万
	镍(铬)矿预测工作区航磁 ΔT 化极等值线平面图	3	3	3	1∶10万
	镍(铬)矿预测工作区航磁 ΔT 化极垂向一阶导数等值线平面图	3	3	3	1∶10万
锑 矿	锑矿预测工作区磁法推断地质构造图	7	7	7	1∶5万～1∶10万
	锑矿省级磁法推断磁性矿床分布图	1	1	1	1∶50万
	锑矿预测工作区磁异常分布图	5	5	5	1∶5万～1∶10万
	锑矿预测工作区航磁 ΔT 等值线平面图	8	8	8	1∶5万～1∶10万
	锑矿预测工作区航磁 ΔT 化极垂向一阶导数等值线平面图	8	8	8	1∶5万～1∶10万
	锑矿预测工作区航磁 ΔT 化极等值线平面图	8	8	8	1∶5万～1∶10万
钨 矿	钨矿预测工作区磁法推断地质构造图	29	29	29	1∶10万
	钨矿预测工作区航磁 ΔT 等值线平面图	31	31	31	1∶10万
	钨矿预测工作区航磁 ΔT 化极垂向一阶导数等值线平面图	31	31	31	1∶10万
	钨矿预测工作区航磁 ΔT 化极等值线平面图	31	31	31	1∶10万
	钨矿省级磁法推断磁性矿床分布图	1	1	1	1∶50万
	钨矿预测工作区磁异常分布图	10	10	10	1∶10万
稀土矿	稀土矿预测工作区磁法推断地质构造图	4	4	4	1∶10万
	稀土矿预测工作区航磁 ΔT 等值线平面图	6	6	6	1∶10万
	稀土矿省级磁法推断磁性矿床分布图	3	3	3	1∶50万
	稀土矿预测工作区磁异常分布图	4	4	4	1∶10万
	稀土矿预测工作区航磁 ΔT 化极垂向一阶导数等值线平面图	6	6	6	1∶10万
	稀土矿预测工作区航磁 ΔT 化极等值线平面图	19	19	19	1∶10万
硫 矿	硫矿预测工作区磁法推断地质构造图	32	36	32	1∶5万
	硫矿预测工作区航磁 ΔT 等值线平面图	32	37	32	1∶5万
	硫矿预测工作区航磁 ΔT 化极垂向一阶导数等值线平面图	32	37	32	1∶5万
	硫矿预测工作区航磁 ΔT 化极等值线平面图	21	26	21	1∶5万
	硫矿预测工作区地磁等值线平面图	9	10	9	1∶5万
	硫矿预测工作区地磁化极垂向一阶导数等值线平面图	9	10	9	1∶5万
	硫矿预测工作区地磁化极等值线平面图	5	6	5	1∶5万

续表 4-4

矿　种	种　类	数据库	说明书	元数据	比例尺
锰　矿	锰矿预测工作区磁法推断地质构造图	8	12	8	1∶5 万
	锰矿预测工作区航磁 ΔT 等值线平面图	10	14	10	1∶5 万
	锰矿预测工作区航磁 ΔT 化极垂向一阶导数等值线平面图	10	14	10	1∶5 万
	锰矿预测工作区航磁 ΔT 化极等值线平面图	10	14	10	1∶5 万
钼　矿	钼矿预测工作区磁法推断地质构造图	36	43	36	1∶5 万～1∶25 万
	钼矿预测工作区航磁 ΔT 等值线平面图	36	43	36	1∶5 万～1∶25 万
	钼矿预测工作区航磁 ΔT 化极垂向一阶导数等值线平面图	36	43	36	1∶5 万～1∶25 万
	钼矿预测工作区航磁 ΔT 化极等值线平面图	36	43	36	1∶5 万～1∶25 万
	钼矿预测工作区地磁等值线平面图	8	8	8	1∶5 万～1∶25 万
	钼矿预测工作区地磁化极等值线平面图	8	8	8	1∶5 万～1∶25 万
	钼矿预测工作区地磁化极垂向一阶导数等值线平面图	8	8	8	1∶5 万～1∶25 万
锂　矿	锂矿预测工作区磁法推断地质构造图	4	4	4	1∶5 万～1∶25 万
	锂矿预测工作区航磁 ΔT 等值线平面图	4	4	4	1∶5 万～1∶25 万
	锂矿预测工作区航磁 ΔT 化极等值线平面图	4	4	4	1∶5 万～1∶25 万
	锂矿预测工作区航磁 ΔT 化极垂向一阶导数等值线平面图	4	4	4	1∶5 万～1∶25 万
硼　矿	硼矿预测工作区磁法推断地质构造图	1	1	1	1∶5 万～1∶25 万
	硼矿预测工作区航磁 ΔT 等值线平面图	1	1	1	1∶5 万～1∶25 万
	硼矿预测工作区航磁 ΔT 化极等值线平面图	1	1	1	1∶5 万～1∶25 万
	硼矿预测工作区航磁 ΔT 化极垂向一阶导数等值线平面图	1	1	1	1∶5 万～1∶25 万
菱镁矿	菱镁矿省级磁法推断磁性矿床分布图	1	1	1	1∶50 万
	菱镁矿预测工作区磁法推断地质构造图	1	2	1	1∶5 万
	菱镁矿预测工作区航磁 ΔT 等值线平面图	1	2	1	1∶5 万
	菱镁矿预测工作区航磁 ΔT 化极垂向一阶导数等值线平面图	1	2	1	1∶5 万
	菱镁矿预测工作区航磁 ΔT 化极等值线平面图	1	2	1	1∶5 万
	菱镁矿预测工作区地磁等值线平面图	1	2	1	1∶5 万
	菱镁矿预测工作区地磁化极垂向一阶导数等值线平面图	1	2	1	1∶5 万
	菱镁矿预测工作区地磁化极等值线平面图	1	2	1	1∶5 万
锡　矿	锡矿预测工作区磁法推断地质构造图	20	21	20	1∶5 万
	锡矿预测工作区航磁 ΔT 等值线平面图	22	23	22	1∶5 万
	锡矿预测工作区航磁 ΔT 化极垂向一阶导数等值线平面图	22	23	22	1∶5 万
	锡矿预测工作区航磁 ΔT 化极等值线平面图	22	23	22	1∶5 万
银　矿	银矿预测工作区磁法推断地质构造图	27	29	27	1∶5 万
	银矿预测工作区航磁 ΔT 等值线平面图	27	29	27	1∶5 万
	银矿预测工作区航磁 ΔT 化极垂向一阶导数等值线平面图	27	29	27	1∶5 万
	银矿预测工作区航磁 ΔT 化极等值线平面图	26	28	26	1∶5 万
	银矿预测工作区地磁等值线平面图	5	5	5	1∶5 万
	银矿预测工作区地磁化极等值线平面图	5	5	5	1∶5 万
	银矿预测工作区地磁化极垂向一阶导数等值线平面图	5	5	5	1∶5 万

续表 4-4

矿　种	种　类	数据库	说明书	元数据	比例尺
萤石矿	萤石矿预测工作区磁法推断地质构造图	38	44	38	1∶5万～1∶10万
	萤石矿预测工作区航磁 ΔT 等值线平面图	38	44	38	1∶5万～1∶10万
	萤石矿预测工作区航磁 ΔT 化极垂向一阶导数等值线平面图	38	44	38	1∶5万～1∶10万
	萤石矿预测工作区航磁 ΔT 化极等值线平面图	31	37	31	1∶5万～1∶10万
	萤石矿预测工作区地磁等值线平面图	4	4	4	1∶5万～1∶10万
	萤石矿预测工作区地磁化极等值线平面图	4	4	4	1∶5万～1∶10万
	萤石矿预测工作区地磁化极垂向一阶导数等值线平面图	4	4	4	1∶5万～1∶10万
重晶石矿	重晶石矿预测工作区磁法推断地质构造图	9	14	9	1∶5万～1∶10万
	重晶石矿预测工作区航磁 ΔT 等值线平面图	9	14	9	1∶5万～1∶10万
	重晶石矿预测工作区航磁 ΔT 化极垂向一阶导数等值线平面图	9	14	9	1∶5万～1∶10万
	重晶石矿预测工作区航磁 ΔT 化极等值线平面图	9	14	9	1∶5万～1∶10万
合　计		2317	2367	2238	

五、化探专题图件属性数据库建设

华东地区矿产资源潜力评价化探专题图件属性数据库建设主要涉及 20 个矿种的地球化学工作程度图、地球化学推断地质构造图、地球化学景观图、单元素地球化学图、单元素地球化学异常图、地球化学综合异常图、省级地球化学找矿预测图等专题图件属性数据库建设。

1. 基本建库流程

(1)软件生成化探图件。通过对铜、铅、锌、钨、金、锑、稀土、磷等 20 个矿种的化探资料的应用研究，结合区域化探数据维护成果和部分 1∶5 万化探资料，运用多元地学数据库管理软件 GeoExpl、区域地球化学数据管理信息系统(GeoMDIS2005)等软件，加工处理形成 39 个单元素地球化学图、单元素地球化学异常图等专题图件。

(2)格式转换。对形成的各类化探图件，用 GeoExpl、GeoMDIS2005 等软件的数据接口功能转换为 MapGIS6.7 格式的点、线、面文件。

(3)图件编辑。按照《全国矿产资源潜力评价数据模型　化探分册》(v3.10)的技术要求分层、编辑、整饰。在上述图的基础上，结合矿种和预测区地质条件分析，编制地球化学推断地质构造图、地球化学工作程度图、地球化学景观图、地球化学综合异常图等专题图件。

(4)GeoMAG 软件规范。使用 GeoMAG 对分层图件进行工程文件、分层文件、图层格式、数据结构等规范。

(5)属性录入。按照《全国矿产资源潜力评价数据模型　化探分册》(v3.10)技术要求，利用 GeoMAG 软件直接进行图层属性录入或属性挂接。

(6)辅助、引用和地理图层引入。引入已规范好的地理图层，部分属性数据库按模型规定引入地质界线、断层、矿产地等图层。

(7)GeoMAG 软件检查。使用 GeoMAG 软件提供的检查功能对属性数据库的投影参数、规定图层、数据结构、下属词规范、属性填写率等进行检查和修改。

2. 华东地区化探专题属性数据库

华东地区共建立 20 个矿种的地球化学工作程度图、地球化学推断地质构造图、地球化学景观图、单元素地球化学图、单元素地球化学异常图、地球化学综合异常图、省级地球化学找矿预测图等专题图件属性数据库 5058 个（表 4－5）。

表 4－5　华东地区化探专题图件属性数据库统计表

矿　种	种　类	数据库	说明书	元数据	比例尺
省　级	地球化学工作程度图	4	4	4	1∶50 万
	地球化学推断地质构造图	5	5	5	1∶50 万
	地球化学景观图	5	5	5	1∶50 万
	单元素地球化学图	195	195	195	1∶50 万
	单元素地球化学异常图	195	195	195	1∶50 万
	地球化学综合异常图	27	27	27	1∶50 万
	省级地球化学找矿预测图	24	24	24	1∶50 万
铜　矿	铜矿预测工作区单元素地球化学图	278	278	278	1∶5 万～1∶10 万
	铜矿预测工作区单元素地球化学异常图	431	431	431	1∶5 万～1∶10 万
	铜矿预测工作区地球化学综合异常图	129	129	129	1∶5 万～1∶10 万
	铜矿省级地球化学找矿预测图	3	3	3	1∶50 万
金　矿	金矿预测工作区单元素地球化学图	234	234	234	1∶5 万～1∶10 万
	金矿预测工作区单元素地球化学异常图	296	296	296	1∶5 万～1∶10 万
	金矿预测工作区地球化学综合异常图	72	72	72	1∶5 万～1∶10 万
	金矿省级地球化学找矿预测图	3	3	3	1∶50 万
磷　矿	磷矿省级地球化学找矿预测图	2	2	2	1∶50 万
	磷矿预测工作区单元素地球化学图	11	11	11	1∶5 万
	磷矿预测工作区单元素地球化学异常图	23	23	23	1∶5 万
	磷矿预测工作区地球化学综合异常图	9	9	9	1∶5 万
铅锌矿	铅锌矿预测工作区单元素地球化学图	196	196	196	1∶5 万～1∶10 万
	铅锌矿预测工作区单元素地球化学异常图	329	329	329	1∶5 万～1∶10 万
	铅锌矿预测工作区地球化学综合异常图	119	119	119	1∶5 万～1∶10 万
	铅锌矿省级地球化学找矿预测图	7	7	6	1∶50 万
镍（铬）矿	镍（铬）矿省级镍（铬）矿找矿预测图	1	1	1	1∶50 万
	镍（铬）矿预测工作区单元素地球化学图	6	6	6	1∶10 万
	镍（铬）矿预测工作区单元素地球化学异常图	8	8	8	1∶10 万
	镍（铬）矿预测工作区地球化学综合异常图	2	2	2	1∶10 万
	镍（铬）矿典型矿床单元素地球化学异常图	2	2	2	1∶1 万

续表 4－5

矿　种	种　类	数据库	说明书	元数据	比例尺
锑　矿	锑矿预测工作区单元素地球化学图	32	32	32	1∶5万～1∶10万
	锑矿预测工作区单元素地球化学异常图	44	44	44	1∶5万～1∶10万
	锑矿预测工作区地球化学综合异常图	7	7	7	1∶10万
	锑矿省级地球化学找矿预测图	2	2	2	1∶50万
钨　矿	钨矿预测工作区单元素地球化学图	157	157	157	1∶10万
	钨矿预测工作区单元素地球化学异常图	203	203	203	1∶10万
	钨矿预测工作区地球化学综合异常图	67	67	67	1∶10万
	钨矿省级地球化学找矿预测图	2	2	2	1∶50万
稀土矿	稀土矿预测工作区单元素地球化学图	13	13	13	1∶10万
	稀土矿预测工作区单元素地球化学异常图	22	22	22	1∶10万
	稀土矿预测工作区地球化学综合异常图	9	9	9	1∶10万
	稀土矿省级地球化学找矿预测图	2	2	2	1∶50万
锂　矿	锂矿预测工作区单元素地球化学图	50	50	50	1∶5万
	锂矿预测工作区单元素地球化学异常图	76	76	76	1∶5万
	锂矿预测工作区地球化学综合异常图	20	20	20	1∶5万
	锂矿省级地球化学找矿预测图	1	1	1	1∶5万
硫　矿	硫矿预测工作区单元素地球化学图	84	84	84	1∶5万
	硫矿预测工作区单元素地球化学异常图	101	101	101	1∶5万
	硫矿预测工作区地球化学综合异常图	21	21	21	1∶5万
	硫矿省级地球化学找矿预测图	2	2	2	1∶50万
锰　矿	锰矿预测工作区单元素地球化学图	33	33	33	1∶5万
	锰矿预测工作区单元素地球化学异常图	49	49	49	1∶5万
	锰矿预测工作区地球化学综合异常图	9	9	9	1∶5万
	锰矿省级地球化学找矿预测图	1	1	1	1∶5万
钼　矿	钼矿预测工作区单元素地球化学图	156	156	156	1∶5万
	钼矿预测工作区单元素地球化学异常图	275	275	275	1∶5万
	钼矿预测工作区地球化学综合异常图	75	75	75	1∶5万
	钼矿省级地球化学找矿预测图	2	2	2	1∶50万
硼　矿	硼矿预测工作区单元素地球化学异常图	6	6	6	1∶5万
	硼矿省级地球化学找矿预测图	3	3	3	1∶50万
菱镁矿	菱镁矿预测工作区单元素地球化学图	5	5	5	1∶5万
	菱镁矿预测工作区单元素地球化学异常图	5	5	5	1∶5万
	菱镁矿省级地球化学找矿预测图	7	7	7	1∶50万

续表 4-5

矿　种	种　类	数据库	说明书	元数据	比例尺
锡　矿	锡矿预测工作区单元素地球化学图	44	44	44	1∶5万
	锡矿预测工作区单元素地球化学异常图	68	68	68	1∶5万
	锡矿预测工作区地球化学综合异常图	25	25	25	1∶5万
	锡矿省级地球化学找矿预测图	1	1	1	1∶50万
银　矿	银矿预测工作区单元素地球化学图	114	114	114	1∶5万
	银矿预测工作区单元素地球化学异常图	217	217	217	1∶5万
	银矿预测工作区地球化学综合异常图	44	44	44	1∶5万
	银矿省级地球化学找矿预测图	2	2	2	1∶50万
萤石矿	萤石矿预测工作区单元素地球化学图	50	50	50	1∶5万
	萤石矿预测工作区单元素地球化学异常图	165	165	165	1∶5万
	萤石矿预测工作区地球化学综合异常图	79	79	79	1∶5万
	萤石矿省级地球化学找矿预测图	1	1	1	1∶50万
重晶石矿	重晶石矿预测工作区单元素地球化学图	35	35	35	1∶5万
	重晶石矿预测工作区单元素地球化学异常图	43	43	43	1∶5万
	重晶石矿预测工作区地球化学综合异常图	13	13	13	1∶5万
合　计		5058	5058	5057	

六、自然重砂专题图件属性数据库建设

华东地区矿产资源潜力评价自然重砂专题图件属性数据库建设主要涉及19个矿种的自然重砂异常图的专题图件属性数据库建设。

1. 建库基本流程

(1)软件生成自然重砂图件。通过对铁、铜、铅、锌、钨、金、锑、稀土、磷等19个矿种的1∶20万自然重砂资料应用研究,利用全国自然重砂数据库管理系统(ZSAPS2.0)软件对各种重砂矿物的含量进行标准化,自动生成自然重砂异常图。

(2)格式转换。对形成的自然重砂矿物异常图用ZSAPS2.0软件的数据接口功能转换为MapGIS6.7格式的点、线、面文件。

(3)图件编辑。按照《全国矿产资源潜力评价数据模型　自然重砂分册》(v3.10)技术要求分层、编辑、整饰。

(4)GeoMAG软件规范。使用GeoMAG对分层图件进行工程文件、分层文件、图层格式、数据结构等规范。

(5)属性录入。按照《全国矿产资源潜力评价数据模型　自然重砂分册》(v3.10)技术要求,利用GeoMAG软件直接进行图层属性录入或属性挂接。

(6)辅助、引用和地理图层引入。引入已规范好的地理图层,部分属性数据库按模型规定引入地质界线、断层、矿产地等图层。

(7)GeoMAG软件检查。使用GeoMAG软件提供的检查功能对属性数据库的投影参数、规定图层、数据结构、下属词规范、属性填写率等进行检查和修改。

2. 华东地区自然重砂专题属性数据库

华东地区共建立19个矿种的自然重砂异常图的专题图件属性数据库1218个(表4-6)。

表4-6 华东地区自然重砂专题图件属性数据库统计表

矿种	种类	数据库	说明书	元数据	比例尺
省级	自然重砂异常图	94	92	92	1∶50万
铁矿	铁矿预测工作区自然重砂异常图	16	16	16	1∶5万～1∶10万
铜矿	铜矿预测工作区自然重砂异常图	166	166	147	1∶5万～1∶10万
金矿	金矿预测工作区自然重砂异常图	174	174	174	1∶5万～1∶10万
磷矿	磷矿预测工作区自然重砂异常图	17	17	17	1∶10万
铅锌矿	铅锌矿预测工作区自然重砂异常图	106	106	106	1∶5万～1∶10万
镍(铬)矿	镍(铬)矿预测工作区自然重砂异常图	1	1	1	1∶10万
锑矿	锑矿预测工作区自然重砂异常图	29	29	29	1∶5万～1∶10万
钨矿	钨矿预测工作区自然重砂异常图	94	94	94	1∶10万
稀土矿	稀土矿预测工作区自然重砂异常图	12	12	12	1∶10万
硫矿	硫矿预测工作区自然重砂异常图	77	77	77	1∶5万
锰矿	锰矿预测工作区自然重砂异常图	3	3	3	1∶5万
钼矿	钼矿预测工作区自然重砂异常图	143	143	143	1∶5万～1∶25万
硼矿	硼矿预测工作区自然重砂异常图	7	7	7	1∶5万～1∶25万
锡矿	锡矿预测工作区自然重砂异常图	103	103	103	1∶5万
银矿	银矿预测工作区自然重砂异常图	59	59	59	1∶5万
萤石矿	萤石矿预测工作区自然重砂异常图	104	104	104	1∶5万～1∶10万
重晶石矿	重晶石矿预测工作区自然重砂异常图	13	13	13	1∶5万
合计		1218	1216	1197	

七、遥感专题图件属性数据库建设

华东地区遥感专题图件属性数据库建设主要涉及21个矿种的遥感影像图、羟基异常分布图、铁染异常分布图、遥感蚀变异常图、遥感矿产地质特征与近矿找矿标志解译图等专题图件属性数据库建设。

1. 建库基本流程

(1)遥感矿产地质特征与近矿找矿标志解译图处理。数据库建设主要包括线、环、块、带、色五要素专业图层。①在Mapinfo中按照《全国矿产资源潜力评价数据模型　遥感分册》中相关的图层属性结构建立相对应的数据表,然后边解译边填写属性。②将填完属性的Mapinfo图层转成Mif交换文件,再转成MapGIS格式,在MapGIS中按照相关的制图要求制作图例,设置线参数、区参数等,最后进行图面整饰。③利用GeoMAG软件检查图件结构、图层结构、属性结构、值域、填写率等,并进行针对性修改,直至消除错误。

(2)遥感异常图处理。处理步骤:①影像格式转换。在 PCI 软件下先将带有地理信息的遥感蚀变异常分级图转换为 TIF 格式,然后再转成 MSI 格式。②异常矢量化。利用栅格转矢量工具,直接将 MSI 文件转换为矢量的面文件。③修改属性。给羟基、铁染、遥感蚀变的一级、二级、三级异常分别赋予代表其唯一标识的属性值。④区域求并。在空间分析模块中进行区域求并,分离一级、二级、三级异常。⑤添加属性结构。⑥录入异常属性。⑦误差校正。利用 MapGIS 对异常进行误差校正,使其带有地理信息,同时设置投影参数。⑧利用 GeoMAG 软件检查图件结构、图层结构、属性结构、值域、填写率等,并进行针对性修改,直至消除错误。

2. 华东地区遥感专题图件属性数据库

华东地区共建立 21 个矿种的遥感影像图、羟基异常分布图、铁染异常分布图、遥感蚀变异常图、遥感矿产地质特征与近矿找矿标志解译图等专题图件属性数据库 2069 个(表 4-7)。

表 4-7　华东地区遥感专题图件属性数据库统计表

矿　种	种　类	数据库	说明书	元数据	比例尺
省　级	遥感异常组合图	6	6	6	1∶50 万
	遥感构造解译图	6	6	6	1∶50 万
	分幅遥感矿产地质特征解译图	67	67	67	1∶25 万
	分幅遥感羟基异常分布图	76	76	76	1∶50 万
	分幅遥感铁染异常分布图	76	76	76	1∶25 万
	分幅遥感影像图	24	24	24	1∶25 万
	省级遥感影像图	2	2	2	1∶50 万
铁　矿	铁矿预测工作区遥感矿产地质特征与近矿找矿标志解译图	52	52	52	1∶5 万
	铁矿预测工作区遥感羟基异常分布图	52	52	52	1∶5 万
	铁矿预测工作区遥感铁染异常分布图	52	52	52	1∶5 万
	铁矿预测工作区遥感影像图	27	27	27	1∶5 万
铜　矿	铜矿预测工作区遥感矿产地质特征与近矿找矿标志解译图	67	66	67	1∶5 万～1∶10 万
	铜矿预测工作区遥感羟基异常分布图	65	64	65	1∶5 万～1∶10 万
	铜矿预测工作区遥感铁染异常分布图	65	64	65	1∶5 万～1∶10 万
	铜矿预测工作区遥感异常分布图	13	13	13	1∶5 万～1∶10 万
	铜矿预测工作区遥感影像图	31	30	26	1∶5 万～1∶10 万
金　矿	金矿预测工作区遥感矿产地质特征与近矿找矿标志解译图	62	62	62	1∶5 万～1∶10 万
	金矿预测工作区遥感羟基异常分布图	56	56	56	1∶5 万～1∶10 万
	金矿预测工作区遥感铁染异常分布图	56	56	56	1∶5 万～1∶10 万
	金矿预测工作区遥感异常分布图	8	8	8	1∶5 万～1∶10 万
	金矿预测工作区遥感影像图	31	31	31	1∶5 万～1∶10 万
磷　矿	磷矿预测工作区遥感矿产地质特征与近矿找矿标志解译图	9	9	9	1∶5 万
	磷矿预测工作区遥感羟基异常分布图	7	7	7	1∶5 万
	磷矿预测工作区遥感铁染异常分布图	7	7	7	1∶5 万
	磷矿预测工作区遥感影像图	3	3	3	1∶5 万

续表 4-7

矿　种	种　类	数据库	说明书	元数据	比例尺
铅锌矿	铅锌矿预测工作区遥感矿产地质特征与近矿找矿标志解译图	49	49	49	1∶5万～1∶10万
	铅锌矿预测工作区遥感羟基异常分布图	48	48	48	1∶5万～1∶10万
	铅锌矿预测工作区遥感铁染异常分布图	48	48	48	1∶5万～1∶10万
	铅锌矿预测工作区遥感异常分布图	12	12	12	1∶5万～1∶10万
	铅锌矿预测工作区遥感影像图	21	21	21	1∶5万～1∶10万
镍(铬)矿	镍(铬)矿预测工作区遥感矿产地质特征与近矿找矿标志解译图	2	2	2	1∶5万～1∶10万
	镍(铬)矿预测工作区遥感羟基异常分布图	2	2	2	1∶5万～1∶10万
	镍(铬)矿预测工作区遥感铁染异常分布图	2	2	2	1∶5万～1∶10万
锑　矿	锑矿预测工作区遥感矿产地质特征与近矿找矿标志解译图	8	8	8	1∶5万～1∶10万
	锑矿预测工作区遥感羟基异常分布图	8	8	8	1∶5万～1∶10万
	锑矿预测工作区遥感铁染异常分布图	8	8	8	1∶5万～1∶10万
	锑矿预测工作区遥感异常分布图	2	2	2	1∶5万～1∶10万
	锑矿预测工作区遥感影像图	8	7	8	1∶5万～1∶10万
钨　矿	钨矿预测工作区遥感矿产地质特征与近矿找矿标志解译图	30	30	30	1∶10万
	钨矿预测工作区遥感羟基异常分布图	30	30	30	1∶10万
	钨矿预测工作区遥感异常分布图	5	5	5	1∶10万
	钨矿预测工作区遥感铁染异常分布图	30	30	30	1∶10万
	钨矿预测工作区遥感影像图	13	11	13	1∶10万
稀土矿	稀土矿预测工作区遥感矿产地质特征与近矿找矿标志解译图	8	8	8	1∶10万
	稀土矿预测工作区遥感羟基异常分布图	8	8	8	1∶10万
	稀土矿预测工作区遥感铁染异常分布图	8	8	8	1∶10万
	稀土矿预测工作区遥感异常分布图	3	3	3	1∶10万
	稀土矿预测工作区遥感影像图	6	6	6	1∶10万
硫　矿	硫矿预测工作区遥感矿产地质特征与近矿找矿标志解译图	38	38	38	1∶5万
	硫矿预测工作区遥感羟基异常分布图	34	34	34	1∶5万
	硫矿预测工作区遥感铁染异常分布图	34	34	34	1∶5万
	硫矿预测工作区遥感异常分布图	7	7	7	1∶5万
	硫矿预测工作区遥感影像图	20	20	20	1∶5万
锰　矿	锰矿预测工作区遥感矿产地质特征与近矿找矿标志解译图	10	10	10	1∶5万
	锰矿预测工作区遥感羟基异常分布图	10	10	10	1∶5万
	锰矿预测工作区遥感铁染异常分布图	9	9	9	1∶5万
	锰矿预测工作区遥感影像图	6	6	6	1∶5万
钼　矿	钼矿预测工作区遥感矿产地质特征与近矿找矿标志解译图	42	42	42	1∶5万～1∶25万
	钼矿预测工作区遥感羟基异常分布图	40	40	40	1∶5万～1∶25万
	钼矿预测工作区遥感铁染异常分布图	39	39	39	1∶5万～1∶25万
	钼矿预测工作区遥感异常分布图	8	8	8	1∶5万～1∶25万
	钼矿预测工作区遥感影像图	16	16	16	1∶5万～1∶25万

续表 4－7

矿　种	种　类	数据库	说明书	元数据	比例尺
锡　矿	锡矿预测工作区遥感矿产地质特征与近矿找矿标志解译图	24	24	24	1∶5万
	锡矿预测工作区遥感羟基异常分布图	24	24	24	1∶5万
	锡矿预测工作区遥感铁染异常分布图	24	24	24	1∶5万
	锡矿预测工作区遥感异常分布图	8	8	8	1∶5万
	锡矿预测工作区遥感影像图	16	16	16	1∶5万
锂　矿	锂矿预测工作区遥感矿产地质特征与近矿找矿标志解译图	4	4	4	1∶5万
	锂矿预测工作区遥感羟基异常分布图	4	4	4	1∶5万
	锂矿预测工作区遥感铁染异常分布图	4	4	4	1∶5万
硼　矿	硼矿预测工作区遥感矿产地质特征与近矿找矿标志解译图	2	2	2	1∶5万
	硼矿预测工作区遥感羟基异常分布图	2	2	2	1∶5万
	硼矿预测工作区遥感铁染异常分布图	2	2	2	1∶5万
	硼矿预测工作区遥感异常分布图	2	2	2	1∶5万
	硼矿预测工作区遥感影像图	2	2	2	1∶5万
菱镁矿	菱镁矿预测工作区遥感矿产地质特征与近矿找矿标志解译图	1	1	1	1∶5万
	菱镁矿预测工作区遥感羟基异常分布图	1	1	1	1∶5万
	菱镁矿预测工作区遥感铁染异常分布图	1	1	1	1∶5万
	菱镁矿预测工作区遥感影像图	1	1	1	1∶5万
银　矿	银矿预测工作区遥感矿产地质特征与近矿找矿标志解译图	31	31	31	1∶5万
	银矿预测工作区遥感羟基异常分布图	28	28	28	1∶5万
	银矿预测工作区遥感铁染异常分布图	29	29	29	1∶5万
	银矿预测工作区遥感异常分布图	8	8	8	1∶2000
	银矿预测工作区遥感影像图	11	11	11	1∶2000
萤石矿	萤石矿预测工作区遥感矿产地质特征与近矿找矿标志解译图	50	50	50	1∶5万～1∶10万
	萤石矿预测工作区遥感羟基异常分布图	49	49	49	1∶5万～1∶10万
	萤石矿预测工作区遥感铁染异常分布图	49	49	49	1∶5万～1∶10万
	萤石矿预测工作区遥感异常分布图	30	30	30	1∶5万～1∶10万
	萤石矿预测工作区遥感影像图	36	36	36	1∶5万～1∶10万
重晶石矿	重晶石矿预测工作区遥感矿产地质特征与近矿找矿标志解译图	9	9	9	1∶5万
	重晶石矿预测工作区遥感羟基异常分布图	9	9	9	1∶5万
	重晶石矿预测工作区遥感铁染异常分布图	9	9	9	1∶5万
	重晶石矿预测工作区遥感影像图	7	7	7	1∶5万
合　计		2069	2062	2064	

第五章　矿产资源潜力评价成果集成数据库建设

矿产资源潜力评价成果集成数据库建设主要由两部分组成：一是省级矿产资源潜力评价成果集成数据库；二是大区级矿产资源潜力评价成果集成数据库。

省级矿产资源潜力评价成果集成数据库建设由两部分组成：一是省级矿产资源潜力评价资料性成果汇总，主要是规范省级矿产资源潜力评价成果数据库的文件结构、内容、存储方式等，以便统一汇交格式；二是省级矿产资源潜力评价成果集成数据库，主要是在省级矿产资源潜力评价资料性成果的基础上，通过省级矿产资源潜力评价资料汇总建库软件系统 GeoPEX 完成集成数据库。

大区级矿产资源潜力评价成果集成数据库主要是在省级矿产资源潜力评价成果集成数据库的基础上，通过 GeoPEX 软件完成大区级的成果集成数据库。

第一节　省级矿产资源潜力评价资料性成果汇总

一、资料性成果汇总种类

省级矿产资源潜力评价资料性成果汇总主要包含以下三类。

第一类：属于全国矿产资源潜力评价数据模型规定的成果。它包括按规定需提交的图件及其属性库、遥感影像、编图说明书、图件元数据、文档报告、数据表格以及相关内容清单等。

第二类：不属于全国矿产资源潜力评价数据模型规定但属于各专业需要提交的成果。它包括各专业汇总组规定需提交的资料、各种过渡性图件、图片文件、数据表格文件、文字报告以及各种资料卡片扫描件等。

第三类：属于省级项目组汇总综合研究成果。它包括相关专题省级汇总技术要求规定需要提交的图件及其属性库、遥感影像、编图说明书、图件元数据、文档报告、数据表格以及相关内容清单等。

二、资料性成果汇总的质量要求

第一类成果的提交质量，要求按“全国矿产资源潜力评价项目办 2010 年 35 号文”执行。

第二类成果的提交质量，只要资料种类与齐全性满足“省级矿产资源潜力评价综合信息集成专题汇总技术要求”（表 5-1～表 5-8）的规定，且内容符合相关专业汇总组工作技术要求与规定即可。

表 5-1　成矿地质背景

序号	成果资料名称	备　注
1	按照成矿地质背景技术要求规定提交的各类资料，包括编图和建库所依据的各类原始资料、编图所依据的各类原始资料卡片和分析卡片	涵盖基础地质编图（分幅实际材料图、分幅建造构造图、省级大地构造相编图）和铁、铝、铜、铅、锌、金、钨、锑、稀土、钾、磷、锡、钼、镍、锰、铬、银、锂、硫、萤石、菱镁矿、硼、重晶石共 23 个矿种的地质构造专题编图
2	其他相关资料	

表 5－2 成矿规律研究

序号	成果资料名称	备 注
1	按照成矿规律技术要求提供相关的数据表、数据库等	
2	相关单矿种的矿产一览表	
3	典型矿床研究相关资料数据表	
4	其他相关资料	

表 5－3 矿产预测研究

序号	成果资料名称	备 注
	报告部分	
1	××省××矿种(组)预测资源量估算说明书	
2	××省××矿种(组)资源潜力评价成果报告	
	图件部分	
1	典型矿床成矿要素图里面含有典型矿床成矿模式图	
2	典型矿床预测要素图里面含有典型矿床预测模型图	
3	预测工作区区域成矿要素图里面含有区域成矿模式图	
4	预测工作区区域预测要素图里面含有区域预测模型图	
5	××省××矿种Ⅳ、Ⅴ级成矿区带图	
6	预测工作区预测单元图	
7	预测工作区最小预测区优选分布图	
8	××省××矿种矿产预测类型最小预测区分布图	
	数据库部分 (要特别注意属性表分别挂靠相应图件的特定图层上和以 Exell 形式表示)	
1	矿产预测类型最小预测区数据表	
2	矿产预测类型最小预测区共伴生矿产数据表(EXCEL 数据表)	
3	典型矿床深部及外围预测成果数据表	
4	典型矿床深部及外围共伴生矿产数据表(EXCEL 数据表)	
5	成矿区带预测成果汇总数据表	
6	××省××矿种(组)二级预测区成果数据表	
7	××省××矿种(组)二级预测区共伴生预测成果数据表(EXCEL 数据表)	
8	省级矿种(组)预测工作区预测成果数据表	
9	勘查工作部署建议数据表	
10	未来矿产开发基地预测数据表	
11	已有工作程度数据表	
12	其他相关资料	

表 5－4 重力资料应用

序号	成果资料名称	备　注
1	××省重力资料应用成果报告	
2	预测工作区重力资料应用成果报告(也可作为省级重力应用成果报告的章节)	
3	典型矿床剖析图	
4	重力物性资料整理表:扫描或整理的重力测区及专门物性工作的岩矿石密度资料,包括标本采集范围、标本块数、统计方法、资料来源、统计结果等	
5	重力成果资料在地质背景及成矿预测中应用情况统计表	
6	其他相关资料	

表 5－5 磁测资料应用

序号	成果资料名称	备　注
1	××省磁法推断磁性矿床分布图	针对铁矿
2	××预测工作区航磁 ΔT 等值线平面图	铁、铝、铜、铅、锌、金等矿或矿组预测工作区图件
3	××预测工作区航磁 ΔT 化极等值线平面图	铁、铝、铜、铅、锌、金等矿或矿组预测工作区图件
4	××预测工作区航磁 ΔT 化极垂向一阶导数等值线平面图	铁、铝、铜、铅、锌、金等矿或矿组预测工作区图件
5	××预测工作区地磁等值线平面图	若缺失地磁资料,则可缺省
6	××预测工作区地磁化极等值线平面图	若缺失地磁资料,则可缺省
7	××预测工作区地磁 ΔT 化极垂向一阶导数等值线平面图	若缺失地磁资料,则可缺省
8	××预测工作区磁法推断磁性矿体分布图	仅针对铁矿
9	××预测工作区磁异常范围分布图	仅针对铁矿
10	××预测工作区磁法推断地质构造图	图层除推断要素外,还应该包括已知××矿产地图层
11	××省磁测资料应用研究成果报告	
12	××省磁性矿床预测资源量估算报告(附件)	
13	××省磁异常一览表(附表)	
14	××省磁性矿床一览表(附表)	
15	××省预测工作区磁性矿床资源量一览表(附表)	
16	铁矿典型矿床图册	包括剖析图和文字说明
17	铜、铅、锌、金等多金属矿典型矿床图册	包括剖析图和文字说明
18	铁矿定量计算图册	
19	铜、铅、锌、金等多金属矿定量计算图册	
20	其他相关资料	

表 5－6　化探资料应用

序号	成果资料名称	备　注
1	省地球化学综合异常图	分矿种
2	省铜地球化学定量预测成果(含报告与相关图件)	
3	省铜、铅、锌、金、钨、锑和稀土 7 个矿种找矿预测图	分矿种
4	省区域化探数据库	
5	省中大比列尺化探数据库	
6	预测工作区化探系列成果	分矿种
7	其他相关资料	

表 5－7　遥感资料应用

序号	成果资料名称	备　注
1	重要预测矿种资源潜力评价预测工作区遥感研究成果资料及数据库 (1)同比例尺遥感影像图 (2)同比例尺预测工作区遥感矿产地质特征与近矿找矿标志解译图 (3)同比例尺预测工作区遥感铁染异常分布图 (4)同比例尺预测工作区遥感羟基异常分布图 (5)预测工作区遥感异常信息与遥感找矿最小预测区分布图	第(5)项在遥感地质矿产特征与近矿找矿标志解译图中体现,无单独图件提供,设计中无(3)、(4)项成果时也可以接收
2	重要预测矿种资源潜力评价典型矿床遥感研究成果资料及数据库 (1)同比例尺典型矿床遥感影像图 (2)同比例尺典型矿床遥感矿产地质特征与近矿找矿标志解译图 (3)同比例尺典型矿床遥感铁染异常分布图 (4)同比例尺典型矿床遥感羟基异常分布图 (5)典型矿床遥感异常信息与遥感找矿最小预测区分布图	第(5)项在遥感地质矿产特征与近矿找矿标志解译图中体现,无单独图件提供,设计中无(3)、(4)项成果时也可以接收
3	成果报告类成果(电子文档) (1)省级矿产资源潜力评价遥感专题阶段性成果报告 (2)阶段性图集图册成果	
4	其他相关资料	

表 5－8　自然重砂资料应用

序号	成果资料名称	备　注
1	省级自然重砂工作程度图	
2	省级自然重砂采样点位图	
3	修改后的应用报告	
4	各省 1∶5 万自然重砂数据库	
5	新增 1∶20 万自然重砂数据库	
6	其他相关资料	

第三类成果的提交质量,要求专业方面应符合全国各专业汇总组制定的省级汇总技术要求,数据库方面应按照“全国矿产资源潜力评价项目办 2010 年 35 号文”执行。

三、资料性成果汇总要求

第一类：按照“全国矿产资源潜力评价项目办 2010 年 35 号文”规定的成果目录汇总省级成果。目录结构示意如下。

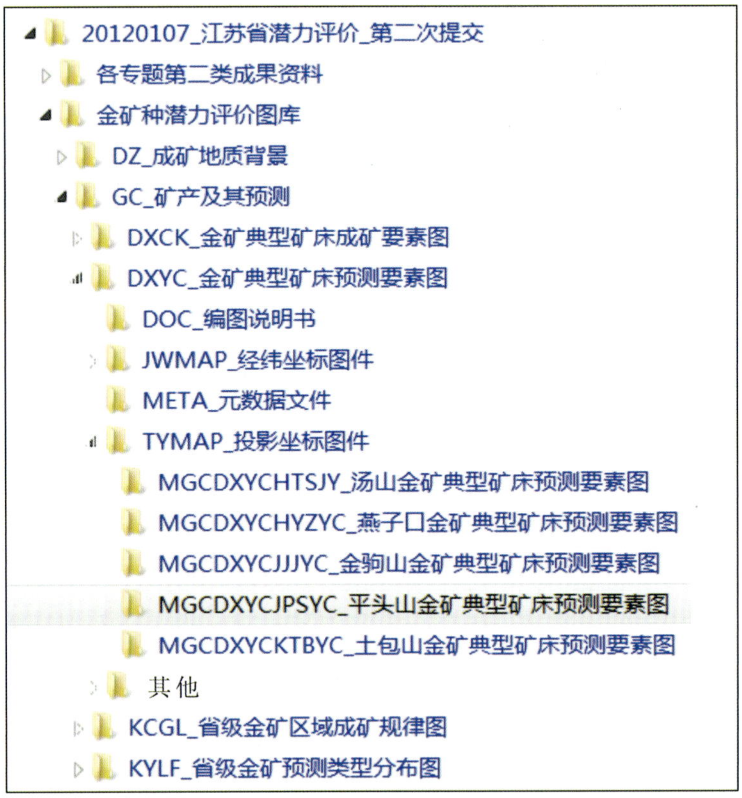

第二类：按自建目录“地质背景相关成果资料”“成矿规律相关成果资料”“矿产预测相关成果资料”“重力应用相关成果资料”“磁测应用相关成果资料”“化探应用相关成果资料”“遥感应用相关成果资料”“自然重砂应用相关成果资料”等分别存放；历次成果抽查、审查、验收、复审、复核意见扫描件等按自建目录“历次验收意见扫描件”存放。

第三类：按全国综合信息集成汇总组规定的成果目录汇总省级成果。

四、资料性成果的汇总

根据上述省级矿产资源潜力评价资料性成果汇总整理要求，各省对已完成的省级矿产资源潜力评价成果进行了 2 个批次的汇总。第一批对铁、铜、金等 13 个矿种(华东地区涉及 9 个矿种)进行了省级矿产资源潜力评价资料性成果汇总；第二批对锡、钼、镍、锰、铬、银、锂、硫、萤石、菱镁矿、硼、重晶石 12 个矿种进行了省级矿产资源潜力评价资料性成果汇总。

在上述成果汇总的基础上，分两批进行了省级矿产资源潜力评价资料性成果汇总的复核验收，验收采用省级矿产资源潜力评价资料性成果汇总整理检查软件 GeoO35 进行(图 5-1、图 5-2)。检查验收中发现的问题一律通过修改完善后再提交。

图 5-1　GeoO35 成果目录检查软件主界面

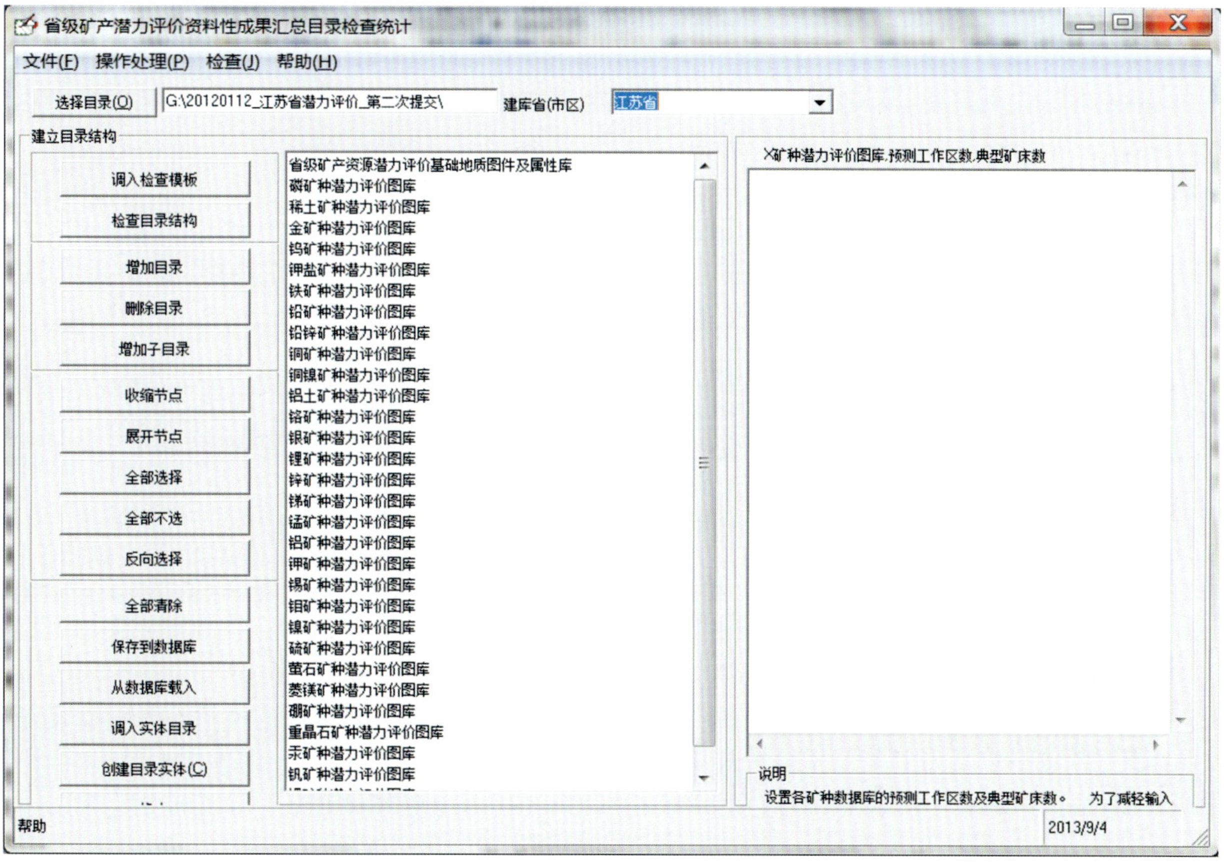

图 5-2　GeoO35 成果目录检查软件检查功能主界面

第二节　省级矿产资源潜力评价成果集成数据库建设

一、GeoPEX 软硬件环境

操作系统：MS Windows XP sp3 或 MS Windows 7 sp1。

数据库系统：本地数据库采用 MS Access MDB（版本 2003 及以上），网络数据库采用①MS SQL Server（版本 2005 及以上）；②Oracle 版本 9.0 以上。

存储设备：本地数据库单个的 MDB 文件控制在 1.8G 以内；硬盘空间为图件数据和文档数据大小的 3 倍；网络数据库大小为图件数据和文档数据大小的 5 倍；日志大小为数据库大小的 1/3。

网络设备：局域网满足 100M、广域网满足 2M。

客户端：GeoPEX 安装计算机最低要求：CPU 为 2GHz、双核以上，内存 1G 以上，显示器分辨率为 1024 * 768 以上。

二、集成数据库系统部署

1. GeoPEX 系统简介

GeoPEX 系统由全国重要矿产资源潜力评价综合信息集成项目组委托四川省地质调查院勘查技术中心开发，主要用于省级矿产资源潜力评价资料性成果汇总建库，建立省级矿产资源潜力评价资料性成果数据库。该系统支持基于本地、局域网、广域网分布式管理；可实现省级矿产资源潜力评价图件、报告、编图说明书、元数据等一体化管理；可按专业、矿种、图件类型、图层分类、空间范围、图元属性等多种方式浏览、查询；可检索图件、图层、图元、属性及相关文档等，并可方便导出检索结果，进行辅助综合图件编制等应用。

GeoPEX 系统主要功能包括：①数据库注册、查询方案配置、环境设置；②用户管理、权限分配；③投影转换（批量转换等）；④图件入库；⑤图件、图层、图元及属性浏览、查询、检索；⑥检索结果导出；⑦数据维护（包括图件、说明书、元数据等文档）；⑧数据库备份、数据库恢复等。

2. GeoPEX 系统体系结构

GeoPEX 系统体系结构包括 5 大功能模块（图 5－3）。

（1）系统配置模块：含数据库注册、查询方案配置、MapGIS 环境设置等功能子模块。

（2）用户管理模块：含系统用户管理、用户权限分配、注销登录等功能子模块。

（3）图件导入模块：含投影转换、图件导入、图件维护、文档维护等功能子模块。

（4）图件查询模块：含图件、图层、图元及属性浏览、查询、检索、结果导出等功能子模块。

（5）系统备份模块：含备份本地数据库、恢复本地数据库等功能子模块。

3. GeoPEX 系统部署

GeoPEX 系统部署分为服务器部署、客户端部署和网络环境部署 3 个部分。由于各省矿产资源潜力评价资料性成果数据内容和数据结构复杂，相应的数据操作也比较多，故一般采用 C/S 模式部署（图 5－4），其中数据库采用 MS SQL Server 2005 或 MS SQL Server 2008。

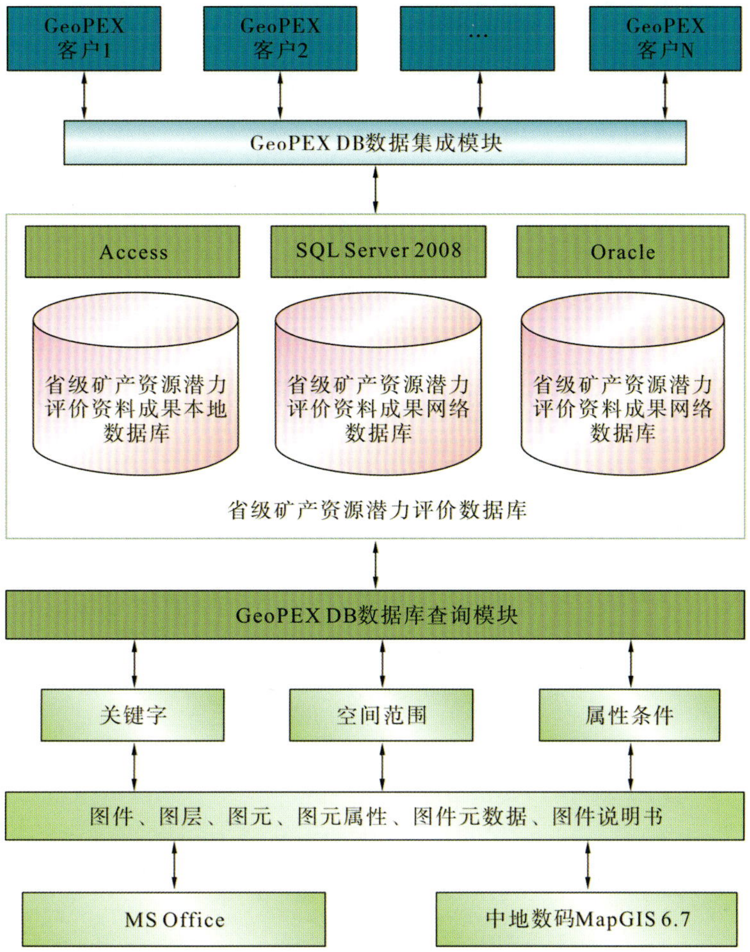

图 5-3　GeoPEX 系统的体系结构图

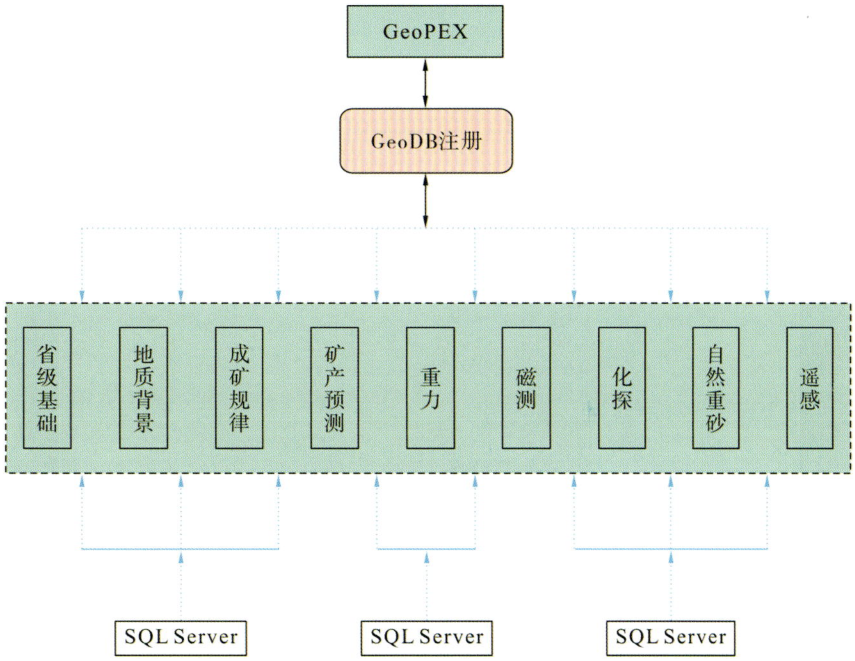

图 5-4　省级 GeoPEX 系统部署图

三、集成数据库组织模式

省级矿产资源潜力评价成果(图件、文档、表格等)可分为两大类:省级基础编图成果和矿种(组)矿产资源潜力评价成果。省级基础编图成果又可按专题分为成矿地质背景研究成果、重力资料应用成果、磁测资料应用成果、化探资料应用成果、遥感资料应用成果、自然重砂资料应用成果等(表5-9)。

表5-9　华东地区省级矿产资源评价成果集成数据库建库分类表

序号	大　类	细　类	所属专题
1	省级基础编图成果	成矿地质背景研究成果	成矿地质背景研究
2		重力资料应用成果	重力资料应用
3		磁测资料应用成果	磁测资料应用
4		化探资料应用成果	化探资料应用
5		遥感资料应用成果	遥感资料应用
6		自然重砂资料应用成果	自然重砂资料应用
1	矿种(组)潜力评价成果	铁矿种(组)潜力评价成果	每个矿种(组)潜力评价成果均有专题:成矿地质背景研究、成矿规律研究、矿产预测研究、重力资料应用、磁测资料应用、化探资料应用、遥感资料应用、自然重砂资料应用
2		锰矿种(组)潜力评价成果	
3		铬矿种(组)潜力评价成果	
4		铜矿种(组)潜力评价成果	
5		铅矿种(组)潜力评价成果	
6		锌矿种(组)潜力评价成果	
7		镍矿种(组)潜力评价成果	
8		钨矿种(组)潜力评价成果	
9		锡矿种(组)潜力评价成果	
10		钼矿种(组)潜力评价成果	
11		金矿种(组)潜力评价成果	
12		银矿种(组)潜力评价成果	
13		锑矿种(组)潜力评价成果	
14		稀土矿种(组)潜力评价成果	
15		锂矿种(组)潜力评价成果	
16		菱镁矿种(组)潜力评价成果	
17		磷矿种(组)潜力评价成果	
18		硫矿种(组)潜力评价成果	
19		硼矿种(组)潜力评价成果	
20		萤石矿种(组)潜力评价成果	
21		重晶石矿种(组)潜力评价成果	

四、集成数据库建库方法及流程

省级矿产资源潜力评价资料性成果集成建库的工作流程由成果数据入库整理、数据备份、数据分类、数据库分组与数据库注册、数据转换、数据导入、数据维护和数据库备份等环节组成(图5-5)。

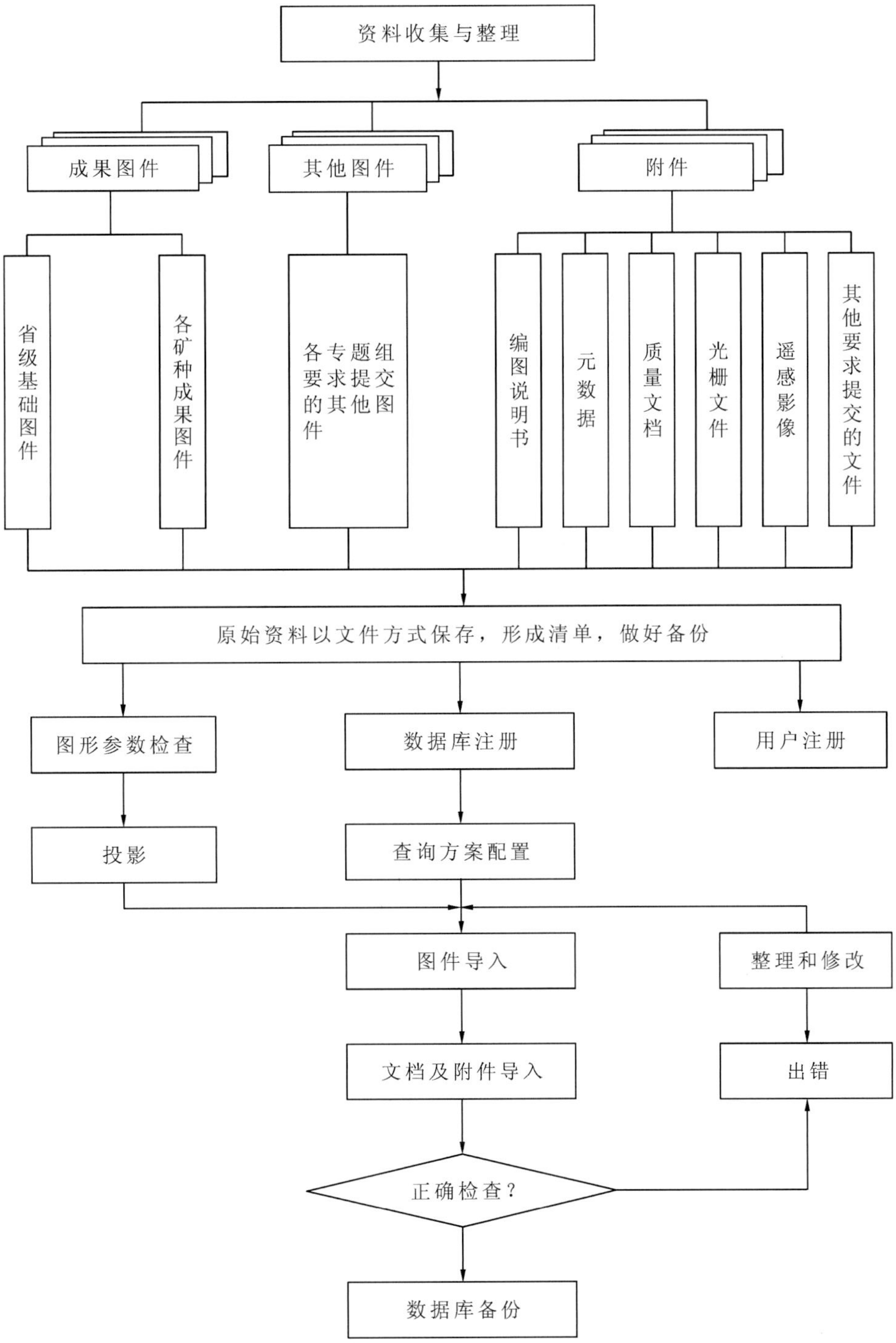

图5-5　省级矿产资源潜力评价资料性成果集成建库工作流程图

(一)整理入库成果数据

省级矿产资源潜力评价属于数据模型规定的成果数据整理主要有两类:省级基础编图成果数据的整理和省级矿种编图成果数据的整理。

1. 省级基础编图成果数据整理

华东地区省级基础编图成果数据的整理包括地质背景、重力、磁测、化探、遥感、自然重砂等专题图件属性数据库、编图说明书和元数据等,其中需整理的属性数据库 983 个、编图说明书 976 份、元数据 981 个(表 5-10)。

表 5-10　华东地区省级基础资料编图成果属性库整理内容一览表

类　别	图　　名	属性库	编图说明	元数据	比例尺
地质背景	大地构造相图	11	6	11	1∶50万
	分幅实际材料图	44	44	44	1∶25万
	分幅建造构造图	60	60	60	1∶25万
重　力	重力工作程度图	5	5	5	1∶50万
	重力推断地质构造图	7	7	7	1∶50万
	布格重力异常图	5	5	5	1∶50万
	剩余重力异常图	5	5	5	1∶50万
磁　测	航磁工作程度图	5	5	5	1∶50万
	地磁工作程度图	5	5	5	1∶50万
	磁法推断地质构造图	5	5	5	1∶50万
	省级磁异常分布图	6	6	6	1∶50万
	航磁 ΔT 等值线平面图	5	5	5	1∶50万
	航磁 ΔT 化极等值线平面图	5	5	5	1∶50万
	航磁 ΔT 化极垂向一阶导数等值线平面图	5	5	5	1∶50万
	省级磁法推断磁性矿床分布图	4	4	4	1∶50万
化　探	地球化学工作程度图	4	4	4	1∶50万
	地球化学推断地质构造图	5	5	5	1∶50万
	地球化学景观图	5	5	5	1∶50万
	单元素地球化学图	195	195	195	1∶50万
	单元素地球化学异常图	195	195	195	1∶50万
	地球化学综合异常图	27	27	27	1∶50万
	省级地球化学找矿预测图	24	24	24	1∶50万
遥　感	遥感异常组合图	6	6	6	1∶50万
	遥感构造解译图	6	6	6	1∶50万
	分幅遥感矿产地质特征解译图	67	67	67	1∶25万
	分幅遥感羟基异常分布图	76	76	76	1∶50万
	分幅遥感铁染异常分布图	76	76	76	1∶25万
	分幅遥感影像图	24	24	24	1∶25万
	省级遥感影像图	2	2	2	1∶50万
自然重砂	自然重砂异常图	94	92	92	1∶50万
合　　计		983	976	981	

2. 省级矿种编图成果数据整理

华东地区共涉及 21 个矿种编图成果数据的整理。

(1)铁矿潜力评价编图成果数据整理。华东地区铁矿潜力评价编图成果数据的整理包括地质背景、成矿规律与预测、重力、磁测、遥感、自然重砂等专题图件属性数据库、编图说明书和元数据等,其中属性数据库 1113 个、编图说明书 1112 份、元数据 1112 个(表 5-11)。

表 5-11　华东地区铁矿专题资料编图成果属性库整理内容一览表

类别	图名	属性库	编图说明	元数据	比例尺
地质背景	预测工作区变质建造构造图	11	11	11	1∶5 万～1∶25 万
	预测工作区火山岩性岩相构造图	14	14	14	1∶5 万
	预测工作区侵入岩浆建造构造图	27	27	27	1∶5 万～1∶10 万
成矿规律与预测	典型矿床成矿要素图	45	45	45	1∶2000～1∶1 万
	典型矿床预测要素图	45	45	45	1∶2000～1∶1 万
	铁矿预测工作区成矿要素图	53	53	53	1∶5 万～1∶25 万
	铁矿预测工作区预测要素图	51	51	51	1∶5 万～1∶25 万
	铁矿预测工作区矿产预测类型预测成果图	50	49	49	1∶5 万～1∶25 万
	省级成果图	29	29	29	1∶50 万
重力	铁矿预测工作区布格重力异常图	60	60	60	1∶5 万～1∶25 万
	铁矿预测工作区重力工作程度图	49	49	49	1∶5 万～1∶25 万
	铁矿预测工作区剩余重力异常图	67	67	67	1∶5 万～1∶25 万
	铁矿预测工作区重力推断地质构造图	49	49	49	1∶5 万～1∶25 万
磁测	铁矿省级磁法推断磁性矿床分布图	1	1	1	1∶50 万
	铁矿预测工作区磁法推断地质构造图	48	48	48	1∶5 万～1∶25 万
	铁矿预测工作区磁异常范围分布图	41	41	41	1∶5 万～1∶25 万
	铁矿预测工作区地磁等值线平面图	22	22	22	1∶5 万～1∶10 万
	铁矿预测工作区地磁化极垂向一阶导数等值线平面图	14	14	14	1∶5 万～1∶10 万
	铁矿预测工作区地磁化极等值线平面图	14	14	14	1∶5 万～1∶10 万
	铁矿预测工作区航磁 ΔT 等值线平面图	61	61	61	1∶5 万～1∶25 万
	铁矿预测工作区航磁 ΔT 化极垂向一阶导数等值线平面图	61	61	61	1∶5 万～1∶25 万
	铁矿预测工作区航磁 ΔT 化极等值线平面图	61	61	61	1∶5 万～1∶25 万
	铁矿预测工作区矿产预测类型磁法推断磁性矿产分布图	41	41	41	1∶5 万～1∶25 万
遥感	铁矿预测工作区遥感矿产地质特征与近矿找矿标志解译图	52	52	52	1∶5 万
	铁矿预测工作区遥感羟基异常分布图	52	52	52	1∶5 万
	铁矿预测工作区遥感铁染异常分布图	52	52	52	1∶5 万
	铁矿预测工作区遥感影像图	27	27	27	1∶5 万
自然重砂	铁矿预测工作区自然重砂异常图	16	16	16	1∶5 万～1∶10 万
合计		1113	1112	1112	

(2)铜矿潜力评价编图成果数据整理。华东地区铜矿潜力评价编图成果数据的整理包括地质背景、成矿规律与预测、重力、磁测、化探、遥感、自然重砂等专题图件属性数据库、编图说明书和元数据等，其中属性数据库 2236 个、编图说明书 2124 份、元数据 2104 个(表 5－12)。

表 5－12　华东地区铜矿专题资料编图成果属性库整理内容一览表

类　别	图　　名	属性库	编图说明	元数据	比例尺
地质背景	预测工作区火山岩性岩相构造图	17	17	17	1∶5 万
	预测工作区建造构造图	18	18	18	1∶5 万
	预测工作区侵入岩浆构造图	24	24	24	1∶5 万
成矿规律与预测	典型矿床成矿要素图	48	48	48	1∶2000～1∶1 万
	典型矿床预测要素图	48	48	48	1∶2000～1∶1 万
	铜矿预测工作区成矿要素图	64	64	64	1∶5 万～1∶10 万
	铜矿预测工作区预测要素图	64	64	64	1∶5 万～1∶10 万
	铜矿预测工作区矿产预测类型预测成果图	63	63	63	1∶5 万～1∶10 万
	省级成果图	29	29	29	1∶50 万
重　力	铜矿预测工作区布格重力异常图	54	43	43	1∶5 万～1∶10 万
	铜矿预测工作区重力工作程度图	65	54	54	1∶5 万～1∶10 万
	铜矿预测工作区剩余重力异常图	73	62	62	1∶5 万～1∶10 万
	铜矿预测工作区重力推断地质构造图	65	54	54	1∶5 万～1∶10 万
磁　测	铜矿预测工作区磁法推断地质构造图	65	54	54	1∶5 万～1∶10 万
	铜矿预测工作区航磁 ΔT 等值线平面图	70	59	59	1∶5 万～1∶10 万
	铜矿省级磁法推断磁性矿床分布图	11	11	11	1∶50 万
	铜矿预测工作区磁异常分布图	33	22	22	1∶5 万～1∶10 万
	铜矿预测工作区地磁等值线平面图	19	16	16	1∶5 万～1∶10 万
	铜矿预测工作区地磁化极垂向一阶导数等值线平面图	19	16	16	1∶5 万～1∶10 万
	铜矿预测工作区地磁化极等值线平面图	19	16	16	1∶5 万～1∶10 万
	铜矿预测工作区航磁 ΔT 化极垂向一阶导数等值线平面图	60	49	49	1∶5 万～1∶10 万
	铜矿预测工作区航磁 ΔT 化极等值线平面图	60	49	49	1∶5 万～1∶10 万
化　探	铜矿预测工作区单元素地球化学图	278	278	278	1∶5 万～1∶10 万
	铜矿预测工作区单元素地球化学异常图	431	431	431	1∶5 万～1∶10 万
	铜矿预测工作区地球化学综合异常图	129	129	129	1∶5 万～1∶10 万
	铜矿省级地球化学找矿预测图	3	3	3	1∶50 万
遥　感	铜矿预测工作区遥感矿产地质特征与近矿找矿标志解译图	67	66	67	1∶5 万～1∶10 万
	铜矿预测工作区遥感羟基异常分布图	65	64	65	1∶5 万～1∶10 万
	铜矿预测工作区遥感铁染异常分布图	65	64	65	1∶5 万～1∶10 万
	铜矿预测工作区遥感异常分布图	13	13	13	1∶5 万～1∶10 万
	铜矿预测工作区遥感影像图	31	30	26	1∶5 万～1∶10 万
自然重砂	铜矿预测工作区自然重砂异常图	166	166	147	1∶5 万～1∶10 万
合　　计		2236	2124	2104	

(3)金矿潜力评价编图成果数据整理。华东地区金矿潜力评价编图成果数据的整理包括地质背景、成矿规律与预测、重力、磁测、化探、遥感、自然重砂等专题图件属性数据库、编图说明书和元数据等，其中属性数据库1792个、编图说明书1764份、元数据1764个(表5-13)。

表5-13　华东地区金矿专题资料编图成果属性库整理内容一览表

类别	图名	属性库	编图说明	元数据	比例尺
地质背景	预测工作区变质建造构造图	9	9	9	1∶5万
	预测工作区火山岩性岩相构造图	15	15	15	1∶5万
	预测工作区建造构造图	24	24	24	1∶5万
	预测工作区侵入岩浆建造构造图	4	4	4	1∶5万
成矿规律与预测	典型矿床成矿要素图	42	42	42	1∶1000～1∶1万
	典型矿床预测要素图	42	42	42	1∶1000～1∶1万
	金矿预测工作区成矿要素图	52	52	52	1∶5万～1∶10万
	金矿预测工作区预测要素图	52	52	52	1∶5万～1∶10万
	金矿预测工作区矿产预测类型预测成果图	52	51	51	1∶5万～1∶10万
	省级成果图	24	24	24	1∶50万
重力	金矿预测工作区布格重力异常图	53	50	50	1∶5万～1∶10万
	金矿预测工作区重力工作程度图	54	51	51	1∶5万～1∶10万
	金矿预测工作区剩余重力异常图	61	58	58	1∶5万～1∶10万
	金矿预测工作区重力推断地质构造图	54	51	51	1∶5万～1∶10万
磁测	金矿预测工作区磁法推断地质构造图	54	51	51	1∶5万～1∶25万
	金矿预测工作区航磁ΔT等值线平面图	58	55	55	1∶5万～1∶25万
	金矿预测工作区航磁ΔT化极垂向一阶导数等值线平面图	58	55	55	1∶5万～1∶25万
	金矿预测工作区航磁ΔT化极等值线平面图	58	55	55	1∶5万～1∶25万
	金矿预测工作区磁异常分布图	21	18	18	1∶5万～1∶25万
	金矿预测工作区地磁等值线平面图	5	5	5	1∶5万～1∶25万
	金矿预测工作区地磁化极等值线平面图	5	5	5	1∶5万～1∶25万
	金矿预测工作区地磁化极垂向一阶导数等值线平面图	2	2	2	1∶5万～1∶25万
	金矿省级磁法推断磁性矿床分布图	1	1	1	1∶5万～1∶25万
化探	金矿预测工作区单元素地球化学图	234	234	234	1∶5万～1∶10万
	金矿预测工作区单元素地球化学异常图	296	296	296	1∶5万～1∶10万
	金矿预测工作区地球化学综合异常图	72	72	72	1∶5万～1∶10万
	金矿省级地球化学找矿预测图	3	3	3	1∶50万
遥感	金矿预测工作区遥感矿产地质特征与近矿找矿标志解译图	62	62	62	1∶5万～1∶10万
	金矿预测工作区遥感羟基异常分布图	56	56	56	1∶5万～1∶10万
	金矿预测工作区遥感铁染异常分布图	56	56	56	1∶5万～1∶10万
	金矿预测工作区遥感异常分布图	8	8	8	1∶5万～1∶10万
	金矿预测工作区遥感影像图	31	31	31	1∶5万～1∶10万
自然重砂	金矿预测工作区自然重砂异常图	174	174	174	1∶5万～1∶10万
合计		1792	1764	1764	

(4)铅锌矿潜力评价编图成果数据整理。华东地区铅锌矿潜力评价编图成果数据的整理包括地质背景、成矿规律与预测、重力、磁测、化探、遥感、自然重砂等专题图件属性数据库、编图说明书和元数据等,其中属性数据库1673个、编图说明书1652份、元数据1651个(表5-14)。

表5-14　华东地区铅锌矿专题资料编图成果属性库整理内容一览表

类别	图名	属性库	编图说明	元数据	比例尺
地质背景	预测工作区变质建造构造图	3	3	3	1∶5万
	预测工作区火山岩性岩相构造图	9	9	9	1∶5万
	预测工作区建造构造图	18	18	18	1∶5万
	预测工作区侵入岩浆构造图	12	12	12	1∶5万
成矿规律与预测	典型矿床成矿要素图	38	38	38	1∶1000～1∶1万
	典型矿床预测要素图	51	40	40	1∶1000～1∶1万
	铅锌矿预测工作区成矿要素图	42	42	42	1∶5万～1∶10万
	铅锌矿预测工作区预测要素图	42	42	42	1∶5万～1∶10万
	铅锌矿预测工作区矿产预测类型预测成果图	64	55	55	1∶5万～1∶10万
	省级成果图	30	29	29	1∶50万
重力	铅锌矿预测工作区布格重力异常图	39	39	39	1∶5万～1∶10万
	铅锌矿预测工作区重力工作程度图	52	52	52	1∶5万～1∶10万
	铅锌矿预测工作区剩余重力异常图	47	47	47	1∶5万～1∶10万
	铅锌矿预测工作区重力推断地质构造图	45	45	45	1∶5万～1∶10万
磁测	铅锌矿预测工作区磁法推断地质构造图	47	47	47	1∶5万～1∶10万
	铅锌矿预测工作区航磁ΔT等值线平面图	51	51	51	1∶5万～1∶10万
	铅锌矿预测工作区航磁ΔT化极垂向一阶导数等值线平面图	51	51	51	1∶5万～1∶10万
	铅锌矿预测工作区航磁ΔT化极等值线平面图	51	51	51	1∶5万～1∶10万
	铅锌矿预测工作区地磁等值线平面图	10	10	10	1∶5万
	铅锌矿预测工作区地磁化极垂向一阶导数等值线平面图	10	10	10	1∶5万
	铅锌矿预测工作区地磁化极等值线平面图	10	10	10	1∶5万
	铅锌矿省级磁法推断磁性矿床分布图	1	1	1	1∶50万
	铅锌矿预测工作区磁异常分布图	15	15	15	1∶5万～1∶10万
化探	铅锌矿预测工作区单元素地球化学图	196	196	196	1∶5万～1∶10万
	铅锌矿预测工作区单元素地球化学异常图	329	329	329	1∶5万～1∶10万
	铅锌矿预测工作区地球化学综合异常图	119	119	119	1∶5万～1∶10万
	铅锌矿省级地球化学找矿预测图	7	7	6	1∶50万
遥感	铅锌矿预测工作区遥感矿产地质特征与近矿找矿标志解译图	49	49	49	1∶5万～1∶10万
	铅锌矿预测工作区遥感羟基异常分布图	48	48	48	1∶5万～1∶10万
	铅锌矿预测工作区遥感铁染异常分布图	48	48	48	1∶5万～1∶10万
	铅锌矿预测工作区遥感异常分布图	12	12	12	1∶5万～1∶10万
	铅锌矿预测工作区遥感影像图	21	21	21	1∶5万～1∶10万
自然重砂	铅锌矿预测工作区自然重砂异常图	106	106	106	1∶5万～1∶10万
合计		1673	1652	1651	

(5)锰矿潜力评价编图成果数据整理。华东地区锰矿潜力评价编图成果数据的整理包括地质背景、成矿规律与预测、重力、磁测、化探、遥感、自然重砂等专题图件属性数据库、编图说明书和元数据等，其中属性数据库274个、编图说明书288份、元数据272个(表5-15)。

表5-15　华东地区锰矿专题资料编图成果属性库整理内容一览表

类别	图名	属性库	编图说明	元数据	比例尺
地质背景	预测工作区沉积建造构造图	7	7	7	1∶5万
	预测工作区构造岩相古地理图	6	4	4	1∶5万
	预测工作区建造构造图	1	1	1	1∶5万
成矿规律与预测	典型矿床成矿要素图	8	8	8	1∶2000～1∶1万
	典型矿床预测要素图	8	8	8	1∶2000～1∶1万
	锰矿预测工作区成矿要素图	11	11	11	1∶5万
	锰矿预测工作区预测要素图	11	11	11	1∶5万
	锰矿预测工作区矿产预测类型预测成果图	10	10	10	1∶5万
	省级成果图	15	15	15	1∶50万
重力	锰矿预测工作区布格重力异常图	5	5	5	1∶5万
	锰矿预测工作区剩余重力异常图	8	8	8	1∶5万
	锰矿预测工作区重力工作程度图	8	8	8	1∶5万
	锰矿预测工作区重力推断地质构造图	8	8	8	1∶5万
磁测	锰矿预测工作区磁法推断地质构造图	8	12	8	1∶5万
	锰矿预测工作区航磁ΔT等值线平面图	10	14	10	1∶5万
	锰矿预测工作区航磁ΔT化极垂向一阶导数等值线平面图	10	14	10	1∶5万
	锰矿预测工作区航磁ΔT化极等值线平面图	10	14	10	1∶5万
化探	锰矿预测工作区单元素地球化学图	33	33	33	1∶5万
	锰矿预测工作区单元素地球化学异常图	49	49	49	1∶5万
	锰矿预测工作区地球化学综合异常图	9	9	9	1∶5万
	锰矿省级地球化学找矿预测图	1	1	1	1∶5万
遥感	锰矿预测工作区遥感矿产地质特征与近矿找矿标志解译图	10	10	10	1∶5万
	锰矿预测工作区遥感羟基异常分布图	10	10	10	1∶5万
	锰矿预测工作区遥感铁染异常分布图	9	9	9	1∶5万
	锰矿预测工作区遥感影像图	6	6	6	1∶5万
自然重砂	锰矿预测工作区自然重砂异常图	3	3	3	1∶5万
合计		274	288	272	

(6)镍(铬)矿潜力评价编图成果数据整理。华东地区镍(铬)矿潜力评价编图成果数据的整理包括地质背景、成矿规律与预测、重力、磁测、化探、遥感、自然重砂等专题图件属性数据库、编图说明书和元数据等,其中属性数据库67个、编图说明书67份、元数据67个(表5-16)。

表5-16　华东地区镍(铬)矿专题资料编图成果属性库整理内容一览表

类　别	图　名	属性库	编图说明	元数据	比例尺
地质背景	预测工作区地貌及第四纪地质图	1	1	1	1:10万
	预测工作区侵入岩浆构造图	2	2	2	1:10万
成矿规律与预测	典型矿床成矿要素图	2	2	2	1:1万
	典型矿床预测要素图	2	2	2	1:1万
	镍(铬)矿预测工作区成矿要素图	2	2	2	1:10万
	镍(铬)矿预测工作区预测要素图	2	2	2	1:10万
	镍(铬)矿预测工作区矿产预测类型预测成果图	2	2	2	1:10万
	省级成果图	10	10	10	1:50万
重　力	镍(铬)矿预测工作区布格重力异常图	1	1	1	1:10万
	镍(铬)矿预测工作区重力工作程度图	2	2	2	1:10万
	镍(铬)矿预测工作区剩余重力异常图	2	2	2	1:10万
	镍(铬)矿预测工作区重力推断地质构造图	2	2	2	1:10万
磁　测	镍(铬)矿预测工作区磁法推断地质构造图	2	2	2	1:10万
	镍(铬)矿预测工作区航磁ΔT等值线平面图	3	3	3	1:10万
	镍(铬)矿预测工作区航磁ΔT化极等值线平面图	3	3	3	1:10万
	镍(铬)矿预测工作区航磁ΔT化极垂向一阶导数等值线平面图	3	3	3	1:10万
化　探	省级镍(铬)矿找矿预测图	1	1	1	1:50万
	镍(铬)矿预测工作区单元素地球化学图	6	6	6	1:10万
	镍(铬)矿预测工作区单元素地球化学异常图	8	8	8	1:10万
	镍(铬)矿预测工作区地球化学综合异常图	2	2	2	1:10万
	镍(铬)矿典型矿床单元素地球化学异常图	2	2	2	1:1万
遥　感	镍(铬)矿预测工作区遥感矿产地质特征与近矿找矿标志解译图	2	2	2	1:5万~1:10万
	镍(铬)矿预测工作区遥感羟基异常分布图	2	2	2	1:5万~1:10万
	镍(铬)矿预测工作区遥感铁染异常分布图	2	2	2	1:5万~1:10万
自然重砂	镍(铬)矿预测工作区自然重砂异常图	1	1	1	1:10万
合　计		67	67	67	

(7)钨矿潜力评价编图成果数据整理。华东地区钨矿潜力评价编图成果数据的整理包括地质背景、成矿规律与预测、重力、磁测、化探、遥感、自然重砂等专题图件属性数据库、编图说明书和元数据等，其中属性数据库 1048 个、编图说明书 1046 份、元数据 1048 个(表 5-17)。

表 5-17　华东地区钨矿专题资料编图成果属性库整理内容一览表

类　别	图　　名	属性库	编图说明	元数据	比例尺
地质背景	预测工作区建造构造图	15	15	15	1∶5 万
	预测工作区侵入岩浆建造构造图	17	17	17	1∶5 万
成矿规律与预测	典型矿床成矿要素图	21	21	21	1∶2000～1∶1 万
	典型矿床预测要素图	21	21	21	1∶2000～1∶1 万
	钨矿预测工作区成矿要素图	26	26	26	1∶10 万
	钨矿预测工作区预测要素图	26	26	26	1∶10 万
	钨矿预测工作区矿产预测类型预测成果图	26	26	26	1∶10 万
	省级成果图	20	20	20	1∶50 万
重　力	钨矿预测工作区布格重力异常图	23	23	23	1∶10 万
	钨矿预测工作区重力工作程度图	29	29	29	1∶10 万
	钨矿预测工作区剩余重力异常图	30	30	30	1∶10 万
	钨矿预测工作区重力推断地质构造图	30	30	30	1∶10 万
磁　测	钨矿预测工作区磁法推断地质构造图	29	29	29	1∶10 万
	钨矿预测工作区航磁 ΔT 等值线平面图	31	31	31	1∶10 万
	钨矿预测工作区航磁 ΔT 化极垂向一阶导数等值线平面图	31	31	31	1∶10 万
	钨矿预测工作区航磁 ΔT 化极等值线平面图	31	31	31	1∶10 万
	钨矿省级磁法推断磁性矿床分布图	1	1	1	1∶50 万
	钨矿预测工作区磁异常分布图	10	10	10	1∶10 万
化　探	钨矿预测工作区单元素地球化学图	157	157	157	1∶10 万
	钨矿预测工作区单元素地球化学异常图	203	203	203	1∶10 万
	钨矿预测工作区地球化学综合异常图	67	67	67	1∶10 万
	钨矿省级地球化学找矿预测图	2	2	2	1∶50 万
遥　感	钨矿预测工作区遥感矿产地质特征与近矿找矿标志解译图	30	30	30	1∶10 万
	钨矿预测工作区遥感羟基异常分布图	30	30	30	1∶10 万
	钨矿预测工作区遥感异常分布图	5	5	5	1∶10 万
	钨矿预测工作区遥感铁染异常分布图	30	30	30	1∶10 万
	钨矿预测工作区遥感影像图	13	11	13	1∶10 万
自然重砂	钨矿预测工作区自然重砂异常图	94	94	94	1∶10 万
合　　计		1048	1046	1048	

(8)锡矿潜力评价编图成果数据整理。华东地区锡矿潜力评价编图成果数据的整理包括地质背景、成矿规律与预测、重力、磁测、化探、遥感、自然重砂等专题图件属性数据库、编图说明书和元数据等，其中属性数据库602个、编图说明书606份、元数据602个（表5-18）。

表5-18　华东地区锡矿专题资料编图成果属性库整理内容一览表

类别	图名	属性库	编图说明	元数据	比例尺
地质背景	预测工作区建造构造图	9	9	9	1∶5万
	预测工作区侵入岩浆构造图	3	3	3	1∶5万
成矿规律与预测	典型矿床成矿要素图	10	10	10	1∶2000
	典型矿床预测要素图	10	10	10	1∶2000
	锡矿预测工作区成矿要素图	20	20	20	1∶10万
	锡矿预测工作区预测要素图	20	20	20	1∶10万
	锡矿预测工作区矿产预测类型预测成果图	20	20	20	1∶10万
	省级成果图	15	15	15	1∶50万
重力	锡矿预测工作区布格重力异常图	12	12	12	1∶5万
	锡矿预测工作区重力工作程度图	20	20	20	1∶5万
	锡矿预测工作区剩余重力异常图	20	20	20	1∶5万
	锡矿预测工作区重力推断地质构造图	20	20	20	1∶5万
磁测	锡矿预测工作区磁法推断地质构造图	20	21	20	1∶5万
	锡矿预测工作区航磁ΔT等值线平面图	22	23	22	1∶5万
	锡矿预测工作区航磁ΔT化极垂向一阶导数等值线平面图	22	23	22	1∶5万
	锡矿预测工作区航磁ΔT化极等值线平面图	22	23	22	1∶5万
化探	锡矿预测工作区单元素地球化学图	44	44	44	1∶5万
	锡矿预测工作区单元素地球化学异常图	68	68	68	1∶5万
	锡矿预测工作区地球化学综合异常图	25	25	25	1∶5万
	锡矿省级地球化学找矿预测图	1	1	1	1∶50万
遥感	锡矿预测工作区遥感矿产地质特征与近矿找矿标志解译图	24	24	24	1∶5万
	锡矿预测工作区遥感羟基异常分布图	24	24	24	1∶5万
	锡矿预测工作区遥感铁染异常分布图	24	24	24	1∶5万
	锡矿预测工作区遥感异常分布图	8	8	8	1∶5万
	锡矿预测工作区遥感影像图	16	16	16	1∶5万
自然重砂	锡矿预测工作区自然重砂异常图	103	103	103	1∶5万
合计		602	606	602	

(9)钼矿潜力评价编图成果数据整理。华东地区钼矿潜力评价编图成果数据的整理包括地质背景、成矿规律与预测、重力、磁测、化探、遥感、自然重砂等专题图件属性数据库、编图说明书和元数据等，其中属性数据库1321个、编图说明书1343份、元数据1321个(表5-19)。

表5-19　华东地区钼矿专题资料编图成果属性库整理内容一览表

类　别	图　　名	属性库	编图说明	元数据	比例尺
地质背景	预测工作区沉积建造构造图	3	3	3	1∶5万
	预测工作区建造构造图	8	8	8	1∶5万～1∶25万
	预测工作区侵入岩浆建造构造图	27	27	27	1∶5万～1∶25万
成矿规律与预测	典型矿床成矿要素图	22	22	22	1∶1000～1∶1万
	典型矿床预测要素图	22	22	22	1∶1000～1∶1万
	钼矿预测工作区成矿要素图	37	35	37	1∶5万
	钼矿预测工作区预测要素图	37	35	37	1∶5万
	钼矿预测工作区矿产预测类型预测成果图	43	41	43	1∶5万
	省级成果图	25	25	25	1∶50万
重　力	钼矿预测工作区布格重力异常图	22	22	22	1∶5万～1∶25万
	钼矿预测工作区重力工作程度图	36	36	36	1∶5万～1∶25万
	钼矿预测工作区剩余重力异常图	39	39	39	1∶5万～1∶25万
	钼矿预测工作区重力推断地质构造图	36	36	36	1∶5万～1∶25万
磁　测	钼矿预测工作区磁法推断地质构造图	36	43	36	1∶5万～1∶25万
	钼矿预测工作区航磁ΔT等值线平面图	36	43	36	1∶5万～1∶25万
	钼矿预测工作区航磁ΔT化极垂向一阶导数等值线平面图	36	43	36	1∶5万～1∶25万
	钼矿预测工作区航磁ΔT化极等值线平面图	36	43	36	1∶5万～1∶25万
	钼矿预测工作区地磁等值线平面图	8	8	8	1∶5万～1∶25万
	钼矿预测工作区地磁化极等值线平面图	8	8	8	1∶5万～1∶25万
	钼矿预测工作区地磁化极垂向一阶导数等值线平面图	8	8	8	1∶5万～1∶25万
化　探	钼矿预测工作区单元素地球化学图	156	156	156	1∶5万
	钼矿预测工作区单元素地球化学异常图	275	275	275	1∶5万
	钼矿预测工作区地球化学综合异常图	75	75	75	1∶5万
	钼矿省级地球化学找矿预测图	2	2	2	1∶50万
遥　感	钼矿预测工作区遥感矿产地质特征与近矿找矿标志解译图	42	42	42	1∶5万～1∶25万
	钼矿预测工作区遥感羟基异常分布图	40	40	40	1∶5万～1∶25万
	钼矿预测工作区遥感铁染异常分布图	39	39	39	1∶5万～1∶25万
	钼矿预测工作区遥感异常分布图	8	8	8	1∶5万～1∶25万
	钼矿预测工作区遥感影像图	16	16	16	1∶5万～1∶25万
自然重砂	钼矿预测工作区自然重砂异常图	143	143	143	1∶5万～1∶25万
合　计		1321	1343	1321	

（10）锑矿潜力评价编图成果数据整理。华东地区锑矿潜力评价编图成果数据的整理包括地质背景、成矿规律与预测、重力、磁测、化探、遥感、自然重砂等专题图件属性数据库、编图说明书和元数据等，其中属性数据库 272 个、编图说明书 271 份、元数据 272 个（表 5－20）。

表 5－20　华东地区锑矿专题资料编图成果属性库整理内容一览表

类　别	图　　名	属性库	编图说明	元数据	比例尺
地质背景	预测工作区建造构造图	7	7	7	1∶5 万
成矿规律与预测	典型矿床成矿要素图	6	6	6	1∶1000～1∶2000
	典型矿床预测要素图	6	6	6	1∶1000～1∶2000
	锑矿预测工作区成矿要素图	7	7	7	1∶5 万～1∶10 万
	锑矿预测工作区预测要素图	7	7	7	1∶5 万～1∶10 万
	锑矿预测工作区矿产预测类型预测成果图	7	7	7	1∶5 万～1∶10 万
	省级成果图	15	15	15	1∶50 万
重　力	锑矿预测工作区布格重力异常图	8	8	8	1∶5 万～1∶10 万
	锑矿预测工作区重力工作程度图	8	8	8	1∶5 万～1∶10 万
	锑矿预测工作区剩余重力异常图	8	8	8	1∶5 万～1∶10 万
	锑矿预测工作区重力推断地质构造图	8	8	8	1∶5 万～1∶10 万
磁　测	锑矿预测工作区磁法推断地质构造图	7	7	7	1∶5 万～1∶10 万
	锑矿省级磁法推断磁性矿床分布图	1	1	1	1∶50 万
	锑矿预测工作区磁异常分布图	5	5	5	1∶5 万～1∶10 万
	锑矿预测工作区航磁 ΔT 等值线平面图	8	8	8	1∶5 万～1∶10 万
	锑矿预测工作区航磁 ΔT 化极垂向一阶导数等值线平面图	8	8	8	1∶5 万～1∶10 万
	锑矿预测工作区航磁 ΔT 化极等值线平面图	8	8	8	1∶5 万～1∶10 万
化　探	锑矿预测工作区单元素地球化学图	32	32	32	1∶5 万～1∶10 万
	锑矿预测工作区单元素地球化学异常图	44	44	44	1∶5 万～1∶10 万
	锑矿预测工作区地球化学综合异常图	7	7	7	1∶10 万
	锑矿省级地球化学找矿预测图	2	2	2	1∶50 万
遥　感	锑矿预测工作区遥感矿产地质特征与近矿找矿标志解译图	8	8	8	1∶5 万～1∶10 万
	锑矿预测工作区遥感羟基异常分布图	8	8	8	1∶5 万～1∶10 万
	锑矿预测工作区遥感铁染异常分布图	8	8	8	1∶5 万～1∶10 万
	锑矿预测工作区遥感异常分布图	2	2	2	1∶5 万～1∶10 万
	锑矿预测工作区遥感影像图	8	7	8	1∶5 万～1∶10 万
自然重砂	锑矿预测工作区自然重砂异常图	29	29	29	1∶5 万～1∶10 万
合　　计		272	271	272	

(11)稀土矿潜力评价编图成果数据整理。华东地区稀土矿潜力评价编图成果数据的整理包括地质背景、成矿规律与预测、重力、磁测、化探、遥感、自然重砂等专题图件属性数据库、编图说明书和元数据等，其中属性数据库 221 个、编图说明书 221 份、元数据 221 个(表 5-21)。

表 5-21　华东地区稀土矿专题资料编图成果属性库整理内容一览表

类　别	图　　名	属性库	编图说明	元数据	比例尺
地质背景	预测工作区地貌与第四纪地质图	7	7	7	1∶5 万
	预测工作区建造构造图	1	1	1	1∶5 万
	预测工作区侵入岩浆构造图	2	2	2	1∶5 万
成矿规律与预测	典型矿床成矿要素图	6	6	6	1∶5000
	典型矿床预测要素图	6	6	6	1∶5000
	稀土矿预测工作区成矿要素图	8	8	8	1∶10 万
	稀土矿预测工作区预测要素图	8	8	8	1∶10 万
	稀土矿预测工作区矿产预测类型预测成果图	8	8	8	1∶10 万
	省级成果图	20	20	20	1∶50 万
重　力	稀土矿预测工作区布格重力异常图	4	4	4	1∶10 万
	稀土矿预测工作区重力工作程度图	6	6	6	1∶10 万
	稀土矿预测工作区剩余重力异常图	6	6	6	1∶10 万
	稀土矿预测工作区重力推断地质构造图	6	6	6	1∶10 万
磁　测	稀土矿预测工作区磁法推断地质构造图	4	4	4	1∶10 万
	稀土矿预测工作区航磁 ΔT 等值线平面图	6	6	6	1∶10 万
	稀土矿省级磁法推断磁性矿床分布图	3	3	3	1∶50 万
	稀土矿预测工作区磁异常分布图	4	4	4	1∶10 万
	稀土矿预测工作区航磁 ΔT 化极垂向一阶导数等值线平面图	6	6	6	1∶10 万
	稀土矿预测工作区航磁 ΔT 化极等值线平面图	19	19	19	1∶10 万
化　探	稀土矿预测工作区单元素地球化学图	13	13	13	1∶10 万
	稀土矿预测工作区单元素地球化学异常图	22	22	22	1∶10 万
	稀土矿预测工作区地球化学综合异常图	9	9	9	1∶10 万
	稀土矿省级地球化学找矿预测图	2	2	2	1∶50 万
遥　感	稀土矿预测工作区遥感矿产地质特征与近矿找矿标志解译图	8	8	8	1∶10 万
	稀土矿预测工作区遥感羟基异常分布图	8	8	8	1∶10 万
	稀土矿预测工作区遥感铁染异常分布图	8	8	8	1∶10 万
	稀土矿预测工作区遥感异常分布图	3	3	3	1∶10 万
	稀土矿预测工作区遥感影像图	6	6	6	1∶10 万
自然重砂	稀土矿预测工作区自然重砂异常图	12	12	12	1∶10 万
合　　计		221	221	221	

(12)银矿潜力评价编图成果数据整理。华东地区银矿潜力评价编图成果数据的整理包括地质背景、成矿规律与预测、重力、磁测、化探、遥感、自然重砂等专题图件属性数据库、编图说明书和元数据等，其中属性数据库 942 个、编图说明书 950 份、元数据 942 个(表 5-22)。

表 5-22　华东地区银矿专题资料编图成果属性库整理内容一览表

类　别	图　　名	属性库	编图说明	元数据	比例尺
地质背景	预测工作区建造构造图	15	15	15	1：5 万
	预测工作区侵入岩浆建造构造图	12	12	12	1：5 万
成矿规律与预测	典型矿床成矿要素图	17	17	17	1：2000～1：1 万
	典型矿床预测要素图	17	17	17	1：2000～1：1 万
	银矿预测工作区成矿要素图	27	27	27	1：5 万
	银矿预测工作区预测要素图	27	27	27	1：5 万
	银矿预测工作区矿产预测类型预测成果图	34	34	34	1：5 万
	省级成果图	25	25	25	1：50 万
重　力	银矿预测工作区布格重力异常图	18	18	18	1：5 万
	银矿预测工作区重力工作程度图	27	27	27	1：5 万
	银矿预测工作区剩余重力异常图	31	31	31	1：5 万
	银矿预测工作区重力推断地质构造图	27	27	27	1：5 万
磁　测	银矿预测工作区磁法推断地质构造图	27	29	27	1：5 万
	银矿预测工作区航磁 ΔT 等值线平面图	27	29	27	1：5 万
	银矿预测工作区航磁 ΔT 化极垂向一阶导数等值线平面图	27	29	27	1：5 万
	银矿预测工作区航磁 ΔT 化极等值线平面图	26	28	26	1：5 万
	银矿预测工作区地磁等值线平面图	5	5	5	1：5 万
	银矿预测工作区地磁化极等值线平面图	5	5	5	1：5 万
	银矿预测工作区地磁化极垂向一阶导数等值线平面图	5	5	5	1：5 万
化　探	银矿预测工作区单元素地球化学图	114	114	114	1：5 万
	银矿预测工作区单元素地球化学异常图	217	217	217	1：5 万
	银矿预测工作区地球化学综合异常图	44	44	44	1：5 万
	银矿省级地球化学找矿预测图	2	2	2	1：50 万
遥　感	银矿预测工作区遥感矿产地质特征与近矿找矿标志解译图	31	31	31	1：5 万
	银矿预测工作区遥感羟基异常分布图	28	28	28	1：5 万
	银矿预测工作区遥感铁染异常分布图	29	29	29	1：5 万
	银矿预测工作区遥感异常分布图	8	8	8	1：2000
	银矿预测工作区遥感影像图	11	11	11	1：2000
自然重砂	银矿预测工作区自然重砂异常图	59	59	59	1：5 万
合　计		942	950	942	

(13)硼矿潜力评价编图成果数据整理。华东地区硼矿潜力评价编图成果数据的整理包括地质背景、成矿规律与预测、重力、磁测、化探、遥感、自然重砂等专题图件属性数据库、编图说明书和元数据等,其中属性数据库 45 个、编图说明书 45 份、元数据 45 个(表 5-23)。

表 5-23 华东地区硼矿专题资料编图成果属性库整理内容一览表

类 别	图 名	属性库	编图说明	元数据	比例尺
地质背景	预测工作区侵入岩浆构造图	1	1	1	1∶5 万～1∶25 万
成矿规律与预测	典型矿床成矿要素图	1	1	1	1∶5 万
	典型矿床预测要素图	1	1	1	1∶5 万
	硼矿预测工作区成矿要素图	1	1	1	1∶5 万
	硼矿预测工作区预测要素图	1	1	1	1∶5 万
	硼矿预测工作区矿产预测类型预测成果图	1	1	1	1∶5 万
	省级成果图	5	5	5	1∶5 万
重 力	硼矿预测工作区布格重力异常图	1	1	1	1∶5 万～1∶25 万
	硼矿预测工作区重力工作程度图	1	1	1	1∶5 万～1∶25 万
	硼矿预测工作区剩余重力异常图	1	1	1	1∶5 万～1∶25 万
	硼矿预测工作区重力推断地质构造图	1	1	1	1∶5 万～1∶25 万
磁 测	硼矿预测工作区磁法推断地质构造图	1	1	1	1∶5 万～1∶25 万
	硼矿预测工作区航磁 ΔT 等值线平面图	1	1	1	1∶5 万～1∶25 万
	硼矿预测工作区航磁 ΔT 化极等值线平面图	1	1	1	1∶5 万～1∶25 万
	硼矿预测工作区航磁 ΔT 化极垂向一阶导数等值线平面图	1	1	1	1∶5 万～1∶25 万
化 探	硼矿预测工作区单元素地球化学异常图	6	6	6	1∶5 万
	硼矿省级地球化学找矿预测图	3	3	3	1∶50 万
遥 感	硼矿预测工作区遥感矿产地质特征与近矿找矿标志解译图	2	2	2	1∶5 万
	硼矿预测工作区遥感羟基异常分布图	2	2	2	1∶5 万
	硼矿预测工作区遥感铁染异常分布图	2	2	2	1∶5 万
	硼矿预测工作区遥感异常分布图	2	2	2	1∶5 万
	硼矿预测工作区遥感影像图	2	2	2	1∶5 万
自然重砂	硼矿预测工作区自然重砂异常图	7	7	7	1∶5 万～1∶25 万
合 计		45	45	45	

(14)锂矿潜力评价编图成果数据整理。华东地区锂矿潜力评价编图成果数据的整理包括地质背景、成矿规律与预测、重力、磁测、化探、遥感等专题图件属性数据库、编图说明书和元数据等，其中属性数据库 225 个、编图说明书 225 份、元数据 225 个(表 5-24)。

表 5-24　华东地区锂矿专题资料编图成果属性库整理内容一览表

类　别	图　　名	属性库	编图说明	元数据	比例尺
地质背景	预测工作区侵入岩浆构造图	12	12	12	1∶5 万
成矿规律与预测	典型矿床成矿要素图	3	3	3	1∶5 万
	典型矿床预测要素图	3	3	3	1∶5 万
	锂矿预测工作区成矿要素图	4	4	4	1∶5 万
	锂矿预测工作区预测要素图	4	4	4	1∶5 万
	锂矿预测工作区矿产预测类型预测成果图	3	3	3	1∶5 万
	省级成果图	5	5	5	1∶5 万
重　力	锂矿预测工作区布格重力异常图	4	4	4	1∶5 万
	锂矿预测工作区重力工作程度图	4	4	4	1∶5 万
	锂矿预测工作区剩余重力异常图	4	4	4	1∶5 万
	锂矿预测工作区重力推断地质构造图	4	4	4	1∶5 万
磁　测	锂矿预测工作区磁法推断地质构造图	4	4	4	1∶5 万～1∶25 万
	锂矿预测工作区航磁 ΔT 等值线平面图	4	4	4	1∶5 万～1∶25 万
	锂矿预测工作区航磁 ΔT 化极等值线平面图	4	4	4	1∶5 万～1∶25 万
	锂矿预测工作区航磁 ΔT 化极垂向一阶导数等值线平面图	4	4	4	1∶5 万～1∶25 万
化　探	锂矿预测工作区单元素地球化学图	50	50	50	1∶5 万
	锂矿预测工作区单元素地球化学异常图	76	76	76	1∶5 万
	锂矿预测工作区地球化学综合异常图	20	20	20	1∶5 万
	锂矿省级地球化学找矿预测图	1	1	1	1∶5 万
遥　感	锂矿预测工作区遥感矿产地质特征与近矿找矿标志解译图	4	4	4	1∶5 万
	锂矿预测工作区遥感羟基异常分布图	4	4	4	1∶5 万
	锂矿预测工作区遥感铁染异常分布图	4	4	4	1∶5 万
合　　计		225	225	225	

(15)磷矿潜力评价编图成果数据整理。华东地区磷矿潜力评价编图成果数据的整理包括地质背景、成矿规律与预测、重力、磁测、化探、遥感、自然重砂等专题图件属性数据库、编图说明书和元数据等，其中属性数据库260个、编图说明书260份、元数据260个(表5-25)。

表5-25　华东地区磷矿专题资料编图成果属性库整理内容一览表

类别	图名	属性库	编图说明	元数据	比例尺
地质背景	预测工作区变质建造构造图	7	7	7	1∶5万
	预测工作区火山岩性岩相构造图	7	7	7	1∶5万
成矿规律与预测	典型矿床成矿要素图	7	7	7	1∶2000
	典型矿床预测要素图	7	7	7	1∶2000
	磷矿预测工作区成矿要素图	12	12	12	1∶5万
	磷矿预测工作区预测要素图	12	12	12	1∶5万
	磷矿预测工作区矿产预测类型预测成果图	10	10	10	1∶5万
	省级成果图	21	21	21	1∶50万
重力	磷矿预测工作区布格重力异常图	8	8	8	1∶5万～1∶10万
	磷矿预测工作区重力工作程度图	9	9	9	1∶5万～1∶10万
	磷矿预测工作区剩余重力异常图	12	12	12	1∶5万～1∶10万
	磷矿预测工作区重力推断地质构造图	9	9	9	1∶5万～1∶10万
磁测	磷矿预测工作区磁法推断地质构造图	9	9	9	1∶5万～1∶10万
	磷矿省级磁法推断磁性矿床分布图	5	5	5	1∶50万
	磷矿预测工作区磁异常分布图	6	6	6	1∶5万～1∶10万
	磷矿预测工作区航磁ΔT等值线平面图	11	11	11	1∶5万～1∶10万
	磷矿预测工作区航磁ΔT化极垂向一阶导数等值线平面图	8	8	8	1∶5万～1∶10万
	磷矿预测工作区航磁ΔT化极等值线平面图	8	8	8	1∶5万～1∶10万
	磷矿预测工作区地磁等值线平面图	2	2	2	1∶5万～1∶10万
	磷矿预测工作区地磁化极等值线平面图	1	1	1	1∶5万～1∶10万
	磷矿预测工作区地磁化极垂向一阶导数等值线平面图	1	1	1	1∶5万～1∶10万
化探	磷矿省级地球化学找矿预测图	2	2	2	1∶50万
	磷矿预测工作区单元素地球化学图	11	11	11	1∶5万
	磷矿预测工作区单元素地球化学异常图	23	23	23	1∶5万
	磷矿预测工作区地球化学综合异常图	9	9	9	1∶5万
遥感	磷矿预测工作区遥感矿产地质特征与近矿找矿标志解译图	9	9	9	1∶5万
	磷矿预测工作区遥感羟基异常分布图	7	7	7	1∶5万
	磷矿预测工作区遥感铁染异常分布图	7	7	7	1∶5万
	磷矿预测工作区遥感影像图	3	3	3	1∶5万
自然重砂	磷矿预测工作区自然重砂异常图	17	17	17	1∶10万
合计		260	260	260	

(16)硫矿潜力评价编图成果数据整理。华东地区硫矿潜力评价编图成果数据的整理包括地质背景、成矿规律与预测、重力、磁测、化探、遥感、自然重砂等专题图件属性数据库、编图说明书和元数据等，其中属性数据库882个、编图说明书904份、元数据882个(表5-26)。

表5-26　华东地区硫矿专题资料编图成果属性库整理内容一览表

类别	图名	属性库	编图说明	元数据	比例尺
地质背景	预测工作区沉积建造构造图	2	2	2	1∶5万
	预测工作区构造岩相古地理图	2	2	2	1∶5万
	预测工作区火山岩性岩相构造图	15	15	15	1∶10万
	预测工作区建造构造图	11	11	11	1∶10万
成矿规律与预测	典型矿床成矿要素图	21	21	21	1∶1000～1∶2000
	典型矿床预测要素图	21	21	21	1∶1000～1∶2000
	硫矿预测工作区成矿要素图	33	33	33	1∶5万
	硫矿预测工作区预测要素图	33	33	33	1∶5万
	硫矿预测工作区矿产预测类型预测成果图	34	34	34	1∶5万
	省级成果图	25	25	25	1∶50万
重力	硫矿预测工作区布格重力异常图	24	24	24	1∶5万
	硫矿预测工作区重力工作程度图	32	32	32	1∶5万
	硫矿预测工作区剩余重力异常图	39	39	39	1∶5万
	硫矿预测工作区重力推断地质构造图	32	32	32	1∶5万
磁测	硫矿预测工作区磁法推断地质构造图	32	36	32	1∶5万
	硫矿预测工作区航磁 ΔT 等值线平面图	32	37	32	1∶5万
	硫矿预测工作区航磁 ΔT 化极垂向一阶导数等值线平面图	32	37	32	1∶5万
	硫矿预测工作区航磁 ΔT 化极等值线平面图	21	26	21	1∶5万
	硫矿预测工作区地磁等值线平面图	9	10	9	1∶5万
	硫矿预测工作区地磁化极垂向一阶导数等值线平面图	9	10	9	1∶5万
	硫矿预测工作区地磁化极等值线平面图	5	6	5	1∶5万
化探	硫矿预测工作区单元素地球化学图	84	84	84	1∶5万
	硫矿预测工作区单元素地球化学异常图	101	101	101	1∶5万
	硫矿预测工作区地球化学综合异常图	21	21	21	1∶5万
	硫矿省级地球化学找矿预测图	2	2	2	1∶50万
遥感	硫矿预测工作区遥感矿产地质特征与近矿找矿标志解译图	38	38	38	1∶5万
	硫矿预测工作区遥感羟基异常分布图	34	34	34	1∶5万
	硫矿预测工作区遥感铁染异常分布图	34	34	34	1∶5万
	硫矿预测工作区遥感异常分布图	7	7	7	1∶5万
	硫矿预测工作区遥感影像图	20	20	20	1∶5万
自然重砂	硫矿预测工作区自然重砂异常图	77	77	77	1∶5万
合计		882	904	882	

(17)菱镁矿潜力评价编图成果数据整理。华东地区菱镁矿潜力评价编图成果数据的整理包括地质背景、成矿规律与预测、重力、磁测、化探、遥感等专题图件属性数据库、编图说明书和元数据等，其中属性数据库39个、编图说明书46份、元数据34个(表5-27)。

表5-27 华东地区菱镁矿专题资料编图成果属性库整理内容一览表

类别	图名	属性库	编图说明	元数据	比例尺
地质背景	预测工作区变质建造构造图	1	1	1	1∶5万
成矿规律与预测	典型矿床成矿要素图	1	1	0	1∶2000
	典型矿床预测要素图	1	1	0	1∶2000
	菱镁矿预测工作区成矿要素图	1	1	0	1∶5万
	菱镁矿预测工作区预测要素图	1	1	0	1∶5万
	省级成果图	1	1	0	1∶5万
重力	菱镁矿预测工作区布格重力异常图	1	1	1	1∶5万
	菱镁矿预测工作区重力工作程度图	1	1	1	1∶5万
	菱镁矿预测工作区剩余重力异常图	1	1	1	1∶5万
	菱镁矿预测工作区重力推断地质构造图	1	1	1	1∶5万
磁测	菱镁矿省级磁法推断磁性矿床分布图	1	1	1	1∶50万
	菱镁矿预测工作区磁法推断地质构造图	1	2	1	1∶5万
	菱镁矿预测工作区航磁ΔT等值线平面图	1	2	1	1∶5万
	菱镁矿预测工作区航磁ΔT化极垂向一阶导数等值线平面图	1	2	1	1∶5万
	菱镁矿预测工作区航磁ΔT化极等值线平面图	1	2	1	1∶5万
	菱镁矿预测工作区地磁等值线平面图	1	2	1	1∶5万
	菱镁矿预测工作区地磁化极垂向一阶导数等值线平面图	1	2	1	1∶5万
	菱镁矿预测工作区地磁化极等值线平面图	1	2	1	1∶5万
化探	菱镁矿预测工作区单元素地球化学图	5	5	5	1∶5万
	菱镁矿预测工作区单元素地球化学异常图	5	5	5	1∶5万
	菱镁矿省级地球化学找矿预测图	7	7	7	1∶50万
遥感	菱镁矿预测工作区遥感矿产地质特征与近矿找矿标志解译图	1	1	1	1∶5万
	菱镁矿预测工作区遥感羟基异常分布图	1	1	1	1∶5万
	菱镁矿预测工作区遥感铁染异常分布图	1	1	1	1∶5万
	菱镁矿预测工作区遥感影像图	1	1	1	1∶5万
合计		39	46	34	

(18)萤石矿潜力评价编图成果数据整理。华东地区萤石矿潜力评价编图成果数据的整理包括地质背景、成矿规律与预测、重力、磁测、化探、遥感、自然重砂等专题图件属性数据库、编图说明书和元数据等,其中属性数据库1146个、编图说明书1168份、元数据1146个(表5-28)。

表5-28　华东地区萤石矿专题资料编图成果属性库整理内容一览表

类别	图名	属性库	编图说明	元数据	比例尺
地质背景	预测工作区建造构造图	21	21	21	1∶5万
	预测工作区侵入岩浆建造构造图	7	7	7	1∶5万
	预测工作区火山岩性岩相构造图	12	12	12	1∶5万～1∶10万
成矿规律与预测	典型矿床成矿要素图	23	23	23	1∶1000～1∶1万
	典型矿床预测要素图	23	23	23	1∶1000～1∶1万
	萤石矿预测工作区成矿要素图	38	37	38	1∶5万
	萤石矿预测工作区预测要素图	38	37	38	1∶5万
	萤石矿预测工作区矿产预测类型预测成果图	38	38	38	1∶5万
	省级成果图	25	25	25	1∶50万
重力	萤石矿预测工作区布格重力异常图	35	35	35	1∶5万～1∶10万
	萤石矿预测工作区重力工作程度图	38	38	38	1∶5万～1∶10万
	萤石矿预测工作区剩余重力异常图	40	40	40	1∶5万～1∶10万
	萤石矿预测工作区重力推断地质构造图	38	38	38	1∶5万～1∶10万
磁测	萤石矿预测工作区磁法推断地质构造图	38	44	38	1∶5万～1∶10万
	萤石矿预测工作区航磁ΔT等值线平面图	38	44	38	1∶5万～1∶10万
	萤石矿预测工作区航磁ΔT化极垂向一阶导数等值线平面图	38	44	38	1∶5万～1∶10万
	萤石矿预测工作区航磁ΔT化极等值线平面图	31	37	31	1∶5万～1∶10万
	萤石矿预测工作区地磁等值线平面图	4	4	4	1∶5万～1∶10万
	萤石矿预测工作区地磁化极等值线平面图	4	4	4	1∶5万～1∶10万
	萤石矿预测工作区地磁化极垂向一阶导数等值线平面图	4	4	4	1∶5万～1∶10万
化探	萤石矿预测工作区单元素地球化学图	50	50	50	1∶5万
	萤石矿预测工作区单元素地球化学异常图	165	165	165	1∶5万
	萤石矿预测工作区地球化学综合异常图	79	79	79	1∶5万
	萤石矿省级地球化学找矿预测图	1	1	1	1∶50万
遥感	萤石矿预测工作区遥感矿产地质特征与近矿找矿标志解译图	50	50	50	1∶5万～1∶10万
	萤石矿预测工作区遥感羟基异常分布图	49	49	49	1∶5万～1∶10万
	萤石矿预测工作区遥感铁染异常分布图	49	49	49	1∶5万～1∶10万
	萤石矿预测工作区遥感异常分布图	30	30	30	1∶5万～1∶10万
	萤石矿预测工作区遥感影像图	36	36	36	1∶5万～1∶10万
自然重砂	萤石矿预测工作区自然重砂异常图	104	104	104	1∶5万～1∶10万
合计		1146	1168	1146	

(19)重晶石矿潜力评价编图成果数据整理。华东地区重晶石矿潜力评价编图成果数据的整理包括地质背景、成矿规律与预测、重力、磁测、化探、遥感、自然重砂等专题图件属性数据库、编图说明书和元数据等,其中属性数据库 272 个、编图说明书 291 份、元数据 272 个(表 5-29)。

表 5-29　华东地区重晶石矿专题资料编图成果属性库整理内容一览表

类　别	图　　名	属性库	编图说明	元数据	比例尺
地质背景	预测工作区沉积建造构造图	2	2	2	1∶5 万
	预测工作区构造岩相古地理图	3	3	3	1∶5 万
	预测工作区建造构造图	5	5	5	1∶5 万
成矿规律与预测	典型矿床成矿要素图	6	6	6	1∶2000～1∶1 万
	典型矿床预测要素图	6	6	6	1∶2000～1∶1 万
	重晶石矿预测工作区成矿要素图	9	9	9	1∶5 万
	重晶石矿预测工作区预测要素图	9	9	9	1∶5 万
	重晶石矿预测工作区矿产预测类型预测成果图	9	9	9	1∶5 万
	省级成果图	15	15	15	1∶50 万
重　力	重晶石矿预测工作区布格重力异常图	7	7	7	1∶5 万～1∶10 万
	重晶石矿预测工作区重力工作程度图	9	8	9	1∶5 万～1∶10 万
	重晶石矿预测工作区剩余重力异常图	9	9	9	1∶5 万～1∶10 万
	重晶石矿预测工作区重力推断地质构造图	9	9	9	1∶5 万～1∶10 万
磁　测	重晶石矿预测工作区磁法推断地质构造图	9	14	9	1∶5 万～1∶10 万
	重晶石矿预测工作区航磁 ΔT 等值线平面图	9	14	9	1∶5 万～1∶10 万
	重晶石矿预测工作区航磁 ΔT 化极垂向一阶导数等值线平面图	9	14	9	1∶5 万～1∶10 万
	重晶石矿预测工作区航磁 ΔT 化极等值线平面图	9	14	9	1∶5 万～1∶10 万
化　探	重晶石矿预测工作区单元素地球化学图	35	35	35	1∶5 万
	重晶石矿预测工作区单元素地球化学异常图	43	43	43	1∶5 万
	重晶石矿预测工作区地球化学综合异常图	13	13	13	1∶5 万
遥　感	重晶石矿预测工作区遥感矿产地质特征与近矿找矿标志解译图	9	9	9	1∶5 万
	重晶石矿预测工作区遥感羟基异常分布图	9	9	9	1∶5 万
	重晶石矿预测工作区遥感铁染异常分布图	9	9	9	1∶5 万
	重晶石矿预测工作区遥感影像图	7	7	7	1∶5 万
自然重砂	重晶石矿预测工作区自然重砂异常图	13	13	13	1∶5 万
合　　计		272	291	272	

(二)成果数据的整理方法及分类

按照《全国矿产资源潜力评价省级矿产资源潜力评价资料性成果图件及属性库复核汇总技术方案》规定整理、准备入库成果。

1. 属于数据模型规定的专题图件属性数据库

对于属于数据模型规定的专题图件属性数据库，经过修改并符合数据模型规定后进行入库工作。在数据建库过程中，根据数据模型，重点检查以下几项：

(1)图层属性值域是否错误(主要指下属词错误)。

(2)图层属性结构、字段长度、类型与数据模型规定是否一致。

(3)图层名称是否符合数据模型规定。

(4)图件名称是否符合数据模型规定，或是否按数据模型进行规范。

(5)图件投影参数是否错误，或是否与数据模型规定一致。

(6)图件空间拓扑是否有错误(主要指结点错误、套合不一致、拓扑不一致等)。

(7)图件使用的 MapGIS 系统库与全国矿产资源潜力评价系统库是否完全一致。

2. 属性数据库文档整理

主要是对编图说明书、元数据和质量监控表等文档的文件名进行规范，要求同一图件的编图说明书、元数据和质量监控表文件名的表示一致。

3. 不属于数据模型规定但需要提交的成果

对于不属于数据模型规定但需要提交的成果，主要包括不要求挂属性的图件、过渡性图件、图片文件、表格文件、文字报告以及各种扫描件等，只要符合专业验收要求，均可进行入库。

4. 成果数据分类

华东地区省级矿产资源潜力评价成果(图件、文档、表格等)依据集成数据库建设要求及 GeoPEX 软件定制进行分类，可分为基础编图和矿种(组)两大类。

(三)GeoPEX 系统配置

1. 计算机注册

为了确保集成数据库图层 ID 号的唯一性，GeoPEX 对每台计算机分配了不同的号段，以确保多台计算机同时导入时 ID 号不重复，每个计算机在导入图件之前必须先进行计算机注册(图 5－6)。

图 5－6　GeoPEX 系统的计算机注册界面

2. 数据库注册

建立一个小型局域网，安装数据服务器 SQL Server 2008(2005)，登录 SQL 并且在 SQL Server Management Studio 中建立省级基础图和矿种图件数据库(图 5－7)。

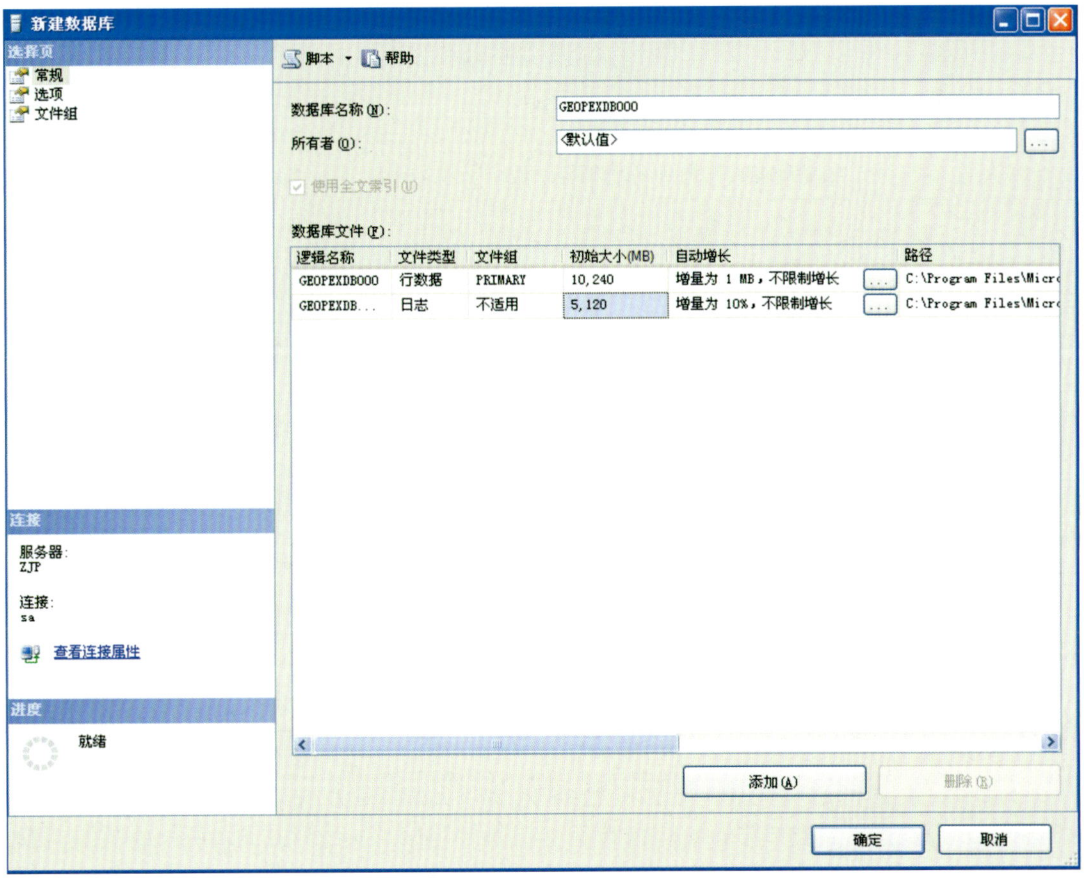

图 5－7　SQL Server 2008 中建立数据库

各省分矿种建立的矿产资源潜力评价集成数据库应按省级矿产资源潜力评价集成数据库的统一规则进行命名(表 5－30)。

表 5－30　华东地区矿产资源潜力评价集成数据库分类命名一览表

序号	数据库分组名称	SQL Server 数据库名称
0	省级潜力评价基础编图成果	GeoPEXDB000
1	铁矿种(组)潜力评价成果	GeoPEXDB001
2	锰矿种(组)潜力评价成果	GeoPEXDB002
3	铬矿种(组)潜力评价成果	GeoPEXDB003
4	铜矿种(组)潜力评价成果	GeoPEXDB004
5	铅矿种(组)潜力评价成果	GeoPEXDB005
6	锌矿种(组)潜力评价成果	GeoPEXDB006

续表 5-30

序号	数据库分组名称	SQL Server 数据库名称
7	镍矿种(组)潜力评价成果	GeoPEXDB007
8	钨矿种(组)潜力评价成果	GeoPEXDB008
9	锡矿种(组)潜力评价成果	GeoPEXDB009
10	钼矿种(组)潜力评价成果	GeoPEXDB010
11	金矿种(组)潜力评价成果	GeoPEXDB011
12	银矿种(组)潜力评价成果	GeoPEXDB012
13	锑矿种(组)潜力评价成果	GeoPEXDB013
14	稀土矿种(组)潜力评价成果	GeoPEXDB014
15	锂矿种(组)潜力评价成果	GeoPEXDB015
16	铝土矿种(组)潜力评价成果	GeoPEXDB016
17	菱镁矿种(组)潜力评价成果	GeoPEXDB017
18	磷矿种(组)潜力评价成果	GeoPEXDB018
19	硫矿种(组)潜力评价成果	GeoPEXDB019
20	钾矿种(组)潜力评价成果	GeoPEXDB020
21	硼矿种(组)潜力评价成果	GeoPEXDB021
22	萤石矿种(组)潜力评价成果	GeoPEXDB022
23	重晶石矿种(组)潜力评价成果	GeoPEXDB023

利用 GeoPEX 数据库注册子模块注册数据库到 GeoPEX 系统，使 GeoPEX 系统与数据源 Microsoft SQL Server进行链接(图 5-8)，选择数据库类型 Microsoft SQL Server，输入对应数据库所在服务器名(或 IP)、数据库名、用户名、密码。

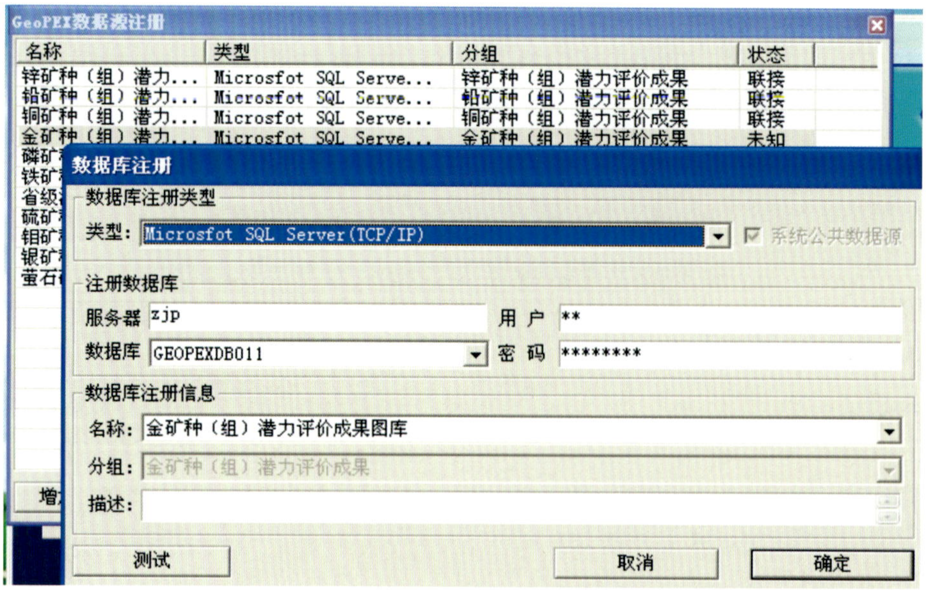

图 5-8　GeoPEX 系统的数据库注册界面

点击"测试"弹出如图 5-9 所示窗口，表示数据库链接成功，可进行数据库的下一步操作。

图 5-9 GeoPEX 系统的数据库联机测试

(四)数据转换

GeoPEX 软件系统中管理空间数据库的空间坐标单位为度。故在入库前必须采用 GeoPEX 软件系统的投影转换模块进行投影转换，系统会自动记录数据投影前的参数，并生成图形"工程名.PAR"的图形文件，以便在成果查询时可以恢复到原始投影参数。

1. 转换前的检查

转换前的检查主要包括投影参数正确性和图形参数正确性。在图件导入到数据库之前，必须认真检查各图件投影参数和图形参数的正确性。批量投影将为用户列出当前目录下所有图件工程名、图名、投影类型、单位、比例尺、投影参数的详细信息。用户可按照需求选择批量投影(图 5-10)。

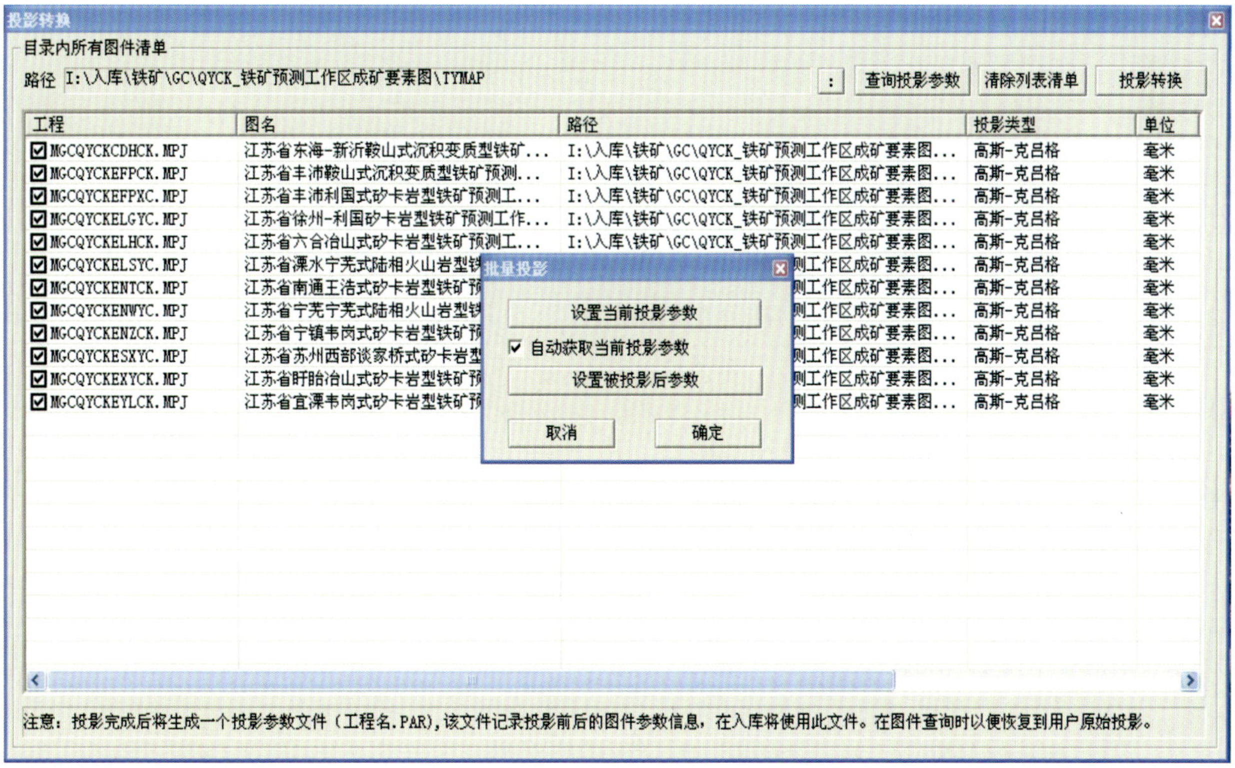

图 5-10 GeoPEX 系统批量文件投影转换界面

2. 投影转换

对具有地理空间意义的图件，GeoPEX 软件系统只接收地理坐标为经纬度的图件，而且在进行投影平面直角坐标到地理坐标转换的同时，GeoPEX 软件系统会自动记录图形参数等信息。因此，要求入库前图件坐标为投影平面直角坐标的，必须由 GeoPEX 软件系统进行投影平面直角坐标到地理经纬坐标的转换。

3. 转换后的检查

投影坐标转换后应检查转换后的图件投影坐标参数是否正确。使用 GeoPEX 软件系统的投影转换模块，检查图件投影类型是否全部转化为地理坐标，否则成果数据将不能成功导入数据库(图 5－11)。

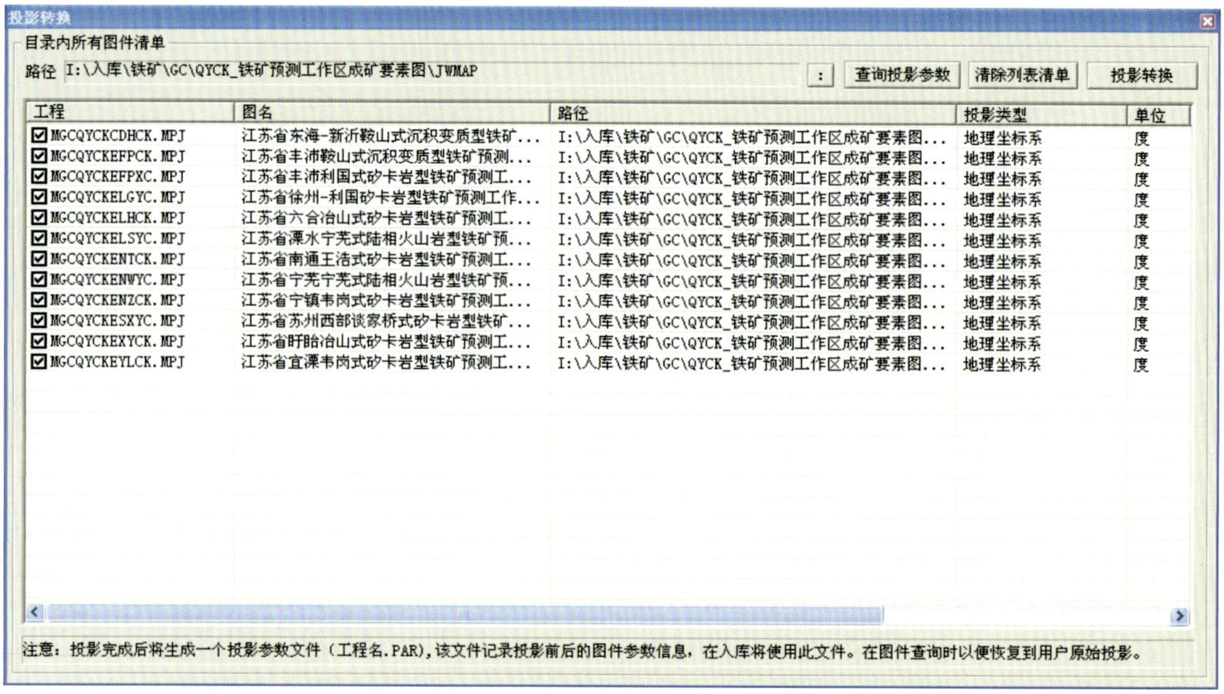

图 5－11　GeoPEX 系统文件正确投影界面

(五)数据导入

1. 确定目标库

系统检索出的图件为选定数据库中所有图件，若需对图件分库存放，就需确定图件和库之间的对应关系。

2. 设置图件信息

根据要导入的图件设置相应的信息(图 5－12)。

(1)数据库：存放导入图件的数据库。该数据库必须与要导入的图件分类一致。

(2)行政区：导入图件所在的行政区。

(3)成果类型：导入图件分为两类，即省级基础编图成果、矿种(组)潜力评价成果。

(4)矿种(组)：如果为矿种(组)成果编图图件，需要选择相应的矿种(组)。

(5)所属专题：按“成矿地质背景研究、成矿规律研究、矿产预测研究、重力资料应用、磁测资料应用、化探资料应用、遥感资料应用、自然重砂资料应用、化工矿产资源潜力评价、煤炭资源潜力评价、铀矿资源潜力评价”分类。基础地质编图包含 6 类，即成矿地质背景研究、磁测资料应用、重力资料应用、化探资料应用、遥感资料应用、自然重砂资料应用。矿种(组)成果编图包含 8 类，即成矿地质背景研究、磁测资料应用、重力资料应用、化探资料应用、遥感资料应用、自然重砂资料应用、成矿规律研究、矿产预测研究。

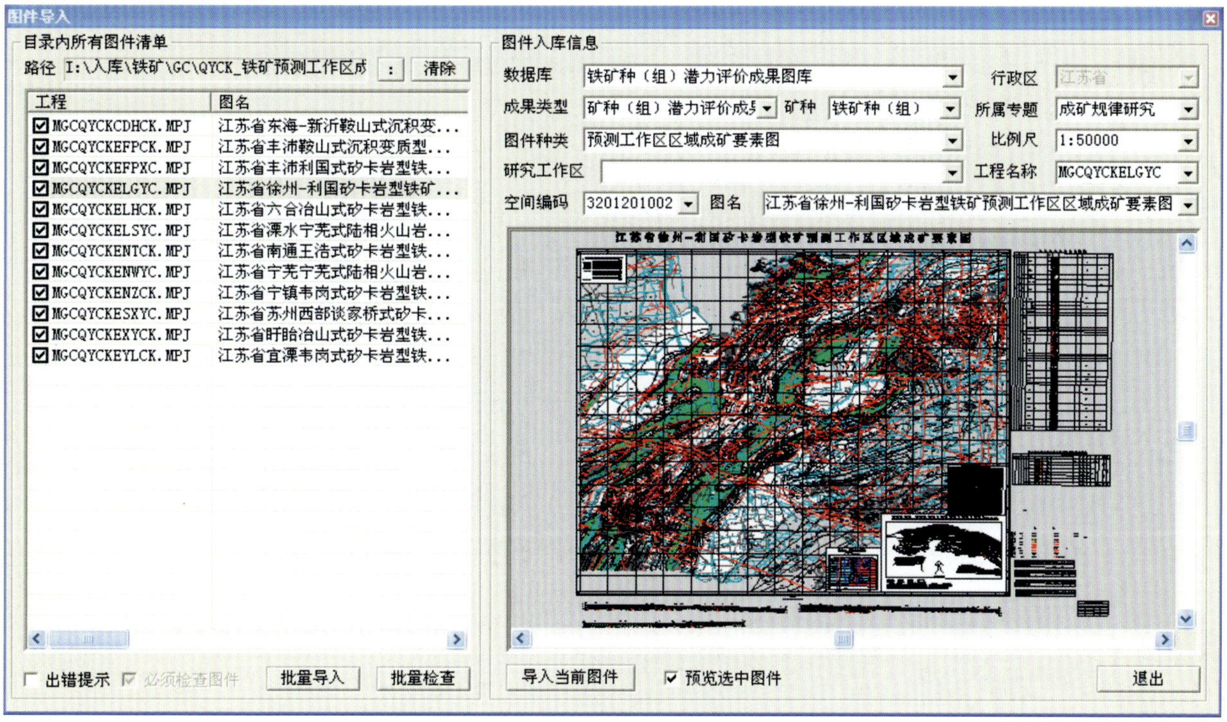

图 5-12 GeoPEX 系统图件导入界面

(6)图件种类:导入图件的种类划分。详见《省级矿产资源潜力评价资料性成果图件及属性库复核汇总技术方案》附表 1～附表 6 中的规定。

(7)比例尺:导入图件的比例尺。

(8)预测工作区名称:如果为矿种(组)预测工作区图件,则为矿种(组)预测工作区名称。

(9)工程名称:导入图件的工程名称。

(10)图幅编号:如果为标准分幅,则为导入图件的图幅编号。

(11)图名:导入图件的名称。

(12)附件:包括编图说明书、元数据、质量检查文档。

3. 数据导入

(1)属性数据库的导入:从按"全国矿产资源潜力评价项目办 2010 年 35 号文"规范好的目录中拷出 TYMAP_投影坐标图件,进入 GeoPEX 系统的投影转换模块进行投影变换,再由数据导入模块选择数据库、成果类型、矿种、所属专题、图件各类等信息后导入属性数据库。

(2)附件导入:图件附件包括编图说明书、元数据、质量检查文档。可以单幅导入,也可以批量更新。

单幅导入:在导入单幅图件时设置该图件相应的说明书、元数据、质量检查文档。

批量更新:在文档维护中可一次性同时配置多个图件的说明书、元数据、质量检查文档等,之后进行批量更新。

4. 数据导入出错处理

在图件导入过程中如果系统发生意外错误而中断,则会出现入库数据不完整的情况,此时要进入图件维护模块中删除不完整图幅后再重新导入。

图件导入完毕后,需要在图件维护模块中核实导入图件的数量与实际入库的数量是否一致(图 5-13)。

完成图件导入后再导入图件对应的说明书、元数据等相关附件(图 5-14)。

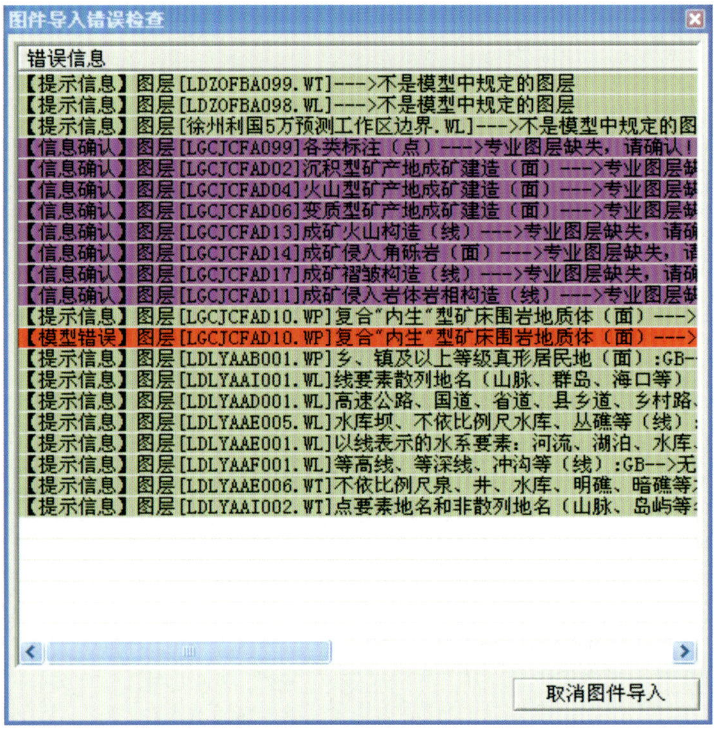

图 5-13　GeoPEX 系统图件导入出错提示界面

图 5-14　GeoPEX 系统附件导入界面

（六）图件维护

已入库的图件，其图件信息、图层信息可能存在拼写或其他错误，利用“图件维护”模块可以更新已入库的图件信息、图层信息，还可以删除已入库的图件、图层等（图 5－15）。

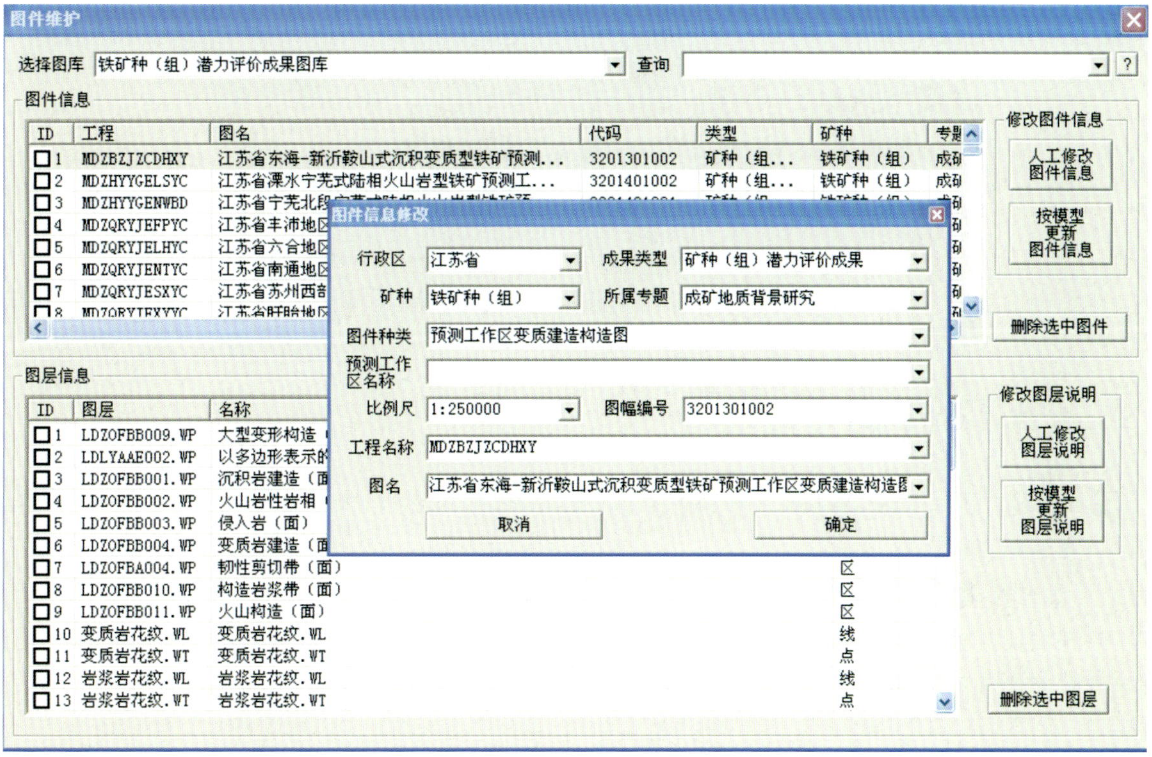

图 5－15　GeoPEX 系统图件维护界面

（七）数据备份

完成集成建库后需要进行数据备份，以便提交集成数据库成果。利用 GeoPEX 系统的“数据备份”功能模块完成入库数据的备份。设置“备份方案”及单个矿种的“备份远程数据库设置”即可完成数据的备份（图 5－16、图 5－17）。

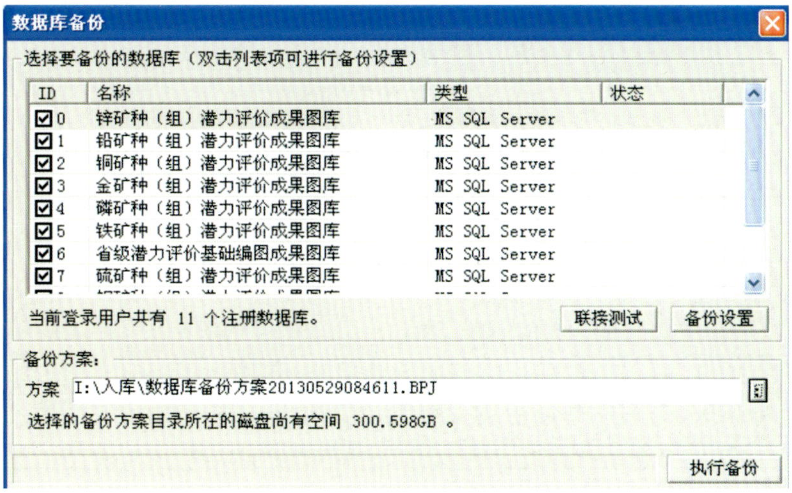

图 5－16　GeoPEX 系统数据备份方案设置

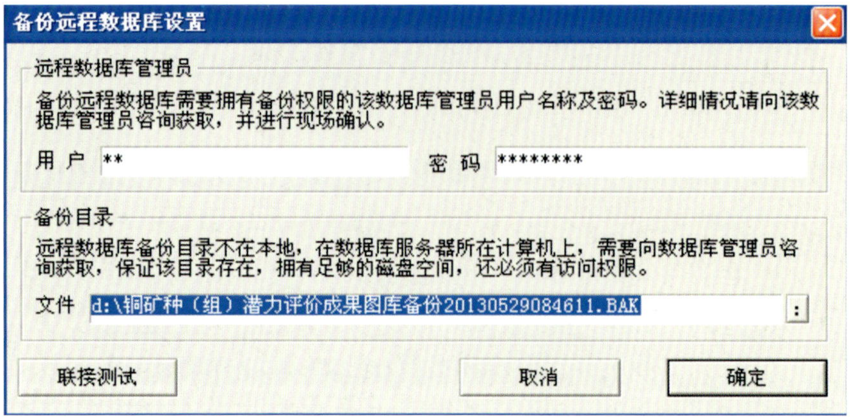

图 5－17　GeoPEX 系统备份远程数据库设置

五、省级集成数据库建设

通过上述省级矿产资源潜力评价集成数据库的建库方法和流程，华东各省完成了省级矿产资源潜力评价集成数据库的建设。

1. 江苏省省级矿产资源潜力评价集成数据库建库

江苏省主要完成了省级基础编图成果及铁、铜、铅、锌、钼、金、银、磷、硫、萤石等 10 个矿种(组)的矿产资源潜力评价集成数据库建库，共计收录 1712 个专题图(库)(表 5－31，图 5－18)。

表 5－31　江苏省(含上海)省级矿产资源潜力评价集成数据库一览表

序号	数据库分组名称	数据库名称	数据库数量
0	省级潜力评价基础编图成果	GeoPEXDB000	192
1	铁矿种(组)潜力评价成果	GeoPEXDB001	337
2	铜矿种(组)潜力评价成果	GeoPEXDB004	251
3	铅矿种(组)潜力评价成果	GeoPEXDB005	226
4	锌矿种(组)潜力评价成果	GeoPEXDB006	0
5	钼矿种(组)潜力评价成果	GeoPEXDB010	93
6	金矿种(组)潜力评价成果	GeoPEXDB011	274
7	银矿种(组)潜力评价成果	GeoPEXDB012	91
8	磷矿种(组)潜力评价成果	GeoPEXDB018	52
9	硫矿种(组)潜力评价成果	GeoPEXDB019	166
10	萤石矿种(组)潜力评价成果	GeoPEXDB022	30
合　计			1712

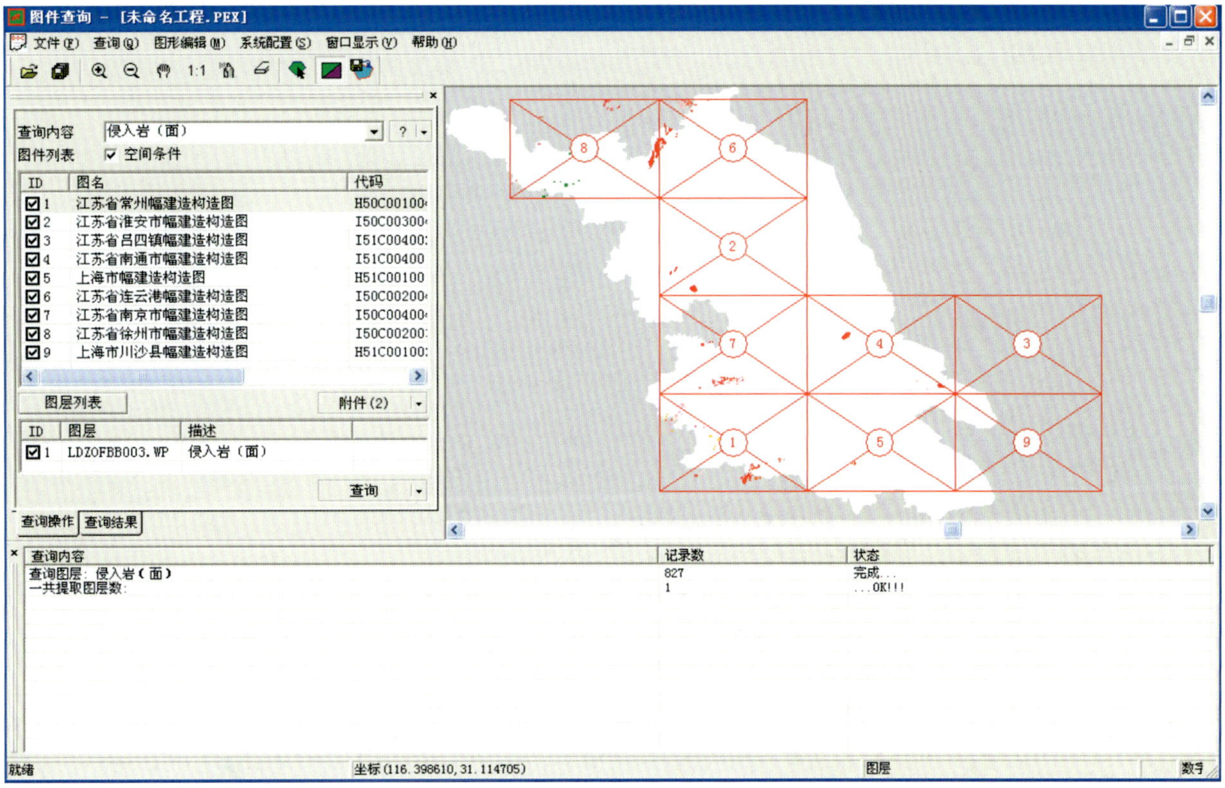

图 5-18　江苏省集成数据库建造构造图幅分布及检索的侵入岩分布图

2. 安徽省省级矿产资源潜力评价集成数据库建库

安徽省主要完成了省级基础编图成果及铁、锰、铜、铅、锌、钨、锡、钼、金、银、锑、稀土、菱镁、磷、萤石、重晶石等 17 个矿种(组)的矿产资源潜力评价集成数据库建库，共计收录 3905 个专题图(库)(表 5-32)。

表 5-32　安徽省省级矿产资源潜力评价集成数据库一览表

序号	数据库分组名称	数据库名称	数据库数量
0	省级潜力评价基础编图成果	GeoPEXDB000	186
1	铁矿种(组)潜力评价成果	GeoPEXDB001	326
2	锰矿种(组)潜力评价成果	GeoPEXDB002	139
3	铜矿种(组)潜力评价成果	GeoPEXDB004	674
4	铅矿种(组)潜力评价成果	GeoPEXDB005	456
5	锌矿种(组)潜力评价成果	GeoPEXDB006	23
6	钨矿种(组)潜力评价成果	GeoPEXDB008	361
7	锡矿种(组)潜力评价成果	GeoPEXDB009	43
8	钼矿种(组)潜力评价成果	GeoPEXDB010	248

续表 5-32

序号	数据库分组名称	数据库名称	数据库数量
9	金矿种(组)潜力评价成果	GeoPEXDB011	620
10	银矿种(组)潜力评价成果	GeoPEXDB012	85
11	锑矿种(组)潜力评价成果	GeoPEXDB013	159
12	稀土矿种(组)潜力评价成果	GeoPEXDB014	48
13	菱镁矿种(组)潜力评价成果	GeoPEXDB017	40
14	磷矿种(组)潜力评价成果	GeoPEXDB018	62
15	硫矿种(组)潜力评价成果	GeoPEXDB019	194
16	萤石矿种(组)潜力评价成果	GeoPEXDB022	179
17	重晶石矿种(组)潜力评价成果	GeoPEXDB023	62
合　计			3905

3. 浙江省省级矿产资源潜力评价集成数据库建库

浙江省主要完成了省级基础编图成果及铁、铜、铅、钨、锡、钼、金、银、锑、稀土、磷、硫、硼、萤石、重晶石等 15 个矿种(组)的矿产资源潜力评价集成数据库建库，共计收录 2923 个专题图(库)(表 5-33)。

表 5-33　浙江省省级矿产资源潜力评价集成数据库一览表

序号	数据库分组名称	数据库名称	数据库数量
0	省级潜力评价基础编图成果	GeoPEXDB000	202
1	铁矿种(组)潜力评价成果	GeoPEXDB001	143
2	铜矿种(组)潜力评价成果	GeoPEXDB004	286
3	铅矿种(组)潜力评价成果	GeoPEXDB005	249
4	钨矿种(组)潜力评价成果	GeoPEXDB008	112
5	锡矿种(组)潜力评价成果	GeoPEXDB009	212
6	钼矿种(组)潜力评价成果	GeoPEXDB010	257
7	金矿种(组)潜力评价成果	GeoPEXDB011	208
8	银矿种(组)潜力评价成果	GeoPEXDB012	173
9	锑矿种(组)潜力评价成果	GeoPEXDB013	52
10	稀土矿种(组)潜力评价成果	GeoPEXDB014	50
11	磷矿种(组)潜力评价成果	GeoPEXDB018	36
12	硫矿种(组)潜力评价成果	GeoPEXDB019	124
13	硼矿种(组)潜力评价成果	GeoPEXDB021	43
14	萤石矿种(组)潜力评价成果	GeoPEXDB022	617
15	重晶石矿种(组)潜力评价成果	GeoPEXDB023	159
合　计			2923

4. 福建省省级矿产资源潜力评价集成数据库建库

福建省主要完成了省级基础编图成果及铁、锰、铜、铅、锌、镍、钨、锡、钼、金、银、稀土、磷、硫、萤石、重晶石等16个矿种(组)的矿产资源潜力评价集成数据库建库,共计收录4122个专题图(库)(表5-34)。

表5-34 福建省(含台湾省)省级矿产资源潜力评价集成数据库一览表

序号	数据库分组名称	数据库名称	数据库数量
0	省级潜力评价基础编图成果	GeoPEXDB000	217
1	铁矿种(组)潜力评价成果	GeoPEXDB001	162
2	锰矿种(组)潜力评价成果	GeoPEXDB002	98
3	铜矿种(组)潜力评价成果	GeoPEXDB004	724
4	铅矿种(组)潜力评价成果	GeoPEXDB005	466
5	锌矿种(组)潜力评价成果	GeoPEXDB006	23
6	镍矿种(组)潜力评价成果	GeoPEXDB007	32
7	钨矿种(组)潜力评价成果	GeoPEXDB008	232
8	锡矿种(组)潜力评价成果	GeoPEXDB009	256
9	钼矿种(组)潜力评价成果	GeoPEXDB010	563
10	金矿种(组)潜力评价成果	GeoPEXDB011	267
11	银矿种(组)潜力评价成果	GeoPEXDB012	507
12	稀土矿种(组)潜力评价成果	GeoPEXDB014	43
13	磷矿种(组)潜力评价成果	GeoPEXDB018	66
14	硫矿种(组)潜力评价成果	GeoPEXDB019	272
15	萤石矿种(组)潜力评价成果	GeoPEXDB022	136
16	重晶石矿种(组)潜力评价成果	GeoPEXDB023	58
合计			4122

5. 江西省省级矿产资源潜力评价集成数据库建库

江西省主要完成了省级基础编图成果及铁、锰、铜、铅、镍、钨、锡、钼、金、银、锑、稀土、锂、磷、硫、萤石、重晶石等17个矿种(组)的矿产资源潜力评价集成数据库建库,共计收录3178个专题图(库)(表5-35)。

表5-35 江西省省级矿产资源潜力评价集成数据库一览表

序号	数据库分组名称	数据库名称	数据库数量
0	省级潜力评价基础编图成果	GeoPEXDB000	212
1	铁矿种(组)潜力评价成果	GeoPEXDB001	168
2	锰矿种(组)潜力评价成果	GeoPEXDB002	41
3	铜矿种(组)潜力评价成果	GeoPEXDB004	339

续表 5-35

序号	数据库分组名称	数据库名称	数据库数量
4	铅矿种(组)潜力评价成果	GeoPEXDB005	273
5	镍矿种(组)潜力评价成果	GeoPEXDB007	37
6	钨矿种(组)潜力评价成果	GeoPEXDB008	354
7	锡矿种(组)潜力评价成果	GeoPEXDB009	219
8	钼矿种(组)潜力评价成果	GeoPEXDB010	183
9	金矿种(组)潜力评价成果	GeoPEXDB011	462
10	银矿种(组)潜力评价成果	GeoPEXDB012	135
11	锑矿种(组)潜力评价成果	GeoPEXDB013	73
12	稀土矿种(组)潜力评价成果	GeoPEXDB014	69
13	锂矿种(组)潜力评价成果	GeoPEXDB015	122
14	磷矿种(组)潜力评价成果	GeoPEXDB018	36
15	硫矿种(组)潜力评价成果	GeoPEXDB019	200
16	萤石矿种(组)潜力评价成果	GeoPEXDB022	195
17	重晶石矿种(组)潜力评价成果	GeoPEXDB023	60
合　计			3178

第三节　华东地区矿产资源潜力评价成果集成数据库建设

华东地区矿产资源潜力评价成果集成数据库的建设是在省级矿产资源潜力评价成果集成数据库建设的基础上，由华东地区矿产资源潜力评价综合信息集成专题组织完成。华东地区矿产资源潜力评价成果集成数据库是基于 GeoPEX 软件，通过汇总、迁移和管理维护等功能来实现。

基于 GeoPEX 软件的特点，华东地区矿产资源潜力评价成果集成数据库建设可采用两种模式实现：一是华东地区分布式矿产资源潜力评价成果集成数据库；二是华东地区集中式矿产资源潜力评价成果集成数据库。

一、华东地区分布式矿产资源潜力评价成果集成数据库

华东地区分布式矿产资源潜力评价成果集成数据库是在省级矿产资源潜力评价成果集成数据库建设的基础上，直接利用省级矿产资源潜力评价成果集成数据库，构建一个分布式的网络环境构架，采用 GeoPEX 软件的分布式数据源来实现。

（一）华东地区分布式成果集成数据库的系统环境部署

1. 软硬件环境

操作系统：MS Windows XP sp3 或 MS Windows 7 sp1。

数据库系统：MS SQL Server 2008 R2。

服务器：CPU 为 2GHz，双核以上，内存 2G 以上，显示器分辨率为 1024 * 768 以上。

网络设备：通过交换机构建 100M 内部局域网。

客户端：CPU 为 2GHz，双核以上，内存 1G 以上，显示器分辨率为 1024 * 768 以上。

2. 分布式环境部署

根据华东地区省级矿产资源潜力评价成果集成数据库的特点，需部署 5 台本地服务器，每个省 1 台（其中福建省和台湾省为 1 台），作为省级矿产资源潜力评价成果集成数据库的数据源。

服务器部署：采用了 2 台 IBM X3850，4 路四核 2.4GHz 处理器，8GB 内存，4 块 146.8GB 硬盘，raid5，双千兆以太网接口，2 块 4GbHBA 卡。在此基础上配置了 3 台虚拟机，构成 5 台服务器（2 个物理服务器，3 个虚拟服务器）。

交换机部署：华为 S2700－52P－EI－AC 二层交换机，24 口，100M/1000M 自适应。

分布式系统构架如图 5－19 所示。

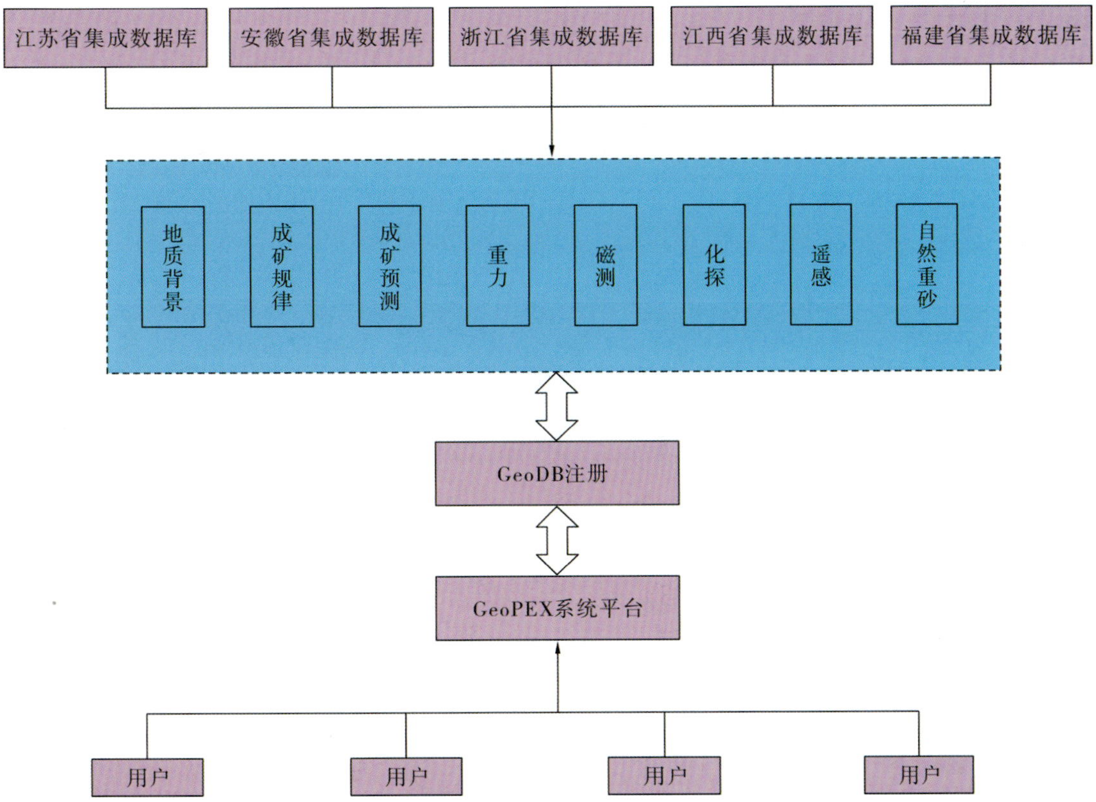

图 5－19　华东地区分布式矿产资源潜力评价成果集成数据库部署结构图

(二)华东地区分布式成果集成数据库部署

1. 省级集成数据库数据源部署

在 2 台 IBM X3850 服务器上,配置了 3 台虚拟服务器,然后分别在 5 台数据库服务器上安装了 MS SQL Server 2008 R2。5 台数据库服务器分别命名为:XZJ,XZJ1,XZJ2,XZJ3,XZJ4。

服务器 XZJ:部署江苏省(含上海市)矿产资源潜力评价成果集成数据库(图 5 - 20)。

图 5 - 20　江苏省(含上海市)矿产资源潜力评价成果集成数据库登录

服务器 XZJ1:部署安徽省矿产资源潜力评价成果集成数据库(图 5 - 21)。

图 5 - 21　安徽省矿产资源潜力评价成果集成数据库登录

服务器 XZJ2：部署浙江省矿产资源潜力评价成果集成数据库。

服务器 XZJ3：部署江西省矿产资源潜力评价成果集成数据库。

服务器 XZJ4：部署福建省（含台湾省）矿产资源潜力评价成果集成数据库（图 5－22）。

图 5－22　福建省（含台湾省）矿产资源潜力评价成果集成数据库登录

数据库服务器安装部署完成后，分别将省级矿产资源潜力评价成果集成数据库加载到相应的数据库服务器上（图 5－23、图 5－24）。

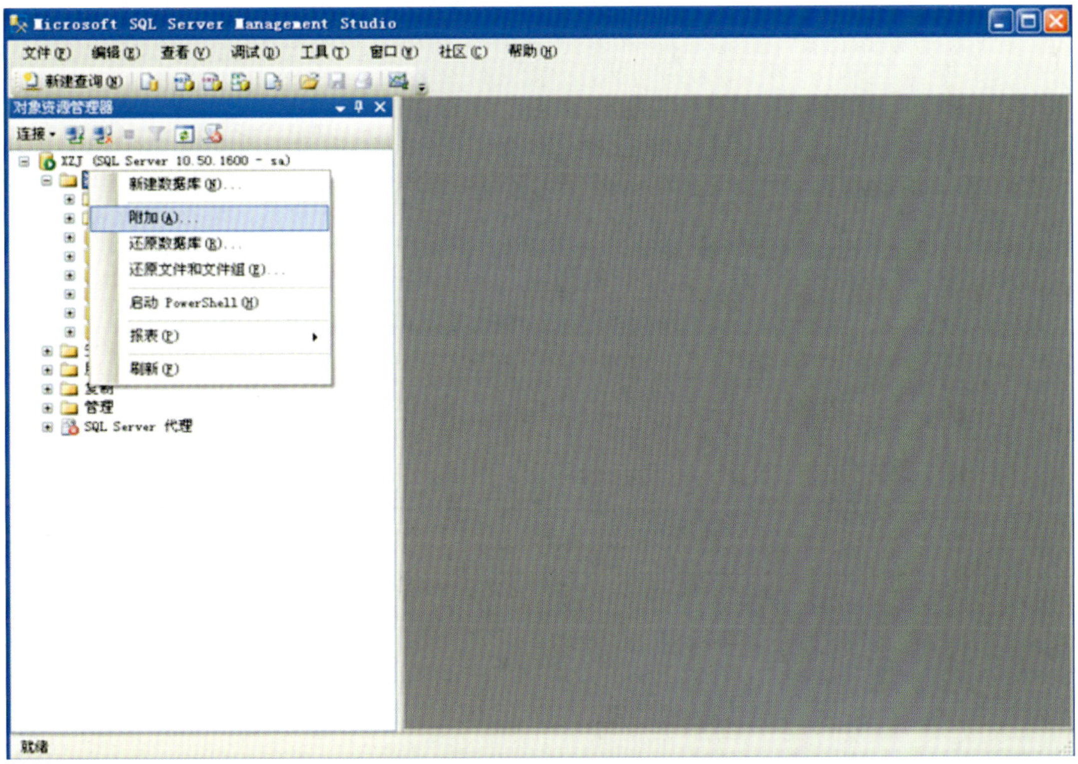

图 5－23　省级矿产资源潜力评价成果集成数据库加载

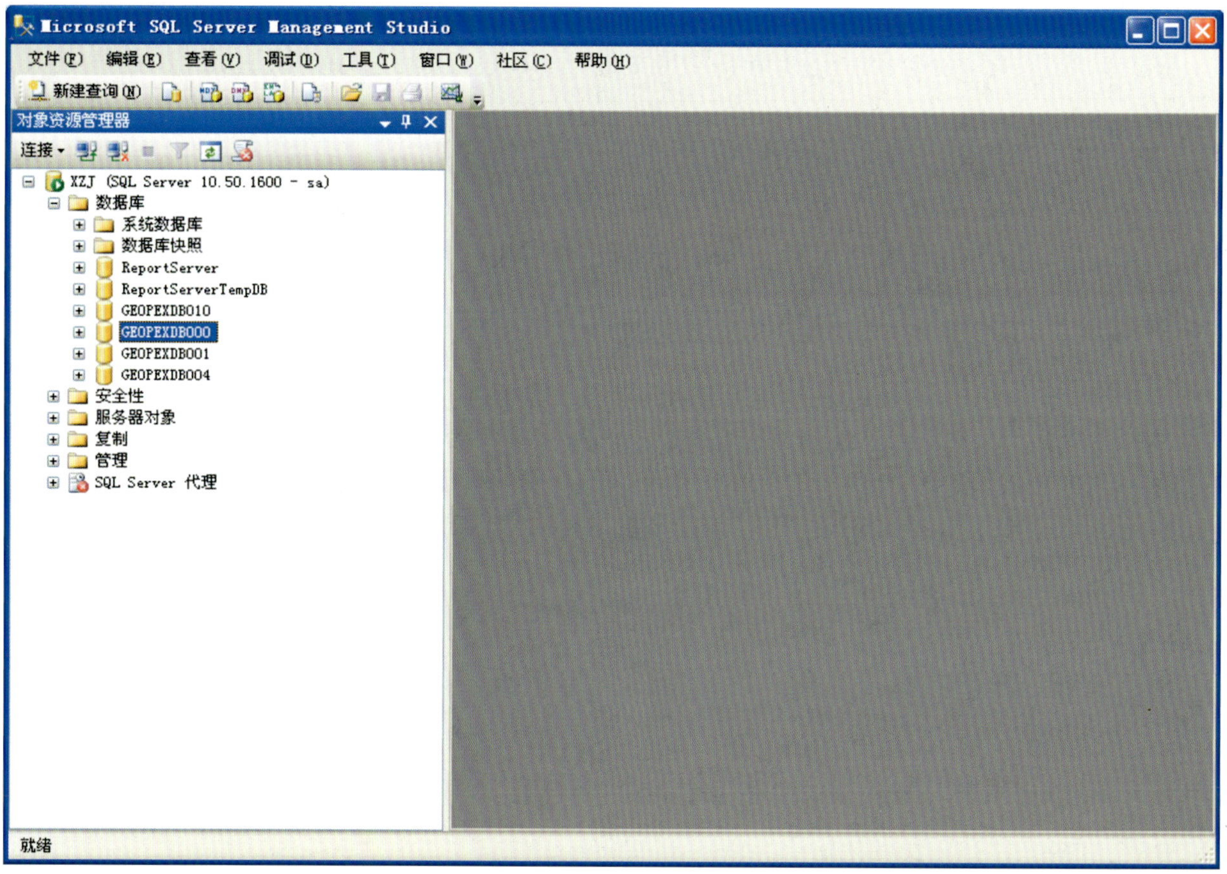

图 5-24 江苏省(含上海市)矿产资源潜力评价成果集成数据库

2. GeoPEX 系统部署

通过上述软硬件环境、网络环境和服务器的部署，华东地区分布式矿产资源潜力评价成果集成数据库的环境及数据源就已经部署完成，在此基础上可以进一步部署 GeoPEX 系统环境。

(1)计算机注册如图 5-25 所示。

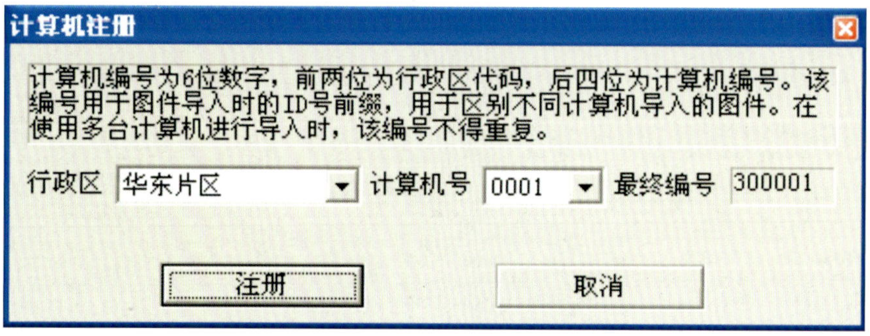

图 5-25 计算机注册

(2)数据库注册。依次对五个省的矿产资源潜力评价成果集成数据库进行注册(如图 5-26～图 5-28 所示)。

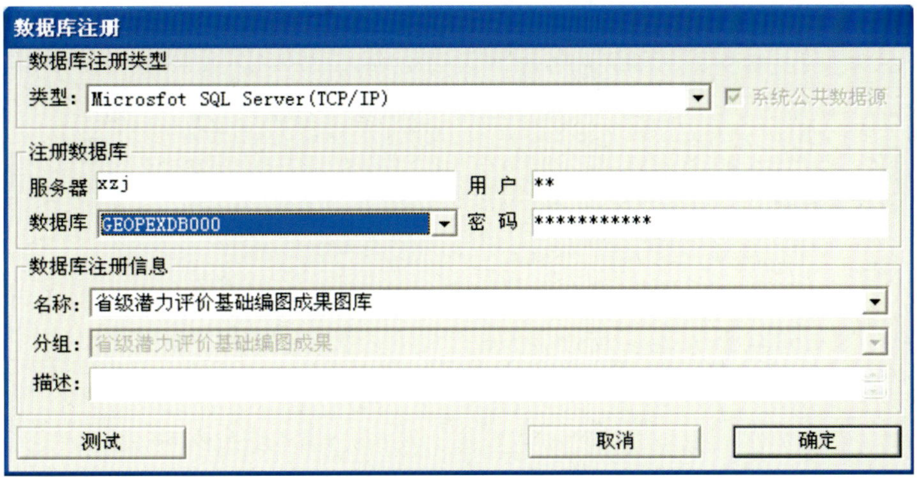

图 5-26　江苏省省级潜力评价基础编图成果图库注册

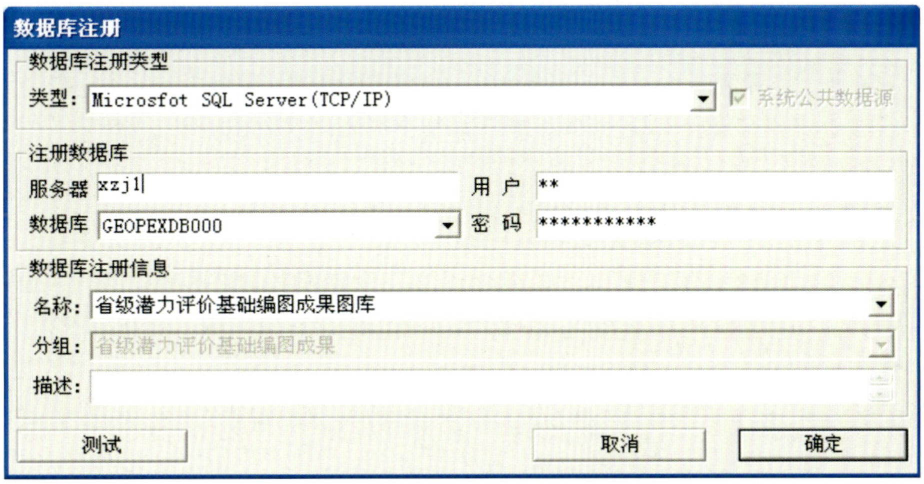

图 5-27　安徽省省级潜力评价基础编图成果图库注册

图 5-28　福建省省级潜力评价基础编图成果图库注册

(3)联机测试如图 5-29 所示。

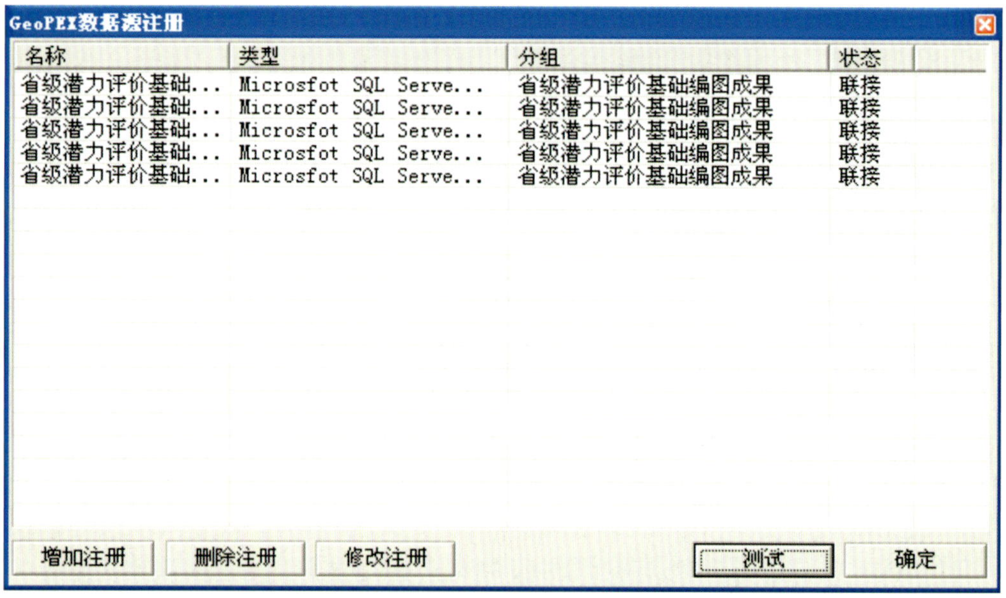

图 5-29　五省省级潜力评价基础编图成果图库联机测试

(三)华东地区分布式成果集成数据库

通过上述工作流程即可形成华东地区矿产资源潜力评价成果集成数据库。同时。通过上述过程构建的系统平台,实现了华东地区矿产资源潜力评价成果集成数据库的管理与应用。

1. 显示华地东区的分布

进入 GeoPEX 系统,选择图文查询(图 5-30),然后选择"实际材料"关键字,则显示华东地区潜力评价实际材料分布图(图 5-31)。

图 5-30　GeoPEX 系统

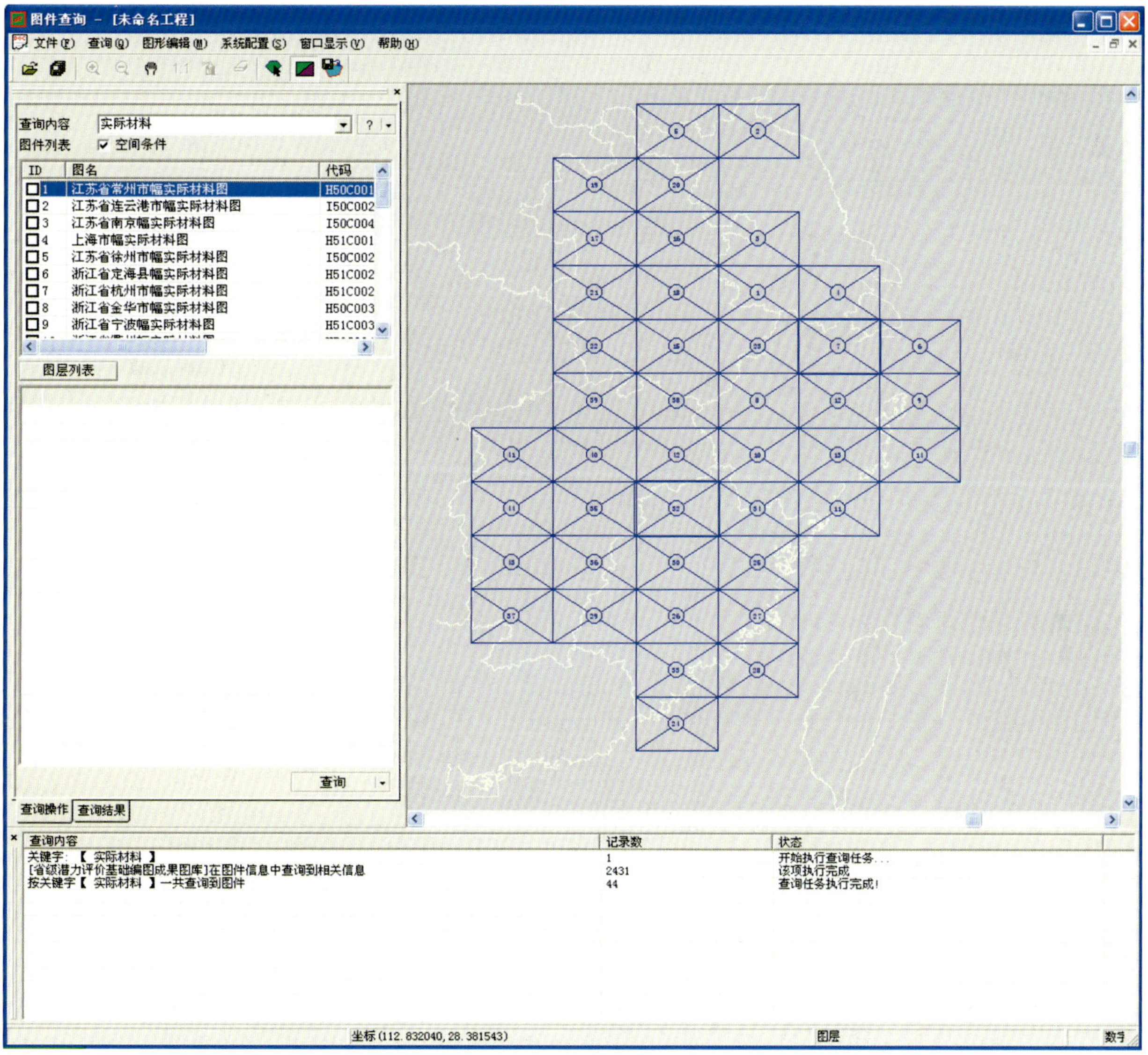

图 5－31　华东地区潜力评价实际材料图分布的检索结果

2. 1∶25 万实际材料图检索

在图 5－31 的实际材料图列表中勾选江苏、安徽、浙江、福建和江西五省各一幅实际材料图，进行查询则得到 5 幅的实际材料图(图 5－32)。

3. 检索省级地球化学景观图

在图件查询中输入关键字“省级地球化学景观图”，则显示出华东五省地球化学景观图的图框位置(图 5－33)。

勾选华东五省的省级地球化学景观图并进行查询，则得到华东地区的地球化学景观图(图 5－34)。

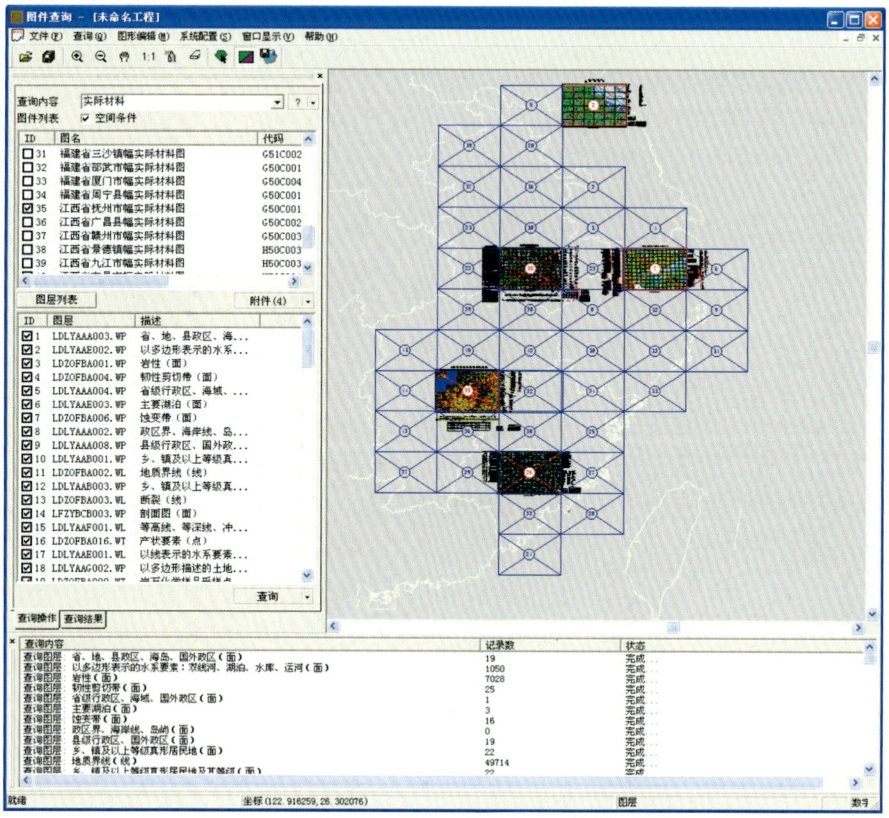

图 5-32　华东地区潜力评价实际材料图五省各选一幅的检索结果

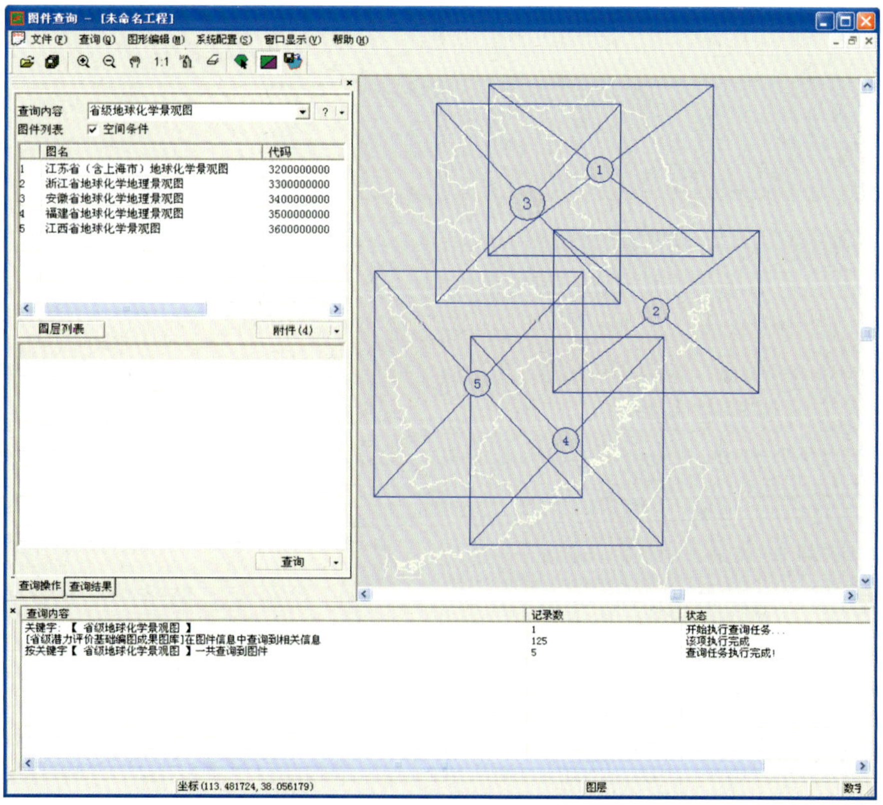

图 5-33　华东地区潜力评价省级地球化学景观图分布

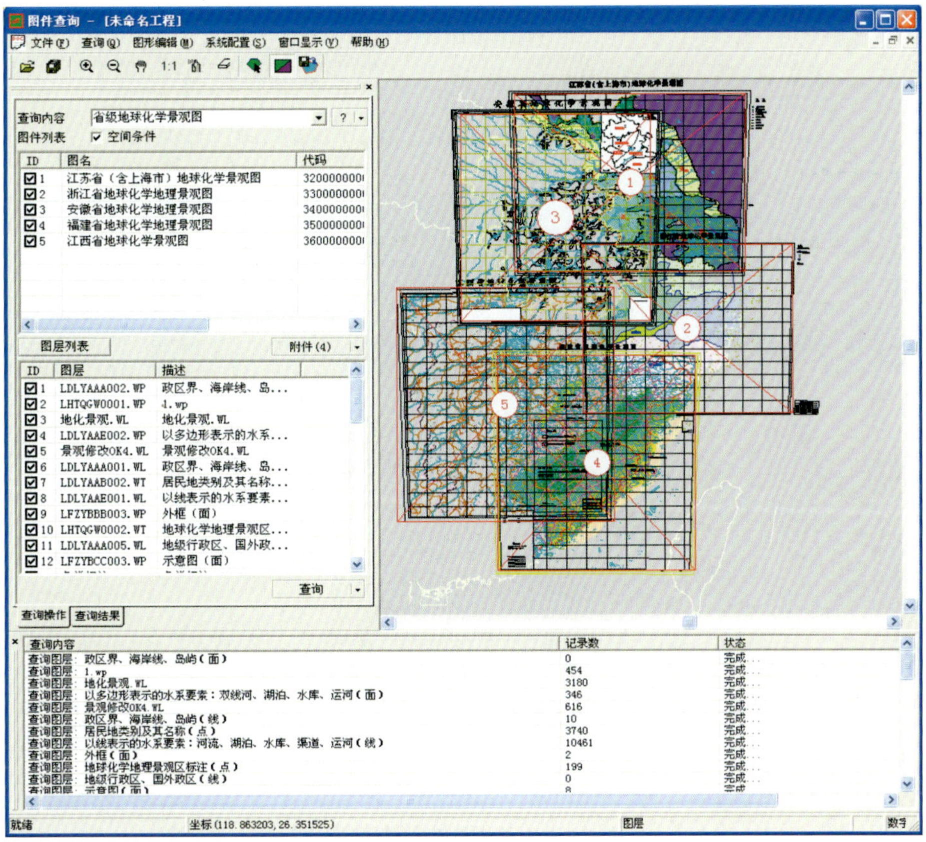

图 5 - 34　华东地区潜力评价地球化学景观图检索结果

二、华东地区集中式矿产资源潜力评价成果集成数据库

（一）华东地区集中式成果集成数据库的系统环境部署

1. 软硬件环境

操作系统：MS Windows XP sp3 或 MS Windows 7 sp1。

数据库系统：MS SQL Server 2008 R2。

服务器：CPU 为 2GHz，双核以上，内存 2G 以上，显示器分辨率为 1024 * 768 以上。

网络设备：通过交换机构建 100M 内部局域网。

客户端：CPU 为 2GHz，双核以上，内存 1G 以上，显示器分辨率为 1024 * 768 以上。

2. 环境部署

根据华东地区集中式矿产资源潜力评价成果集成数据库的建库特点，需部署 2 台本地服务器，分别作为成果集成数据库的主、副服务器。主服务器作为成果集成数据库的主节点及华东地区矿产资源潜力评价成果集成数据库的数据源，副服务器作为省级集成数据库向主服务器迁移的辅助节点。

服务器部署：采用了 1 台 IBM X3850，4 路四核 2.4GHz 处理器，8GB 内存，4 块 146.8GB 硬盘，raid5，双千兆以太网接口，2 块 4GbHBA 卡。配置了 1 台虚拟机，构成 2 台服务器（1 个物理服务器，1 个虚拟服务器）。

交换机部署：华为 S2700 - 52P - EI - AC 二层交换机，24 口，100M/1000M 自适应。

集中式系统构架如图 5-35 所示。

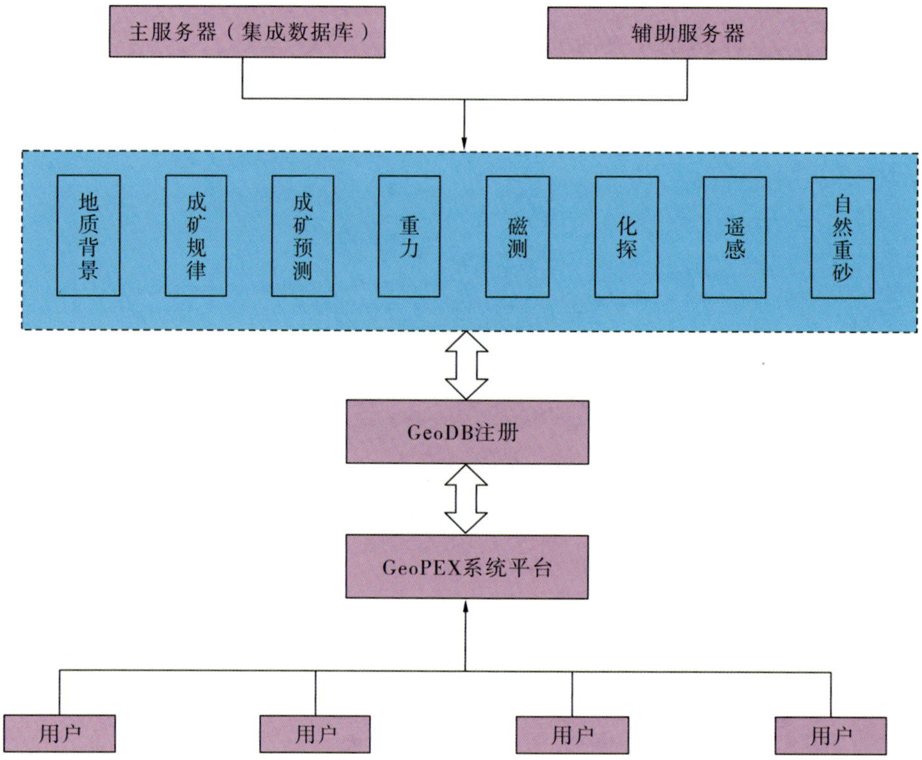

图 5-35　华东地区集中式矿产资源潜力评价成果集成数据库部署结构图

（二）华东地区集中式成果集成数据库部署

在 IBM X3850 服务器上配置了 1 台虚拟服务器，然后分别在 2 台数据库服务器上安装了 MS SQL Server 2008 R2。2 台数据库服务器分别命名为：XZJ，XZJ1（图 5-36、图 5-37）。

图 5-36　华东地区矿产资源潜力评价成果集成数据库登录

图 5-37 华东地区省级矿产资源潜力评价成果集成数据库登录

服务器 XZJ：部署华东地区矿产资源潜力评价成果集成数据库。

服务器 XZJ1：部署省级矿产资源潜力评价成果集成数据库(用于省级集成数据库的迁移)。

(三)华东地区集中式成果集成数据库的数据集成

1. GeoPEX 系统部署

通过上述软硬件环境、网络环境和服务器的部署，华东地区矿产资源潜力评价成果集成数据库的环境及数据源就已经部署完成，在此基础上可以进一步部署 GeoPEX 系统环境。

(1)计算机注册如图 5-38 所示。

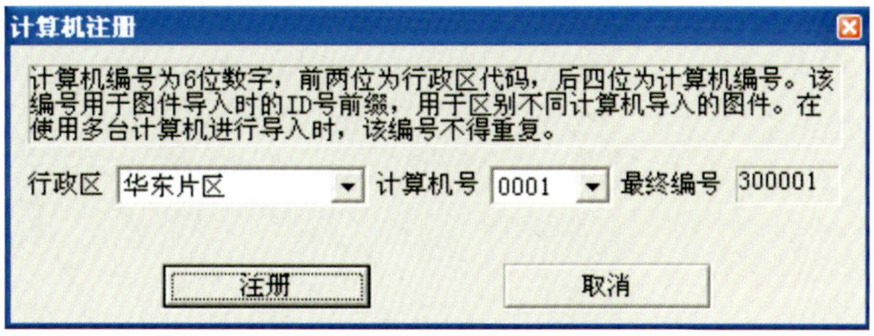

图 5-38 GeoPEX 计算机注册界面

(2)数据库注册。依次对矿产资源潜力评价成果集成数据库的源数据库和迁移数据库进行注册(图 5-39、图 5-40)。

2. 华东地区矿产资源潜力评价成果集成数据库的集成

华东地区成果集成数据库的集成是在省级成果集成数据库的基础上进行再次集成，因此主要是采用 GeoPEX 系统提供的数据库迁移来完成。具体方法流程如下：

(1)首先复制一个省的成果集成数据库作为华东地区的成果集成源数据库(在此选择了福建省)，并分别将源数据库加载到数据库服务器 XZJ 上(图 5-41、图 5-42)。

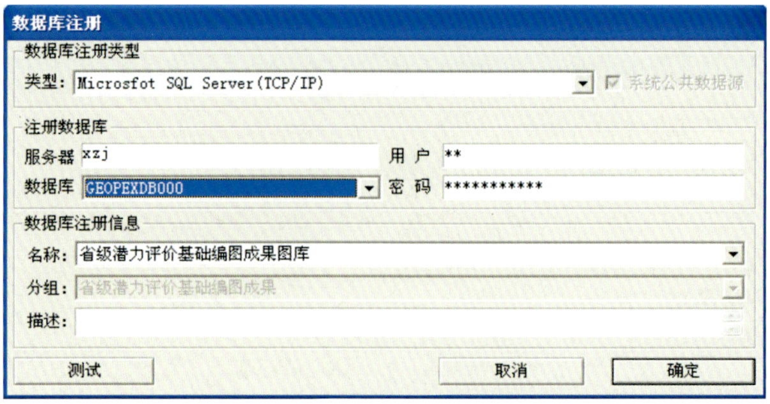

图 5－39　华东地区矿产资源潜力评价基础编图成果图库源库注册

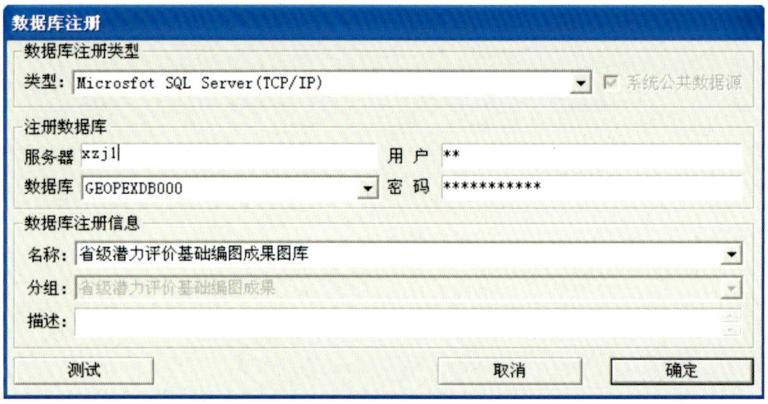

图 5－40　华东地区矿产资源潜力评价基础编图成果图库迁移库注册

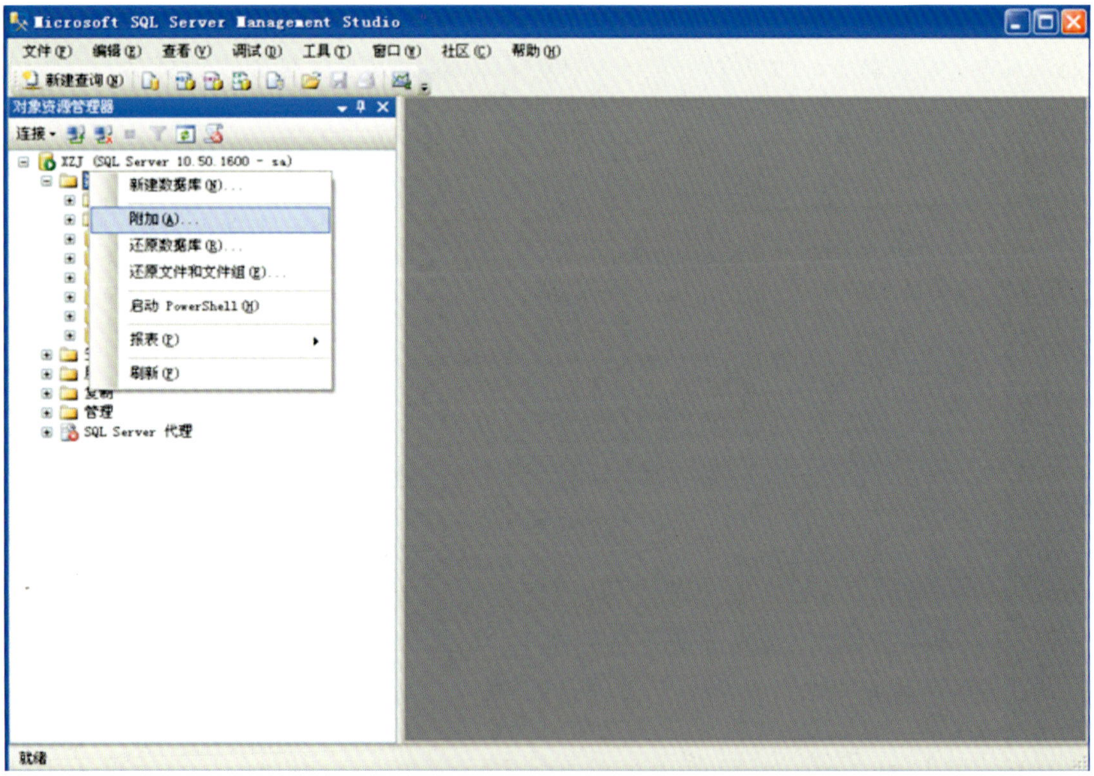

图 5－41　华东地区矿产资源潜力评价成果集成数据库加载

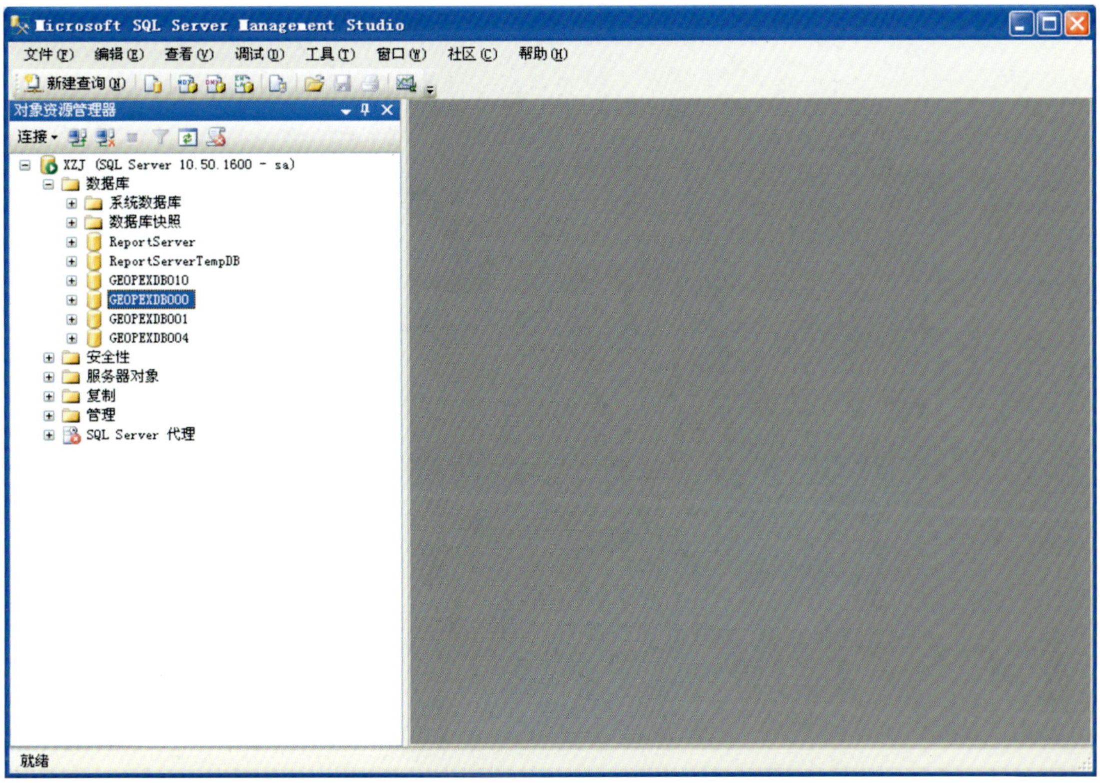

图 5－42　加载的华东地区矿产资源潜力评价成果集成数据库

(2)在迁移服务器 XZJ1 上加载省级成果集成数据库(需要迁移的集成数据库)。

(3)数据库注册如图 5－39 和图 5－40 所示。

(4)联机测试如图 5－43 所示。

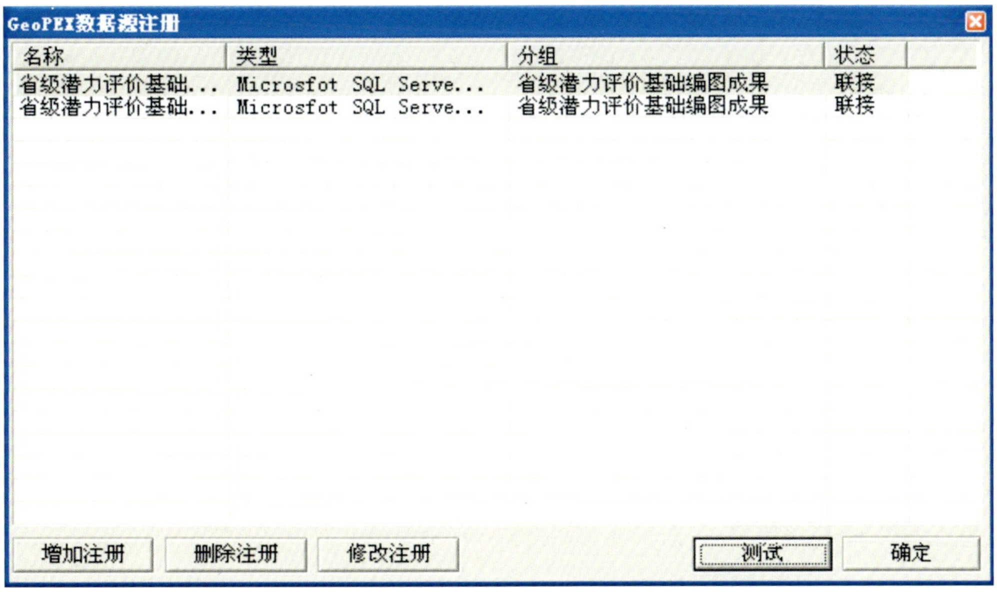

图 5－43　华东地区潜力评价基础编图成果图库联机测试

(5)数据库迁移：选择 GeoPEX 系统提供的数据库迁移功能(图 5－44)。

图 5－44　GeoPEX 系统的数据库迁移功能

根据迁移窗口，将迁移目标定义为华东地区集成数据库(即以福建省为基础)，数据来源定义为需迁移的省级集成数据库(如台湾省)，并选择全部迁移。迁移完成后即可形成华东地区潜力评价基础编图成果集成数据库(福建和台湾部分)(图 5－45)。按此方法依次将江苏省、安徽省、浙江省和江西省的省级潜力评价基础编图成果集成数据库迁入华东地区潜力评价基础编图集成数据库中，最终形成华东地区潜力评价基础编图集成数据库。

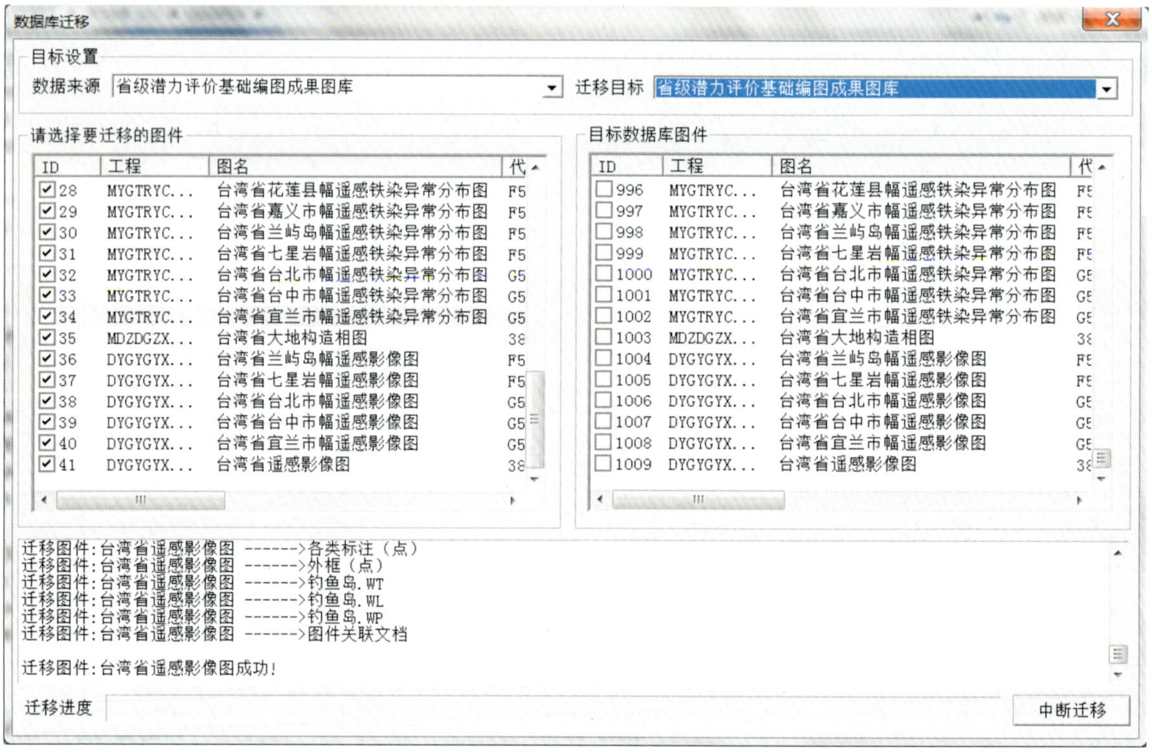

图 5－45　华东地区潜力评价基础编图集成数据库台湾省迁入界面

(6)华东地区潜力评价成果集成数据库的集成。按照上述工作步骤分矿种依次将各省矿种集成数据库进行迁移集成,最终形成华东地区潜力评价矿种的成果集成数据库(图 5-46)。

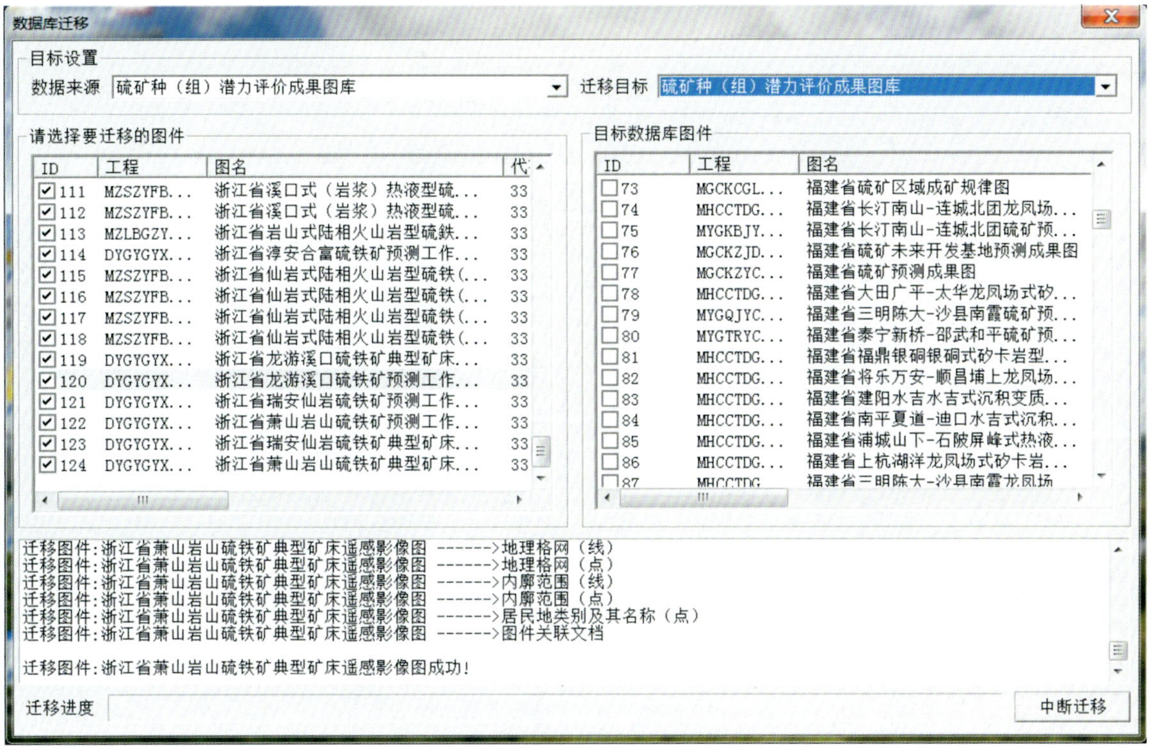

图 5-46　华东地区潜力评价硫矿集成数据库浙江省迁入过程

(四)华东地区集中式矿产资源潜力评价成果集成数据库

通过上述的方法和流程,最终完成基于 GeoPEX 的华东地区矿产资源潜力评价成果集成数据库。该数据库涵盖基础编图及 21 个矿种(组)的矿产资源潜力评价成果集成图(库),共计收录 15 840 个专题图(库)(表 5-36)。

表 5-36　华东地区矿产资源潜力评价成果集成数据库建库一览表

序号	数据库分组名称	数据库名称	图(库)数
0	省级潜力评价基础编图成果	GeoPEXDB000	1009
1	铁矿种(组)潜力评价成果	GeoPEXDB001	1136
2	锰矿种(组)潜力评价成果	GeoPEXDB002	278
3	铬矿种(组)潜力评价成果	GeoPEXDB003	
4	铜矿种(组)潜力评价成果	GeoPEXDB004	2274
5	铅矿种(组)潜力评价成果	GeoPEXDB005	1670
6	锌矿种(组)潜力评价成果	GeoPEXDB006	46
7	镍矿种(组)潜力评价成果	GeoPEXDB007	69
8	钨矿种(组)潜力评价成果	GeoPEXDB008	1059

续表 5-36

序号	数据库分组名称	数据库名称	图(库)数
9	锡矿种(组)潜力评价成果	GeoPEXDB009	730
10	钼矿种(组)潜力评价成果	GeoPEXDB010	1344
11	金矿种(组)潜力评价成果	GeoPEXDB011	1831
12	银矿种(组)潜力评价成果	GeoPEXDB012	991
13	锑矿种(组)潜力评价成果	GeoPEXDB013	284
14	稀土矿种(组)潜力评价成果	GeoPEXDB014	210
15	锂矿种(组)潜力评价成果	GeoPEXDB015	122
16	菱镁矿种(组)潜力评价成果	GeoPEXDB017	40
17	磷矿种(组)潜力评价成果	GeoPEXDB018	252
18	硫矿种(组)潜力评价成果	GeoPEXDB019	956
19	硼矿种(组)潜力评价成果	GeoPEXDB021	43
20	萤石矿种(组)潜力评价成果	GeoPEXDB022	1157
21	重晶石矿种(组)潜力评价成果	GeoPEXDB023	339
合　计			15 840

(五)华东地区集中式矿产资源潜力评价成果集成数据库的管理与应用

基于 GeoPEX 的华东地区集中式矿产资源潜力评价成果集成数据库的管理和应用主要是通过 GeoPEX 系统平台实现。

1. 用户管理

主要是对用户群和用户权限的管理,系统管理员可根据工作需要和用户性质定义用户,并对不同的用户群定义不同的应用权限(图 5-47、图 5-48)。

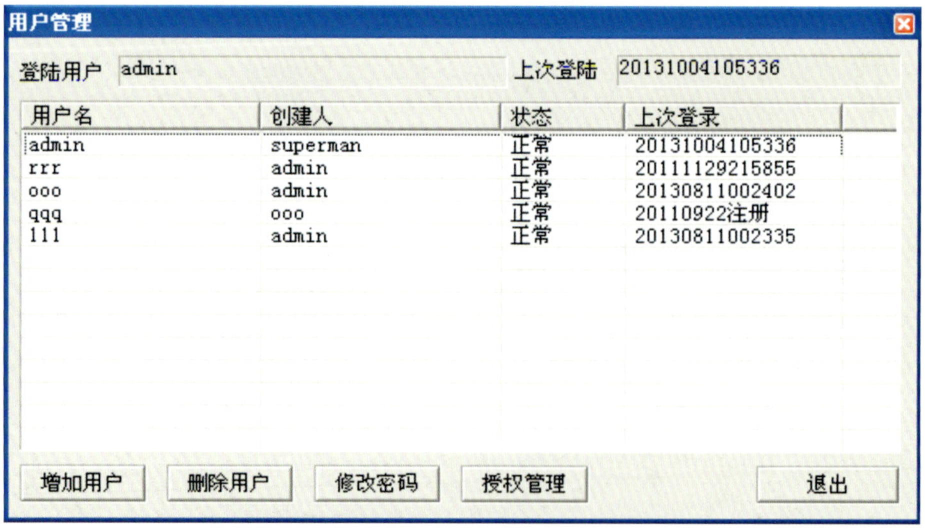

图 5-47　华东地区矿产资源潜力评价成果集成数据库的用户定义

2. 专题图库的维护

通过 GeoPEX 专题图库的维护功能，对华东地区矿产资源潜力评价成果集成数据库进行维护，主要包括图库的导入、删除和修改等(图 5-49、图 5-50)。

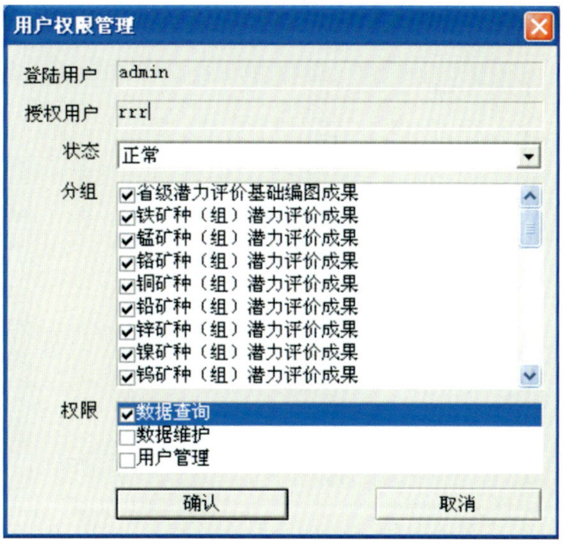

图 5-48　华东地区矿产资源潜力评价成果集成数据库的用户权限定义

3. 华东地区矿产资源潜力评价成果集成数据库的查询与应用

(1)华东地区 1∶25 万建造构造图。键入“建造构造”关键词，即可显示华东地区 1∶25 万建造构造图分布(图 5-51)。

在图 5-51 的列表中勾选江苏省淮安市幅、浙江省杭州市幅、安徽省阜阳幅、江西省南昌市幅、福建省龙岩市幅和台湾省台北市幅建造构造图，进行图层列表和查询即可得到上述 6 幅建造构造图(图 5-52)。

(2)华东地区预测区铜元素地球化学图。打开铜矿种(组)潜力评价成果集成库(GeoPEXDB004)，并键入“铜地球化学图”关键词，即可显示华东地区预测区铜元素地球化学图分布，然后选择“铜元素含量分布等值线”即可得到华东地区预测区铜元素地球化学图(图 5-53)。

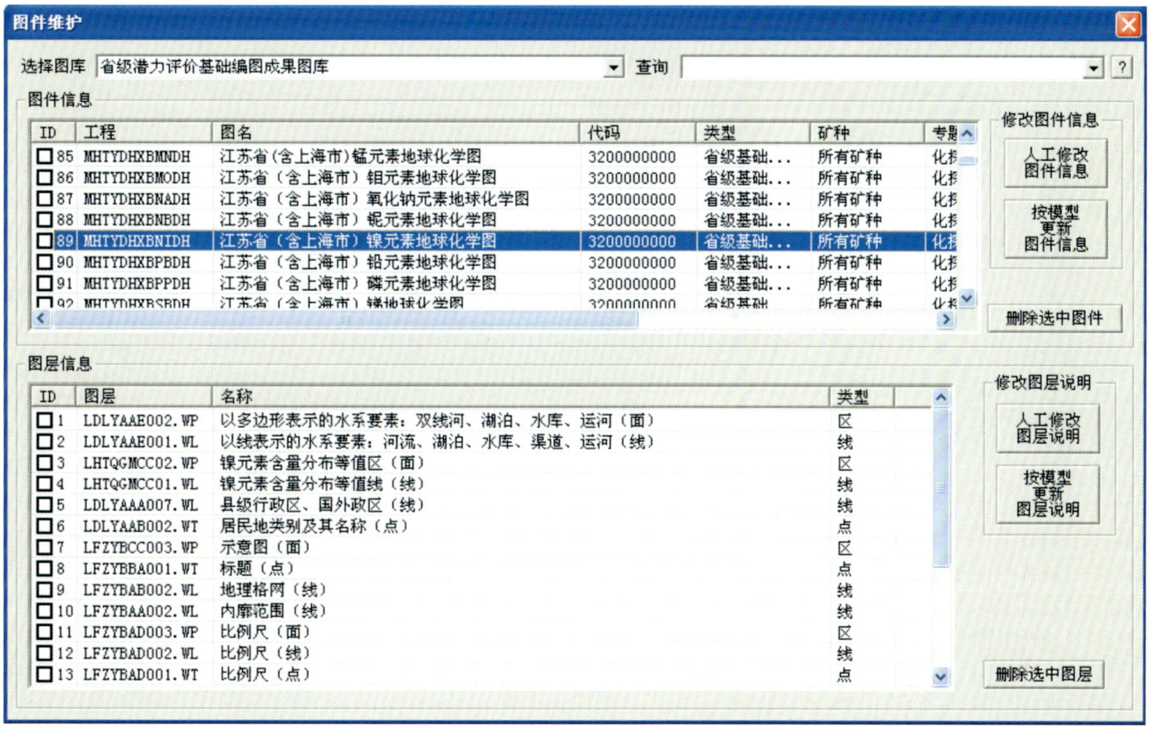

图 5-49　华东地区矿产资源潜力评价成果集成数据库的图库维护

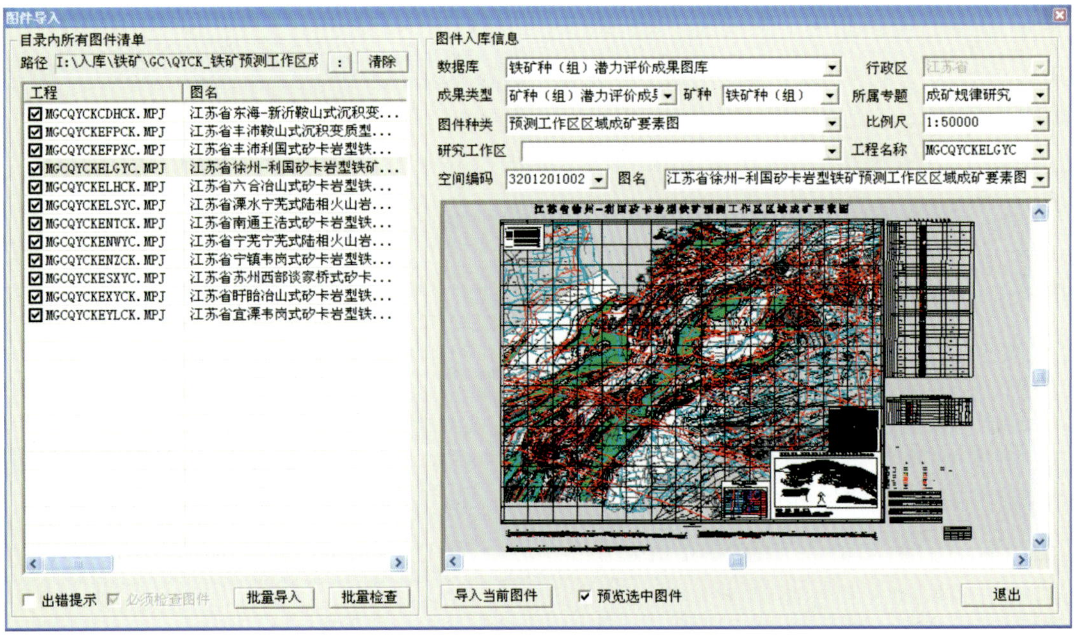

图 5-50　华东地区矿产资源潜力评价成果集成数据库的图库导入

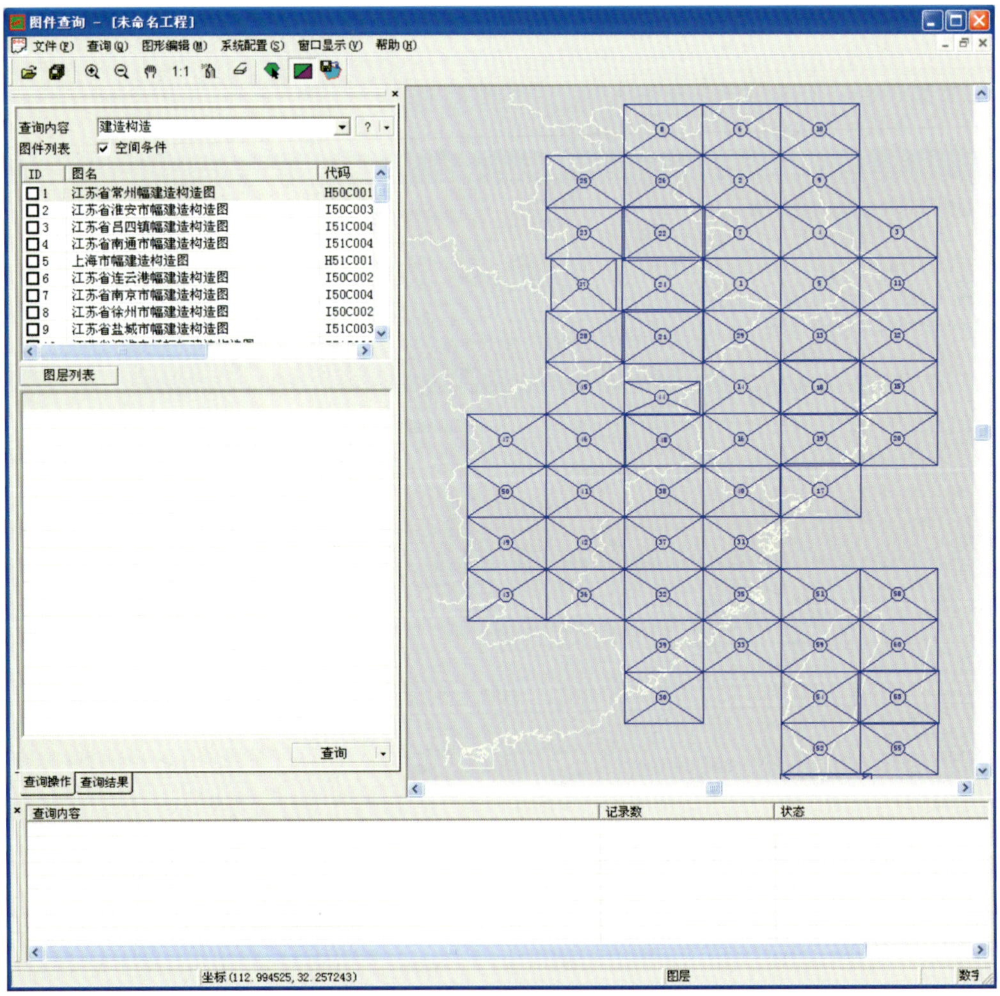

图 5-51　华东地区矿产资源潜力评价成果集成数据库建造构造图分布

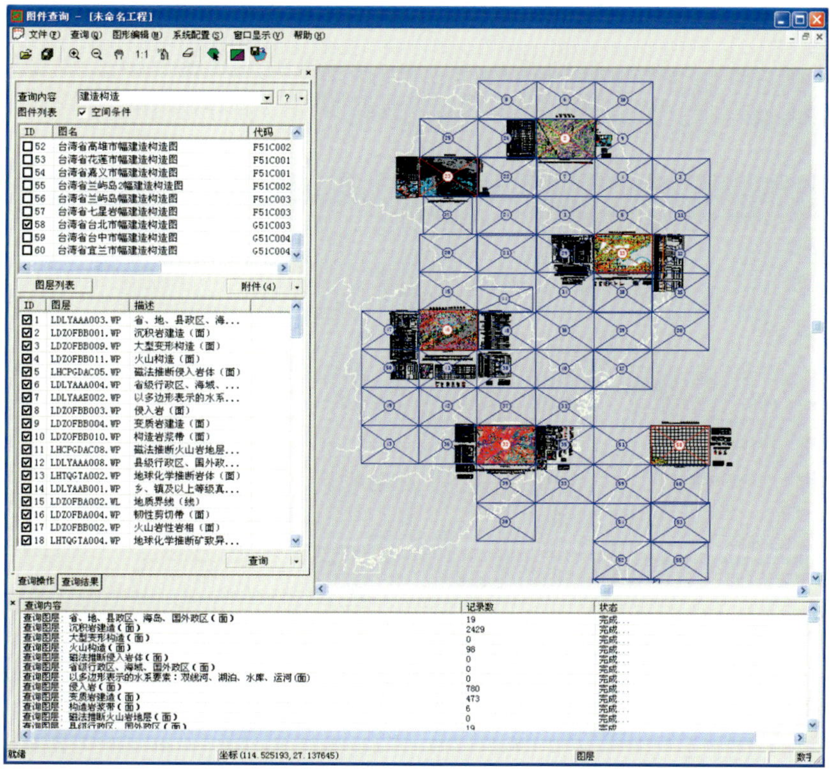

图 5-52　华东地区成果集成数据库六省各选一幅建造构造图查询结果

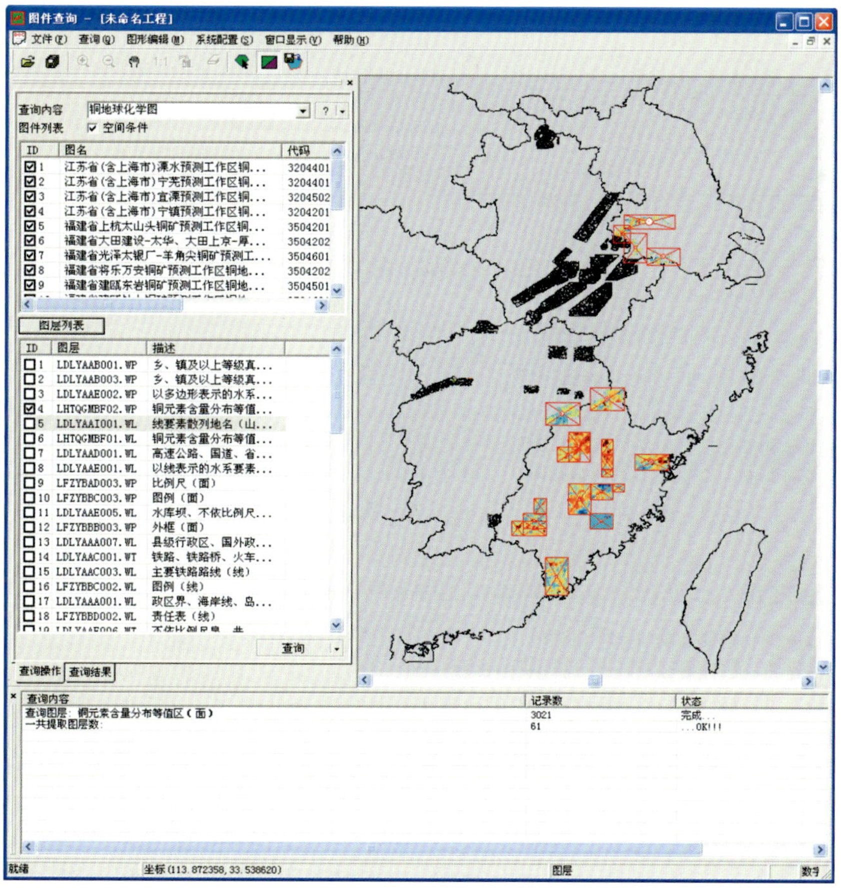

图 5-53　华东地区预测区铜元素地球化学图查询结果

(3)华东地区铜矿预测类型分布。打开铜矿种(组)潜力评价成果集成库(GeoPEXDB004),并键入“省级矿产预测类型分布图”关键词,即可显示华东地区省级矿产预测类型分布图分布,然后选择“矿产预测类型分布区界线”即可得到华东地区铜矿预测类型分布(图5-54)。

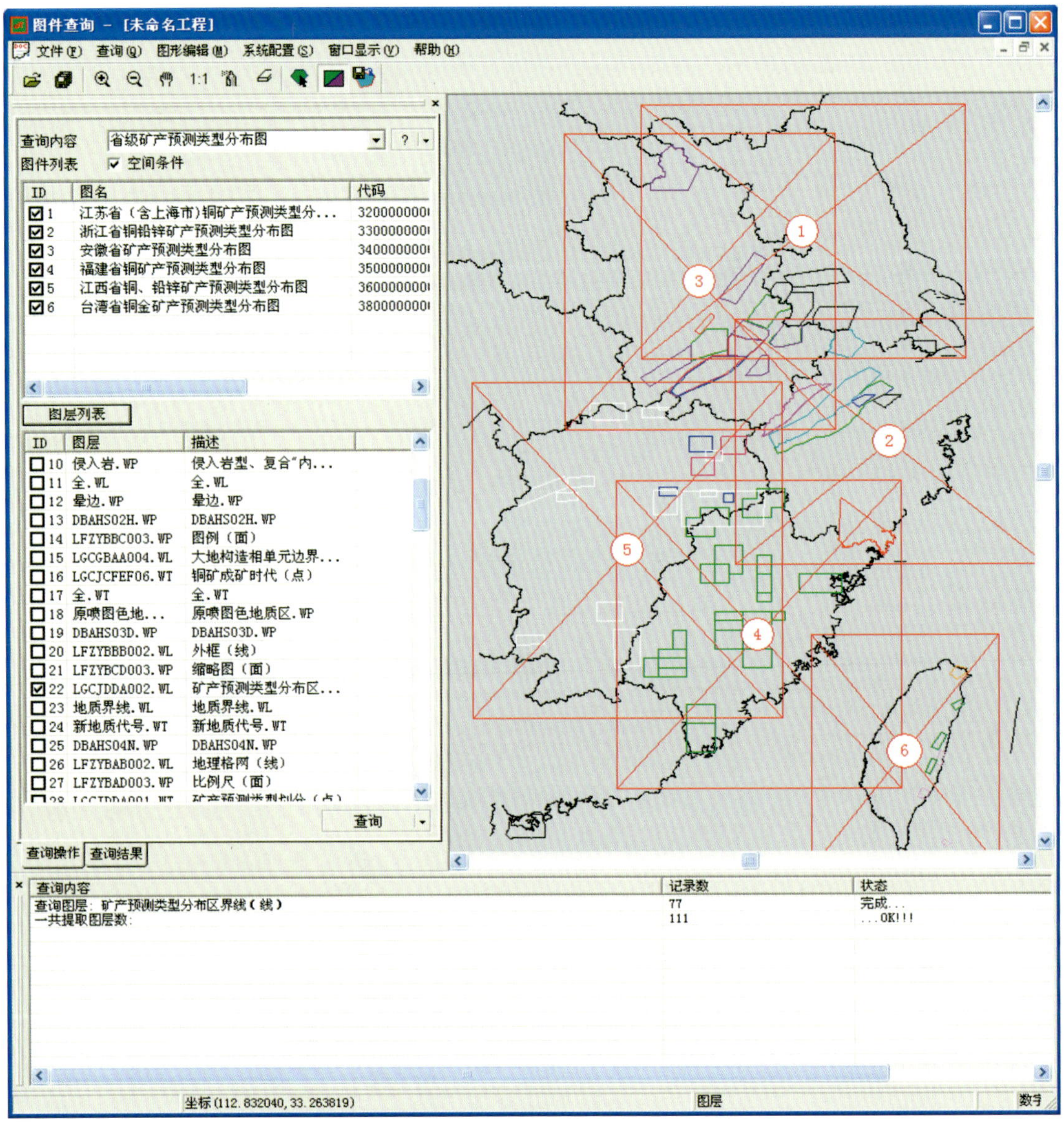

图5-54　华东地区铜矿预测类型分布图查询结果

(4)华东地区侵入岩分布。在图件查询模块主界面粗略查询区中键入粗略查询关键字词“*”,点击“查询高级设置”弹出查询高级设置对话框,勾选从图层信息查找内容(图5-55)。

在图件查询模块主界面表中,输入关键字“侵入岩(面)”,然后点击查询“?”,则显示出所有含有侵入岩(面)图层的图库(图5-56、图5-57)。

(5)华东地区其他图库的应用。华东地区其他图库,如沉积岩建造分布图、变质岩建造分布图、火山岩岩相分布图、金元素地球化学图、铜元素地球化学图、自然重砂异常分布图以及大地构造相图查询结果分别如图5-58~图5-64所示。

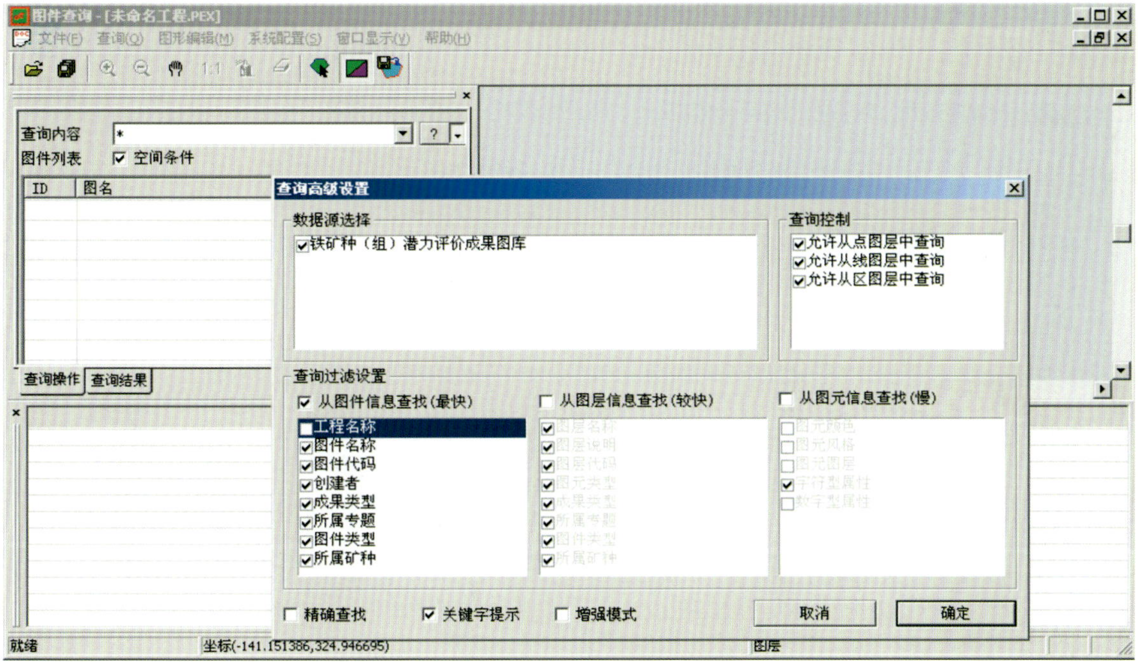

图 5-55　选择高级查询的图库

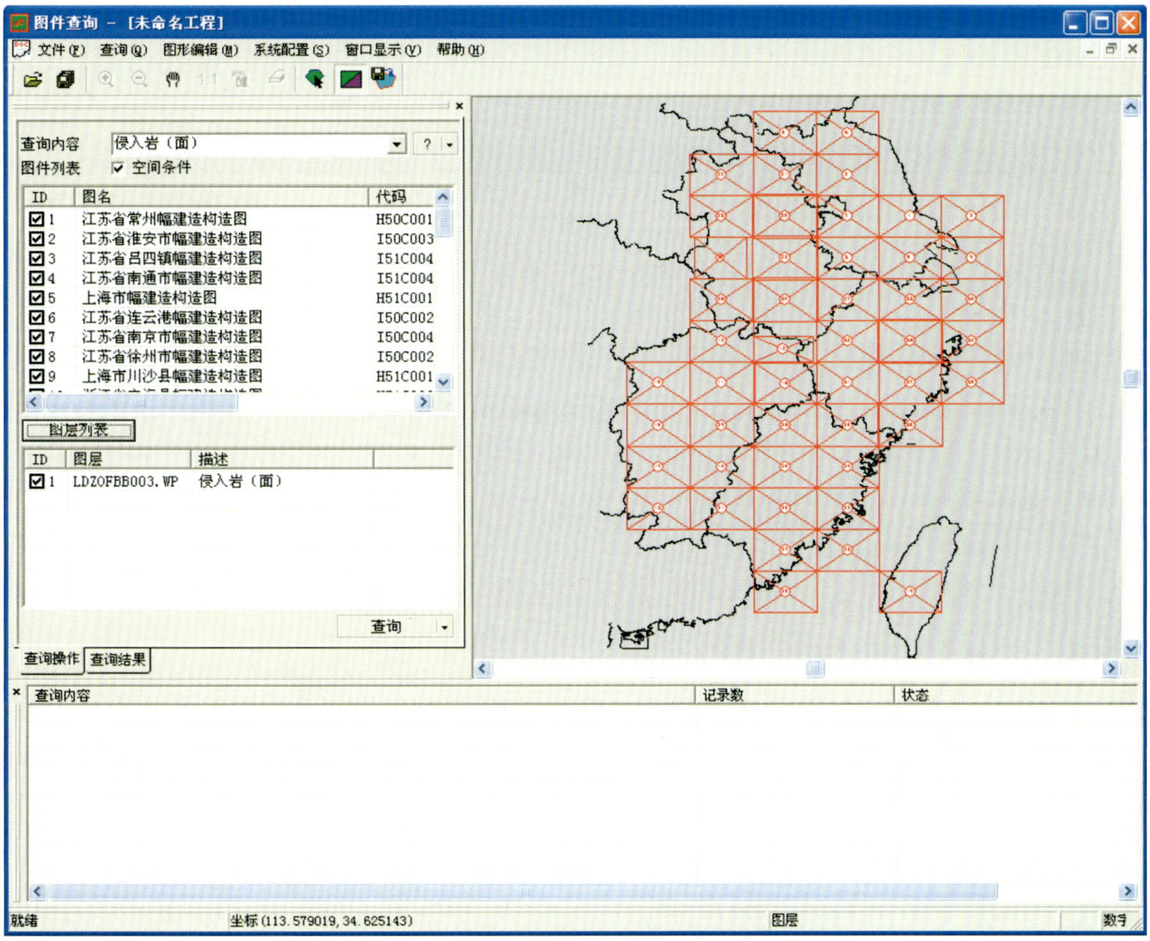

图 5-56　查询出含有侵入岩(面)图层的图库范围

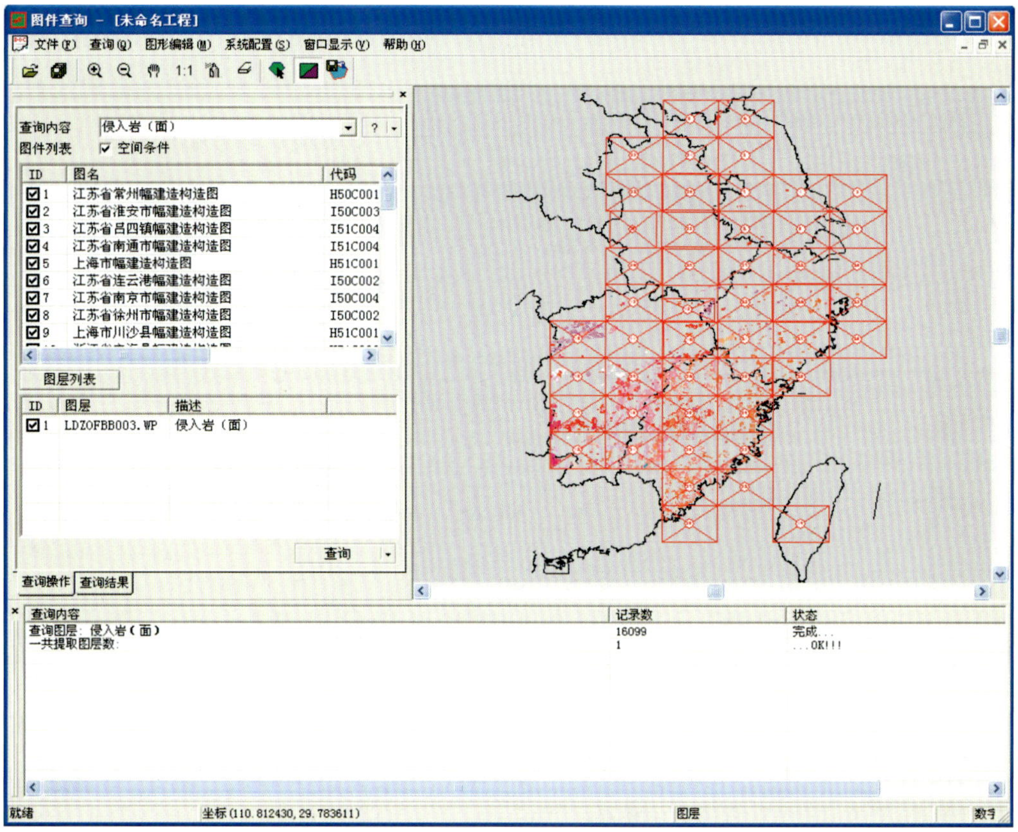

图 5-57　华东地区侵入岩分布图

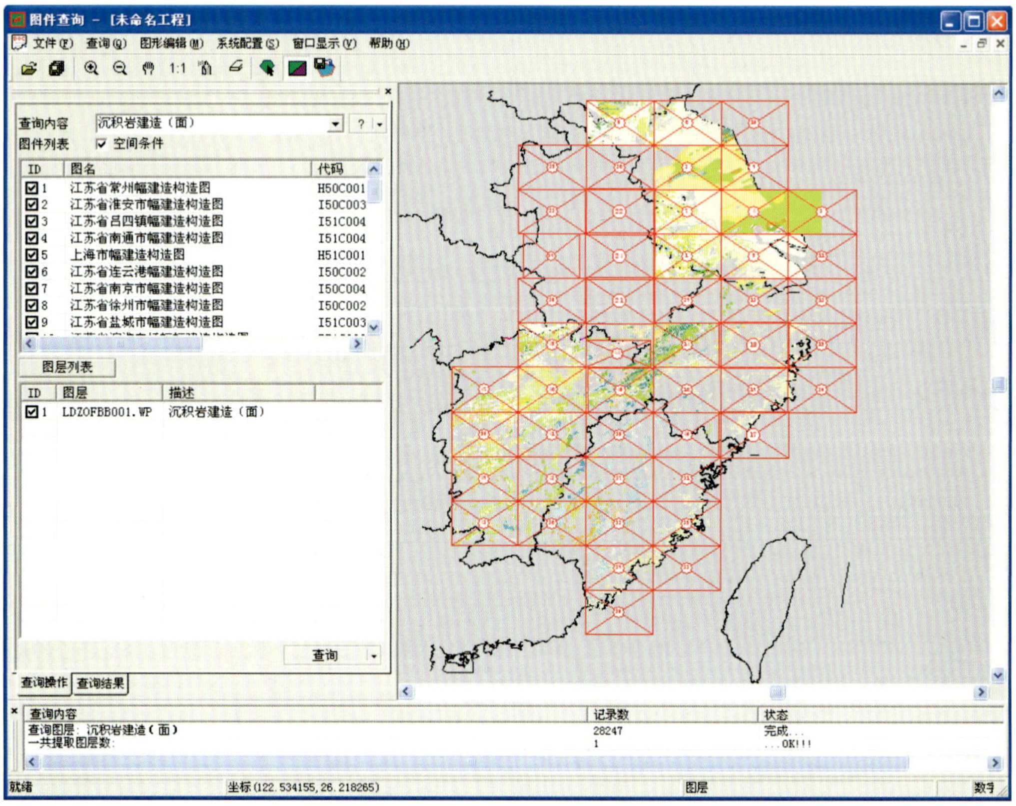

图 5-58　华东地区沉积岩建造分布图

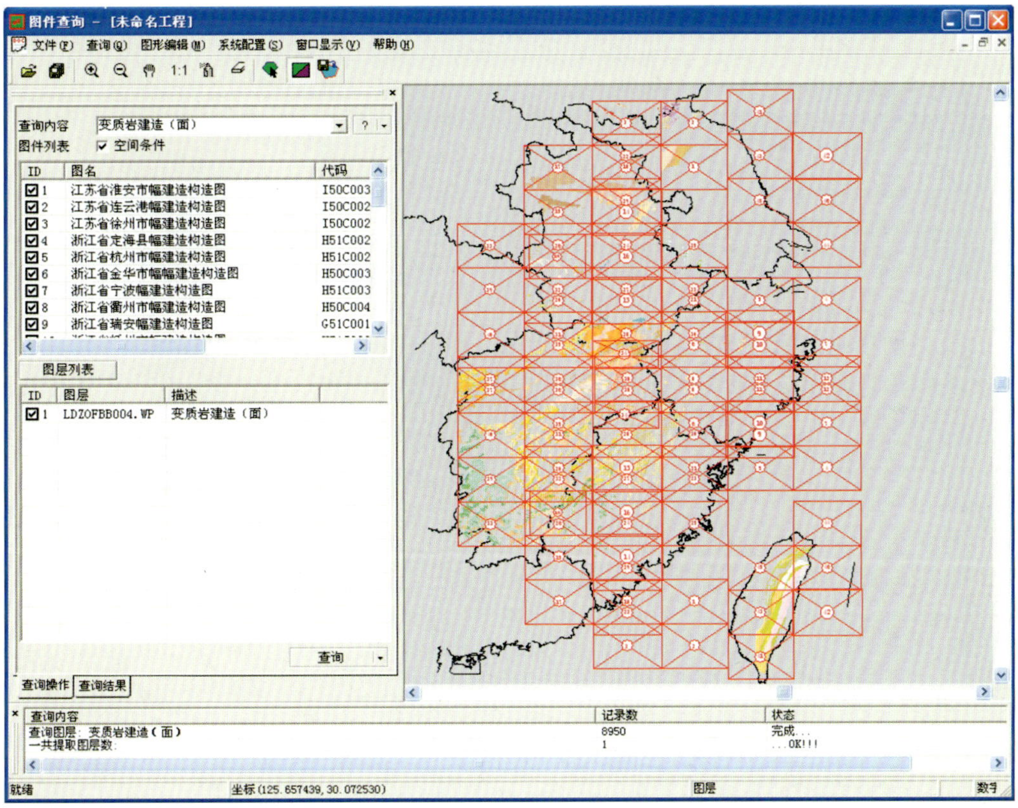

图 5-59　华东地区变质岩建造分布图

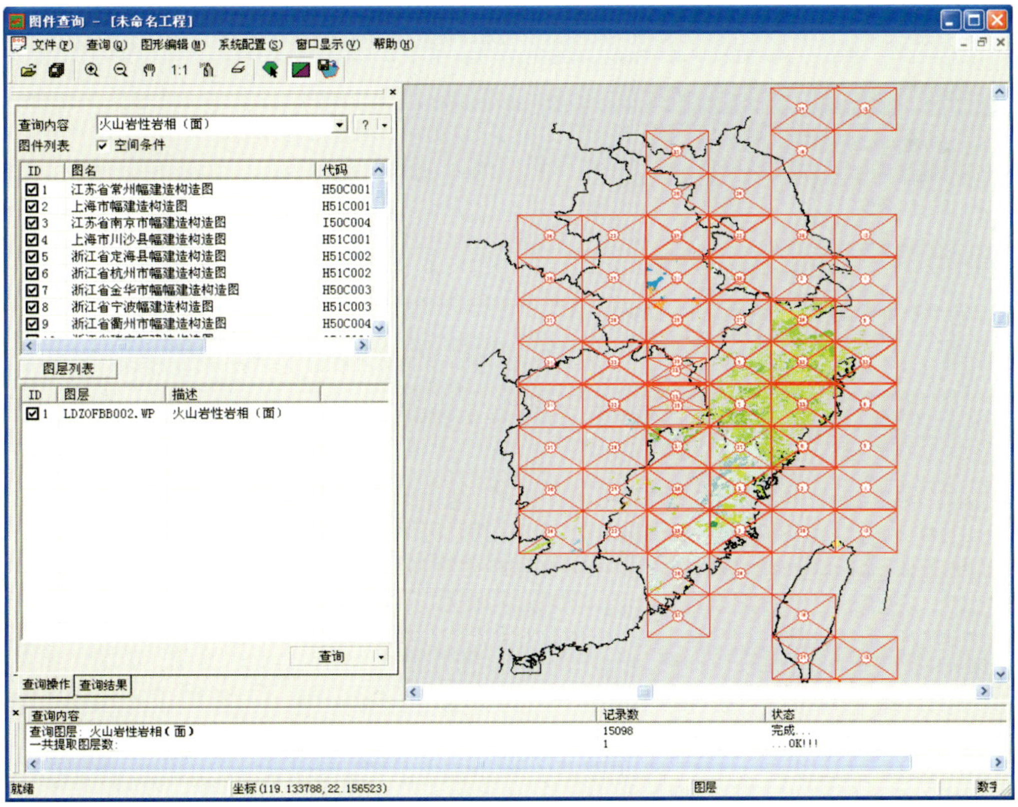

图 5-60　华东地区火山岩岩相分布图

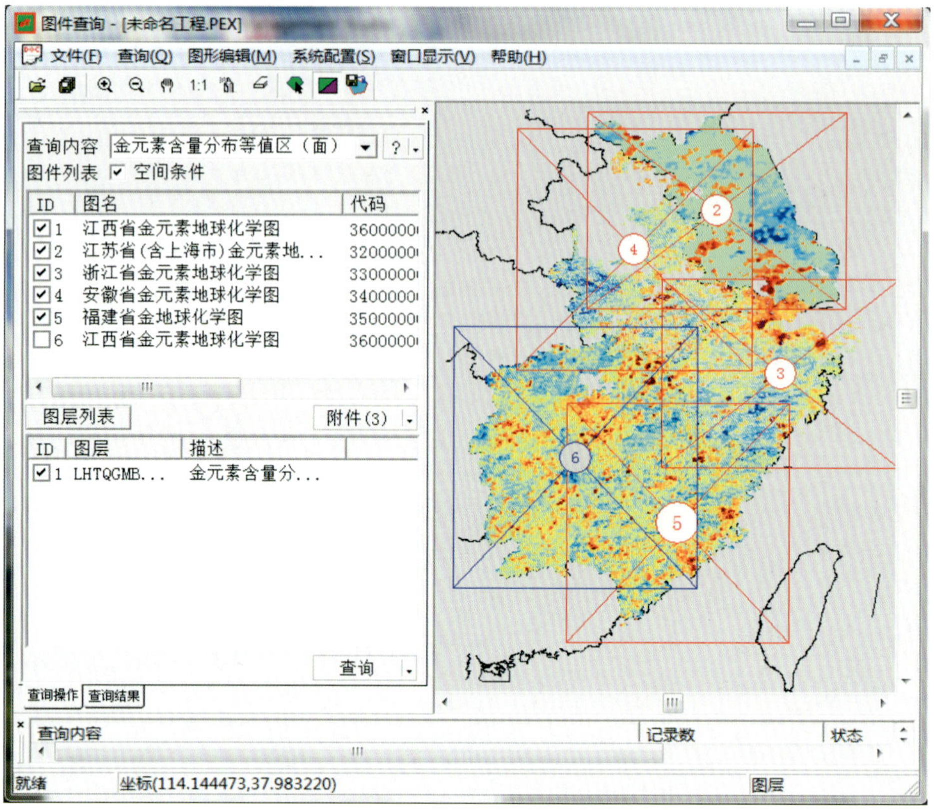

图 5-61　华东地区金元素地球化学图

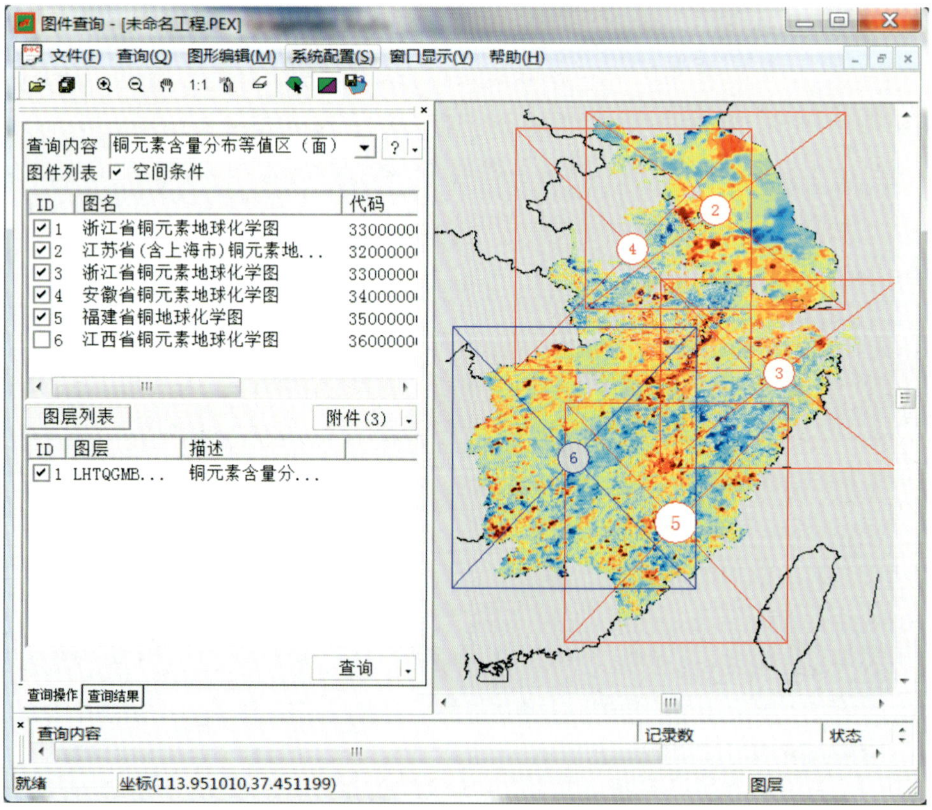

图 5-62　华东地区铜元素地球化学图

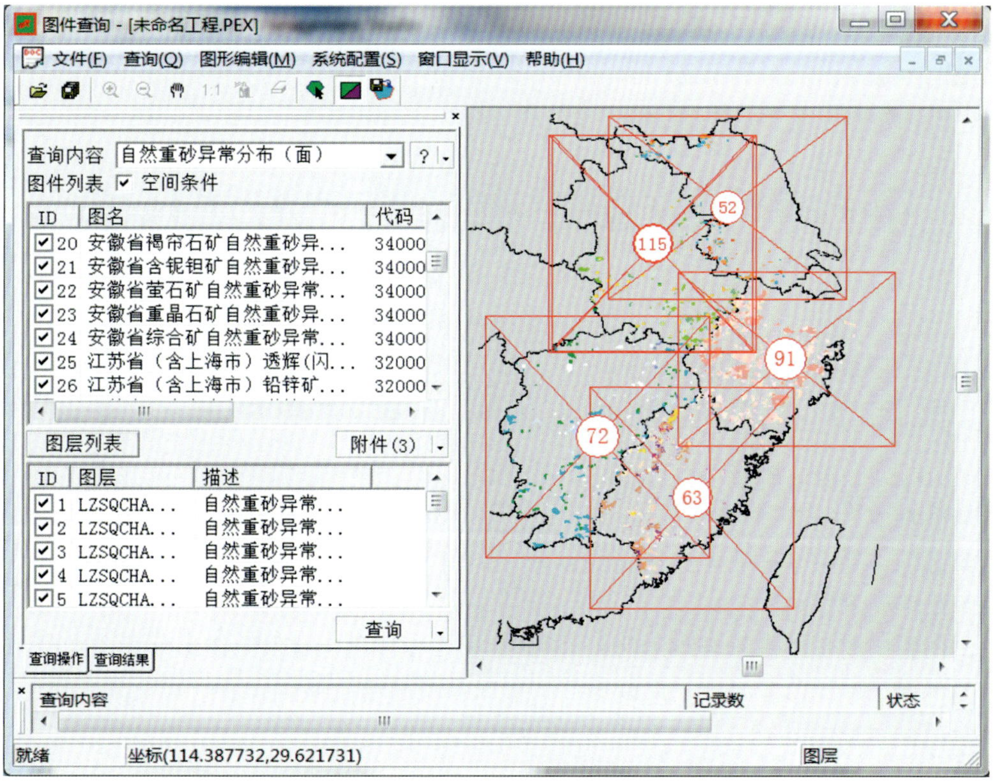

图 5-63　华东地区自然重砂异常分布图

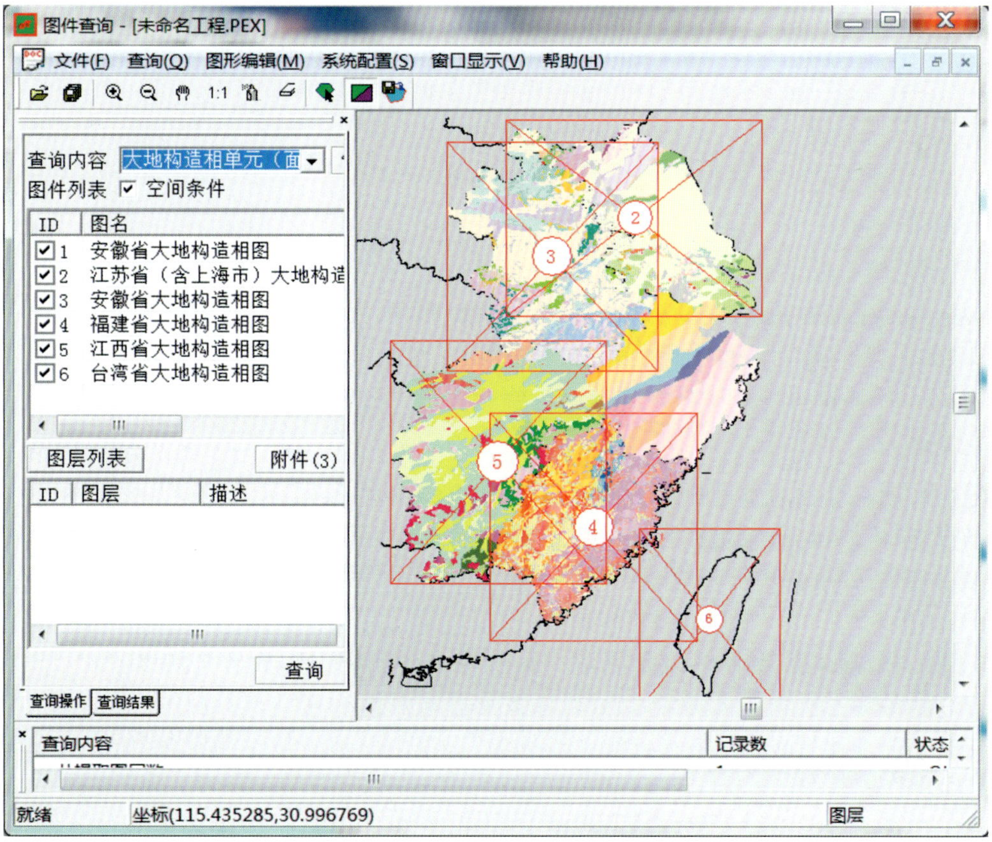

图 5-64　华东地区大地构造相图

第六章　数据库质量监控方法技术

第一节　基础地质数据库更新维护的质量控制

基础地质数据库作为一个采用工业化生产方式开展的数据库生产项目，建立了一整套完善的数据库生产质量管理体系和一系列具体的管理措施与办法，不仅保证了数据库数据质量，还促进了数据质量研究及相关标准的制订。

质量控制的目的就是确保数据库达到有关指南、标准与规范所要求的技术状态，确保数据质量呈现一个连续、稳定的控制过程，并保证在类似条件下可以重现同样质量的成果。质量保证既包括成果质量保证，也包括过程质量保证。

一、质量控制流程

基础地质数据库质量控制流程采用三级检查和两级验收的模式进行（图 6－1）。

二、质量保证措施

1. 组织保证

中国地质调查局非常重视整个地质工作中的质量管理，有专门的机构、人员和经费负责质量监控与质量管理体系，并建立了中国地质调查局、项目实施单位和项目承担单位三级质量管理体系。作为数据库建设的各基层生产单位，对数据库质量的控制管理也从最初的注重基本操作技能、注重技术研究与预研究逐步过渡到建立数据库生产整体过程的质量管理体系建设。

2. 检查制度

在三级检查、两级验收的质量管理体系下，数据库建设的各环节、各工序进行不间断的、日常化的，甚至是反复的质量检查与测试，并将检查结果文档化。项目主管部门和有关项目实施单位定期组织专家组分赴各数据库建设单位进行阶段性工作检查和技术指导，并发布检查通报，同时强化成果验收工作及成果复核工作。

在标准规范与管理体系基础上，还建立了一系列具体的管理制度，内容包括以下几个方面。

（1）工作设计编写。接到项目任务书后，对任务书进行分析和研究，明确任务书的具体任务和各项要求，并按任务书要求及指南要求进行工作区设计编写，报中国地质调查局审批，审批通过后方可进行建库工作方案的实施。

（2）建立工作日志制度。建立完整的工作日志表，每个作业人员必须按要求填写工作日志，将每天的工作内容全面、完整地记录下来，并由作业组长签名认可。

（3）建立自互检制。建立完整的自、互检表，每个作业人员在不同的工作阶段需对阶段性成果做阶

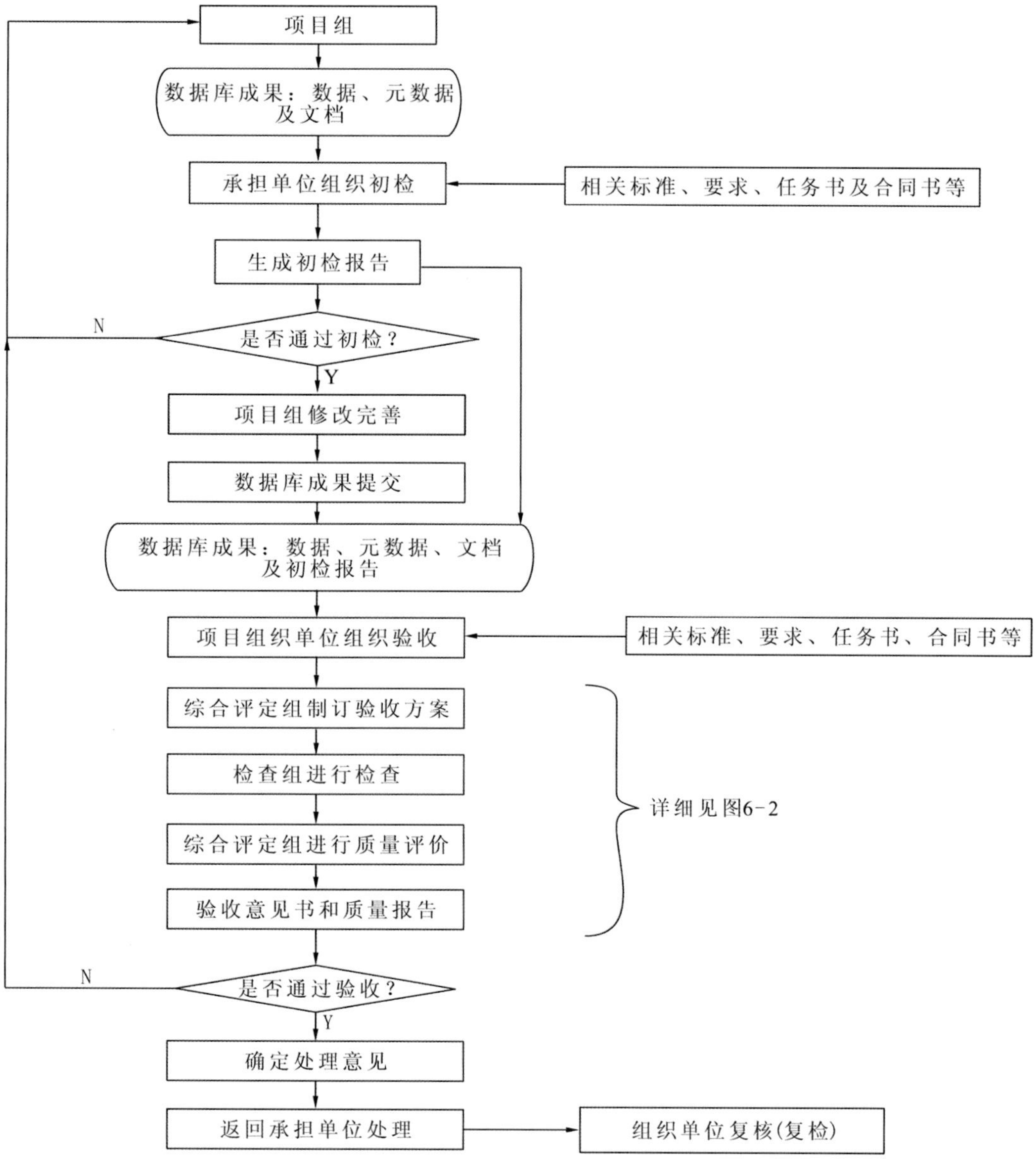

图 6-1　基础数据库检查验收流程图

段性质量检查，每完成一幅图建库工作，需按地质图空间数据库指南要求进行全面自检，并将自检结果和修改处理结果如实、完整地记录下来，由作业组长签名认可。在自检的基础上，由项目负责人安排其他作业人员进行全面互检，并将互检结果和修改处理结果如实、完整地记录下来，由作业组长签名认可。

(4)抽检制度。每幅图完成后，由项目负责抽取 60%进行检查，并确保检查内容全部符合质量要求。

(5)建立完善的月报、季报、半年报、年报制度。及时掌握各省阶段性工作成果和下阶段工作安排，实行有效的目标管理。

3. 验收制度

检查验收程序由初审、提交、验收和复核(复检)4 个阶段组成。

(1)初审。数据库建设项目完成并经过项目组自检和互检后，由项目承担单位组织专家对数据产品质量进行初审，并提交初审报告。初审内容包括数据质量、完成任务情况、元数据及其他与验收相关的文档等。依据验收方案所规定的具体检查内容和方法，对所有数据进行全面的检查和测试，填写检查记录表，编写初审数据质量报告。初审时只判定数据是否完成任务、质量是否达到验收要求，不计算具体得分。

(2)提交。对初审合格数据，由项目承担单位对初审中发现的问题进行全面的修改完善，并将数据、相关文档和初审报告提交给项目组织单位。

(3)验收。在初审的基础上，由项目组织单位组织专家或委托有关机构对承担单位提交的数据产品进行验收。验收方案和初审报告是验收的主要依据。验收专家组分为检查组和综合评价组，检查组负责对数据产品进行检查并如实记录检查结果，综合评价组依据检查结果确定缺陷级别并进行评价，提出验收意见，编写数据质量报告。

(4)复核(复检)。经验收通过的数据产品，根据项目组织单位的要求和数据产品质量情况，返回承担单位进行修改完善，完成后提交项目组织单位复核。验收未获得通过的数据产品返回项目承担单位修改或重做，完成后进行复检(重新检查和验收)。

4. 质量要求

基础地质数据库质量定量元素组成包括数据完整性、逻辑一致性、空间定位准确度、属性数据准确性以及图面整饰规范性等。数据质量定量元素的组成与描述见表6-1。

表6-1　数据质量定量元素

一级质量元素	描　　述	二级质量元素	描　　述
数据完整性	实体、实体属性和实体关系的多余和缺失程度	多　余	数据集中多余数据的程度，如图层、空间实体、数据表、记录、数据项、符号、注记与文档等
		遗　漏	数据集中遗漏数据的程度，如数据范围(工作量)、图层、空间实体、数据表记录、数据项、符号、注记与文档等
逻辑一致性	数据结构、属性及关系的逻辑规则的一致性程度	概念一致性	与标准的符合程度，如与数据库结构的符合程度
		值域一致性	值对值域的符合程度。值不应超出值域的范围；值应满足值域之间的运算关系。如按照地类和行政区划进行统计的面积结果应一致
		格式一致性	数据存储同数据集的物理结构匹配程度，包括数据文件、图层命名和数据格式等
		拓扑一致性	拓扑特征的准确度：如点、线、面类型定义正确、不同图层共用界线的一致性、多边形封闭、结点关系正确，如线状实体交叉应建结点等
		接边一致性	相邻图幅间接边实体的类型和属性描述的一致性
空间定位准确度	空间实体位置的准确度	数学基础精度	坐标系、投影参数、图廓点、坐标网交点、控制点坐标等的准确程度
		校正精度	校正控制点数目与分布的合理性，校正后数据符合精度要求(包括影像校正和矢量数据校正)
		采集精度	空间实体位置与可以接受的值或真值的符合程度，包括扫描和矢量化精度、形态控制精度等
		接边精度	相邻图幅间接边吻合度，接边线(如标准图幅内图廓线或行政界线等)之间的误差满足要求，接边实体(线或弧段)误差满足要求

续表 6－1

一级质量元素	描　　述	二级质量元素	描　　述
属性数据准确性	定量属性的准确度、定性属性以及实体及其属性分类的正确性	分类的正确性	实体及其属性分类与真值或参考数据集的符合程度
		定性属性正确性	定性属性的正确性，如岩性描述的正确性
		定量属性准确度	定量属性的准确度，如数据值及其单位的正确性；土地线状地物、零星地物的面积计算的准确性；图斑面积相对线状地物、零星地物面积及行政界线扣除的正确性
图面整饰规范性	符号、注记和图廓整饰的规范性	符号规范性	符号正确、定位准确、表示合理，符号与符号以及符号与其他要素压盖关系合理；线划光滑、符合要求，线型设置正确；符合相关专业的色系标准或规范；网纹类型、颜色、高度、宽度和透明系数等是否正确
		注记规范性	注记正确、可读，压盖关系合理
		图廓整饰规范性	图廓整饰符合有关标准或规定，图面结构搭配合理、美观

数据的质量特性采用缺陷个数这种离散型随机变量衡量的计数法进行衡量。

对连续变化的地质数据质量特性问题，如定位精度等，在地质数据质量检查与评价中，采用缺陷来量化质量检查中出现的各类不符合规定的问题。缺陷通常分为六级，即致命缺陷、严重缺陷、重缺陷、次重缺陷、轻缺陷和次轻缺陷。制定了以空间数据为主的地质数据、以属性为主的地质数据（包括点空间数据）和地质制图数据的缺陷分级及各级缺陷内容的划分原则与方法。

数据质量评价分为直接质量评价和间接质量评价。直接质量评价是按照一定的规则和方法对质量检查的结果进行评价并得出结论的过程。间接质量评价主要依据外部知识，通过定性数据质量元素的内容判断数据质量。基础地质数据采用直接质量评价的通用规则和方法。

采用优秀、良好、合格、不合格四个级别表征地质数据质量水平，按百分制的得分划分质量等级。对合格数据中发现的所有问题，要求生产单位进行处理并对处理结果进行复核。对不合格的数据，要求生产单位返工或重作并进行复检。

三、数据质量

通过上述严格的质量控制，华东地区基础地质数据库维护的数据质量明显提升，数据质量的总体优良率为100％，优秀率为76％。

第二节　专题图件属性数据库的质量控制

一、专题图件属性数据库质量控制概述

根据矿产资源潜力评价数据模型，全国矿产资源潜力评价专题数据库主要涵盖地质背景、成矿规律、矿产预测、重力、磁测、化探、遥感、自然重砂等多个专业领域。因此，有必要依据全国矿产资源潜力评价专题数据库数据质量控制涉及的基本内容，通过深入分析、综合研究，提出一套可行、有效、规范、便捷的质量控制技术方法和流程，以确保矿产资源潜力评价专题数据库的数据质量。

从数据流或信息流转换角度来看，全国矿产资源潜力评价专题数据库主要有8个数据库生产环节：①收集数据及资料；②研究与编图；③阶段成果验收；④编制汇总方案；⑤研发建库平台；⑥汇总综合编图；⑦汇总成果验收；⑧汇总集成建库。

全国矿产资源潜力评价专题数据库的质量控制是一个全过程控制，且涉及到专题组和信息集成组的双重控制，只有全程都把好各环节数据质量关，才可能保障矿产资源潜力评价专项的数据库符合相关质量目标要求。

根据专题数据库生产的8个环节，本章节重点介绍与信息集成相关的专题属性数据库的质量控制程序、流程和方法。

二、专题图件属性数据库质量控制对象

质量控制对象主要是指质量监控、检查与评价的对象。根据矿产资源潜力评价专项数据库的特点，将质量控制对象划分为4类（涵盖地质背景、成矿规律、矿产预测、重力、磁测、化探、遥感、自然重砂等专题），即图面要素表达信息集、图件的空间数据集、图件的属性数据集、图件的元数据集。这4类数据集的质量检查与评价是整个矿产资源潜力评价专题数据库质量控制的核心和关键。

根据对上述质量控制对象的研究，确定了每类质量控制的质量元素，即可用来有效操作的最小级别的质量检查项（表6-2）。

表6-2 矿产资源潜力评价专题数据库数据质量检查项一览表

图件部分	图件部分主要质量检查项
图件专业编图部分	(1)编图工作流程符合规定程度 (2)编图使用地质资料符合资料要求程度 (3)编图资料或数据处理符合规定程度 (4)图面要素符合规定程度 (5)图面表达符合规定程度 (6)编图比例尺符合规定程度 (7)编图空间范围符合要求程度 (8)编图技术参数符合规定程度 (9)编图说明书内容符合规定程度 (10)其他相关规定符合程度
图件空间数据部分	(1)坐标系统参数符合规定程度 (2)图件地图投影符合规定程度 (3)图件使用图例图式符合规定程度 (4)专业图层空间实体符合专业图层内容规定程度 (5)图件的空间拓扑精度符合规定程度 (6)相关边界图层（国界、省界、预测工作区边界、典型矿床研究区边界等）符合规定程度 (7)图件、图层等结构及代码符合规定程度 (8)引用专业图层符合规定程度 (9)辅助图层或地理图层符合规定程度 (10)图层分类（包括专业图层、引用图层、辅助图层、地理图层、自增图层）符合规定程度 (11)图件四至范围与编图范围一致性符合程度 (12)其他相关规定符合程度

续表 6-2

图件部分	图件部分主要质量检查项
图件属性数据部分	(1)图层属性表结构符合规定程度 (2)图层属性数据填写格式符合规定程度 (3)图层属性数据填写内容符合地质工作程度 (4)图层属性数据填写率符合地质资料拥有程度 (5)图元编号/特征代码填写符合规定程度 (6)其他相关规定符合程度
图件元数据部分	(1)元数据内容填写符合规定程度 (2)元数据格式(XML 格式和自由文本格式)符合规定程度 (3)元数据填写内容与图件数据(空间和属性)一致性符合程度 (4)其他相关规定符合程度

三、质量缺陷的划分与评价规则

1. 质量缺陷的划分

质量缺陷即指质量元素不满足规定的要求。在矿产资源潜力评价专题数据库质量评价方法体系中，依据质量元素不满足规定要求的程度，将质量缺陷划分为六级，即致命缺陷、严重缺陷、重缺陷、次重缺陷、轻缺陷和次轻缺陷。存在致命缺陷则意味该数据或产品质量特性存在致命问题，以致不返工不能提供用户使用。其他五级缺陷则对数据或产品的影响度逐渐减轻，故根据质量评价需求，依次赋予一定的权重，即：严重/重/次重/轻/次轻=16/9/5/2/1。

图面要素表达信息集、图件空间数据集、图件属性数据集和图件元数据集 4 类检查项可能存在的致命及严重缺陷见表 6-3。

表 6-3　单个图件可能存在的致命或严重质量缺陷一览表

数据集	图件部分主要质量检查项	可能存在的致命或严重缺陷
图件专业编图部分	(1)编图工作流程符合规定程度 (2)编图使用的资料或数据符合要求程度 (3)编图资料或数据处理符合规定程度 (4)图面要素符合规定程度 (5)图面表达符合规定程度 (6)编图比例尺符合规定程度 (7)编图空间范围符合要求程度 (8)编图技术参数符合规定程度 (9)编图说明书内容符合规定程度 (10)其他相关规定符合程度	(1)编图工作流程完全不符合要求(致命)、部分不符合要求(严重) (2)编图使用的资料或数据完全不符合要求(致命)、部分不符合要求(严重) (3)编图资料或数据处理完全不符合要求(致命)、部分不符合要求(严重) (4)图面要素完全不符合要求(致命)、部分不符合要求(严重) (5)图面表达完全不符合要求(致命)、部分不符合要求(严重) (6)编图比例尺不符合要求(严重) (7)编图空间范围不符合要求(严重) (8)编图技术参数完全不符合要求(致命)、部分不符合要求(严重) (9)无编图说明书或编图说明书内容完全不符合要求(致命)、部分不符合要求(严重)

续表 6-3

数据集	图件部分主要质量检查项	可能存在的致命或严重缺陷
图件空间数据部分	(1)坐标系统参数符合规定程度 (2)图件地图投影符合规定程度 (3)图件使用图例图式符合规定程度 (4)专业图层空间实体符合专业图层内容规定程度 (5)图件的空间拓扑精度符合规定程度 (6)相关边界图层(国界、省界、预测工作区边界、典型矿床研究区边界等)符合规定程度 (7)图件、图层等结构及代码符合规定程度 (8)引用专业图层符合规定程度 (9)辅助图层或地理图层符合规定程度 (10)图层分类(包括专业图层、引用图层、辅助图层、地理图层、自增图层)符合规定程度 (11)图件四至范围与编图范围一致性符合程度 (12)其他相关规定符合程度	(1)坐标系统参数不符合要求(严重) (2)图件地图投影不符合要求(严重) (3)坐标系统参数或图件地图投影参数完全错误(致命) (4)图件使用图例库与统一规定不一致(致命) (5)图件使用图式与统一规定不一致(严重) (6)专业图层空间实体不符合专业图层内容规定(致命) (7)图件的空间拓扑精度不符合要求(严重) (8)相关边界图层(国界、省界、预测工作区边界、典型矿床研究区边界等)不符合要求(严重) (9)图件、图层等结构及代码不符合要求(严重) (10)引用专业图层不符合要求(严重) (11)图层分类(包括专业图层、引用图层、辅助图层、地理图层、自增图层)不符合要求(严重) (12)图件四至范围与编图范围不一致(严重)
图件属性数据部分	(1)图层属性表结构符合规定程度 (2)图层属性数据填写格式符合规定程度 (3)图层属性数据填写内容符合地质工作程度 (4)图层属性数据填写率符合地质资料拥有程度 (5)图元编号/特征代码填写符合规定程度 (6)其他相关规定符合规定程度	(1)图层属性表结构不符合规定(致命) (2)图层属性数据填写格式不符合规定(致命) (3)图层属性数据填写内容不符合地质工作程度(致命) (4)图层属性数据填写率不符合地质资料拥有程度(严重) (5)图元编号/特征代码填写不符合规定(致命)
图件元数据部分	(1)元数据内容填写符合规定程度 (2)元数据格式(XML 格式和自由文本格式)符合规定程度 (3)元数据填写内容与图件数据(空间和属性)一致性符合程度 (4)其他相关规定符合程度	(1)元数据内容填写不符合规定(严重) (2)元数据格式(XML 格式和自由文本格式)不符合规定(严重) (3)元数据填写内容与图件数据(空间和属性)不一致(严重)

2. 质量评价规则

矿产资源潜力评价专题数据库的质量评价是按照单个图库为基本评价单元,每个图库按照图面要素表达信息集、图件空间数据集、图件属性数据集和图件元数据集 4 个部分进行综合评价,在此基础上以地质背景、成矿规律、矿产预测、重力、磁测、化探、遥感、自然重砂等专题或省级数据库为综合评价体,给出整体的质量评价报告。评价流程见图 6-2 所示。

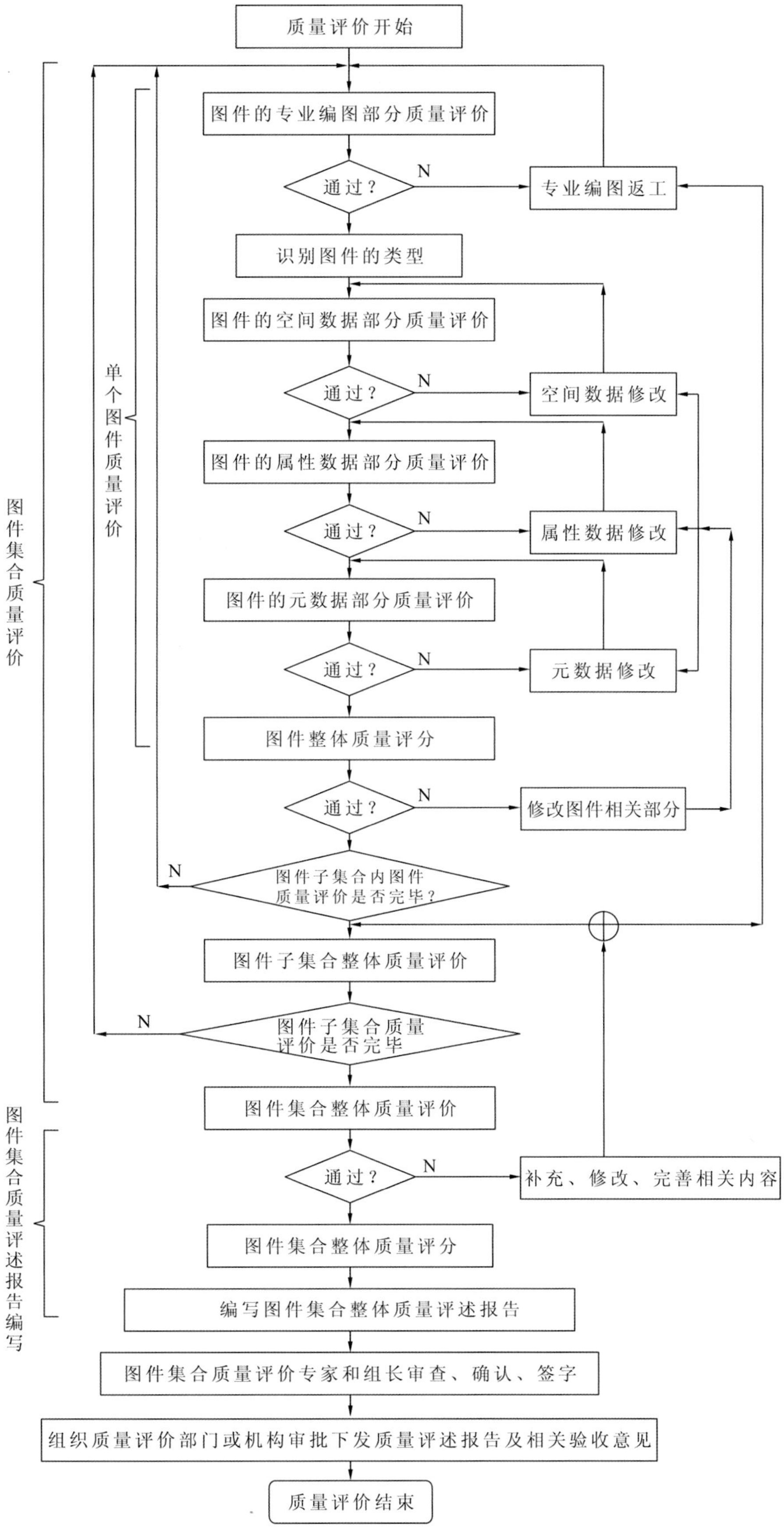

图 6-2　矿产资源潜力评价专题数据库数据质量评价流程(摘自左群超等,2013)

四、专题图件属性数据库数据质量评价

专题图件属性数据库数据的质量评价采用集中式规模检查方式，检查由专题组和信息集成组分别开展，对每个图件的图面要素表达信息集、图件空间数据集、图件属性数据集和图件元数据集 4 个部分进行详细检查，依据检查汇总单个图件检查结果形成整体数据集的评价结果。

1. 专题图件属性数据库的数据检查

专题图件属性数据库的数据检查主要是依据全国汇总组提供的 GeoMAG 和 GeoTOK 软件的检查功能进行检查，通过检查形成如下 7 个检查结果表。

其中“初步填写检查评价报告．xls”文件为综合检查结果表（专项检查的汇总表），其他 6 个为专项检查结果表（专项检查存在的具体问题）。

综合检查结果表主要有 3 项，即图件空间数据集质量检查记录表、图件属性数据集质量检查记录表和图件元数据集质量检查记录表（表 6－4～表 6－6）。

2. 专题图件属性数据库的空间检查

专题图件属性数据库的空间检查主要是通过 GeoTOK 软件对图库的空间拓扑进行检查，包括重复点元、线元、面元、坐标点，无意义微小线、微小弧、微小面，多边形不封闭、悬挂结点、悬挂弧、线或弧自相交、共用界线不唯一、拓扑不一致等。检查结果信息统计汇总到表 6－4，具体问题在空间拓扑表中描述。利用 GeoTOK 检查图面时可联动显示错误类型和位置，还可直接在 GeoTOK 软件平台上修改错误。

五、专题图件属性数据库的验收与复核

根据上述专题图件属性数据库的质量控制方法、检查程序及评价规则，大区项目组及时会同全国汇总组对华东各省完成的矿产资源潜力评价专题图件属性数据库进行了检查、验收、修改、复核等一系列工作，确保了矿产资源潜力评价专题图件属性数据库的质量，整体优秀率达到 80%。

表 6-6　××硫多金属矿预测工作区侵入岩浆构造图元数据集质量检查评价记录表

<table>
<tr><td colspan="2">数据产品名称</td><td colspan="6">××硫多金属矿预测工作区侵入岩浆构造图</td><td>提交单位</td><td colspan="10">××省矿产资源潜力评价项目组(或课题)</td></tr>
<tr><td colspan="2">数据集名称</td><td colspan="17">××硫多金属矿预测工作区侵入岩浆构造图元数据文档数据集</td></tr>
<tr><td colspan="2">致命或严重缺陷</td><td colspan="17">注意:若发现数据集存在“表1:单个图件(库)质量可能存在的致命或严重缺陷表”所列的致命或严重缺陷之一,则不必进入或停止检查与评价过程,直接要求返回修改</td></tr>
<tr><td>序号</td><td>检查项及描述</td><td>检查项类型</td><td>对应的质量元素一级/二级</td><td>检查方法</td><td>检查方式</td><td colspan="3">个体数或(N、n、c)</td><td>严重缺陷数</td><td>重缺陷数</td><td>次重缺陷数</td><td>轻缺陷数</td><td>次轻缺陷数</td><td>缺陷比U(%)</td><td>可接收质量限V(%)</td><td>U/V或U</td><td>检查项得分S</td><td>检查项质量通过否</td></tr>
<tr><td></td><td></td><td></td><td></td><td></td><td></td><td>N</td><td>n</td><td>c</td><td>16</td><td>9</td><td>5</td><td>2</td><td>1</td><td></td><td></td><td></td><td></td><td></td></tr>
<tr><td>1</td><td>遗漏了《全国矿产资源潜力评价数据模型　元数据规定分册》规定的必填内容。(例如,联系信息/空间信息/数据说明)</td><td>灵敏型</td><td>数据完整性/遗漏</td><td>人检</td><td>全检</td><td></td><td></td><td></td><td></td><td></td><td></td><td></td><td></td><td>0</td><td>5</td><td>0</td><td>100</td><td>通过</td></tr>
<tr><td>2</td><td>图件元数据的描述与图件的内容不一致</td><td>灵敏型</td><td>逻辑一致性/概念一致性</td><td>人检</td><td>全检</td><td></td><td></td><td></td><td></td><td></td><td></td><td></td><td></td><td>0</td><td>5</td><td>0</td><td>100</td><td>通过</td></tr>
<tr><td>3</td><td>图件元数据文件格式不是《全国矿产资源潜力评价数据模型　元数据规定分册》规定的XML格式与自由格式</td><td>灵敏型</td><td>逻辑一致性/格式一致性</td><td>人检</td><td>全检</td><td></td><td></td><td></td><td></td><td></td><td></td><td></td><td></td><td>0</td><td>5</td><td>0</td><td>100</td><td>通过</td></tr>
<tr><td colspan="2" rowspan="2">数据集质量评述</td><td>数据集质量得分S</td><td colspan="5">S=(∑检查项i的质量得分S_i)/M(其中S_i的计算方法见检查项得分算法规定,M为检查项总数)</td><td>100</td><td colspan="2">数据集质量等级</td><td>优</td><td colspan="7">优($S \geq 90$),或通过($90 > S \geq 85$),或不通过($85 > S$)</td></tr>
<tr><td>存在的主要问题</td><td colspan="16">(说明:明确指出存在的问题,在描述问题时,先描述存在的致命缺陷,再描述严重缺陷,依此类推)</td></tr>
<tr><td>检查专家</td><td colspan="2"></td><td>检查时间</td><td colspan="4"></td><td>检查地点</td><td colspan="10"></td></tr>
<tr><td>评价专家</td><td colspan="2"></td><td>评价时间</td><td colspan="4"></td><td>评价地点</td><td colspan="10"></td></tr>
</table>

第七章 矿产资源潜力评价全程信息化控制与实践

华东地区矿产资源潜力评价工作具有时间短、任务重，且评价工作涉及的资料浩繁，信息量巨大，数据处理复杂且技术专业种类涵盖全面繁多等特点，为了高水平、高质量地完成此项任务，就必须全面借助计算机技术和方法。本次矿产资源潜力评价的宗旨就是实施全程信息化、数字化和GIS技术。

第一节 矿产资源潜力评价全程信息化的思路与原则

一、矿产资源潜力评价全程信息化的基础与思路

1. 矿产资源潜力评价全程信息化的基础

（1）中国地质调查局组建以来，相继完成了1∶250万数字地质图空间数据库、1∶50万数字地质图空间数据库、1∶20万数字地质图空间数据库、1∶5万数字地质图空间数据库、矿产地数据库、地质工作程度数据库、区域地球化学数据库、自然重砂数据库、同位素测年数据库、区域重力数据库、区域航磁数据库、遥感影像数据库、全国第二轮成矿远景区划数据库和地理底图数据库等国家基础地质数据库的建设工作，这些基础地质数据库为矿产资源潜力评价全程信息化奠定了坚实的数据基础。

（2）中国地质调查局"十五"期间承担完成的"863计划"，针对矿产预测的地质构造精细研究方法技术，建立GIS数据模型，解决长期没有解决的地质构造研究工作中的GIS技术等应用问题，创建了一套行之有效的技术方法体系。

（3）由陈毓川院士主持的"西部固体优势矿产资源评价方法体系研究"进一步完善了矿产资源定量评价技术。

（4）为了适应地质调查信息化的需要，多年来中国地质调查局相继开发了多个地学数据处理软件，如多元地学空间数据管理与分析系统（GeoExpl）、航磁软件AGRS GeoProbe 2.0、区域地球化学数据管理信息系统（GeoMDIS2005）、全国自然重砂数据库管理系统（ZSAPS2.0）等专业处理软件。

（5）通过地学数据库的建设和系统软件的开发，各地勘单位均形成了一支稳定的信息化工作队伍。

上述工作为矿产资源潜力评价全程信息化、数字化和GIS技术应用提供了基础数据、软件平台、方法技术和人才队伍等方面的坚实保障。

2. 矿产资源潜力评价全程信息化的基本思路

矿产资源潜力评价全程信息化、数字化和GIS技术应用已具备了实施条件，实施的基本思路如下：

（1）矿产资源潜力评价项目的实施从初始的数据采集、数据处理、基础图库编制、信息提取、矿产资源潜力评价（定性、定量预测）、报告编制等所有环节均采用GIS技术。

（2）在GIS实施过程中，各个环节均可采用全程GIS和人机交互操作两种方式，根据本环节的工作特点和性质而定。

(3)在 GIS 实施过程中，采用地质与信息人员相结合、老中青相结合的方式开展工作，特别是基础图库的编制和专题图库的编制。

二、矿产资源潜力评价全程信息化的基本原则

矿产资源潜力评价全程信息化、数字化和 GIS 技术应用主要内容如下：

(1)建立(维护、整理)基础空间数据库。

(2)通过数据处理、空间分析、人机交互操作建立多元信息数据库、数字化模型、评价模型等，通过控矿标志、找矿信息的提取开展矿产预测评价。

(3)完成各类基础地质图件、专题图件数字化编图、成图等，实现全过程可视化表达和结果输出。

总之，项目遵循的基本原则：凡是能用计算机处理数据的一律用计算机处理。但是，计算机并非万能，数据处理具有针对性和一定的条件约束，如果脱离地质的专属性，机械地使用计算机软件可能会得出谬误的结果。因此，鉴于地质构造的复杂性、地质矿产的多样性，在诸多处理环节中，必须充分发挥地质专家的作用，即 GIS 技术的应用必须坚持在地质专家的指导下进行。

第二节　矿产资源潜力评价全程信息化的技术流程与实践

一、技术流程

本课题的基本流程就是在 MapGIS 平台上将地质的(基础的、矿床的)、勘查方法的(物、化、遥)、部分科研成果的资料(或数据)，应用当代信息论原理提取成矿的直接或间接信息，并转化为矿产资源量的概念，建立地质资料(或数据)与矿产资源量之间的定量评价，进行矿产预测及潜在资源量评估，其工作流程共分 9 步(图 7－1)。

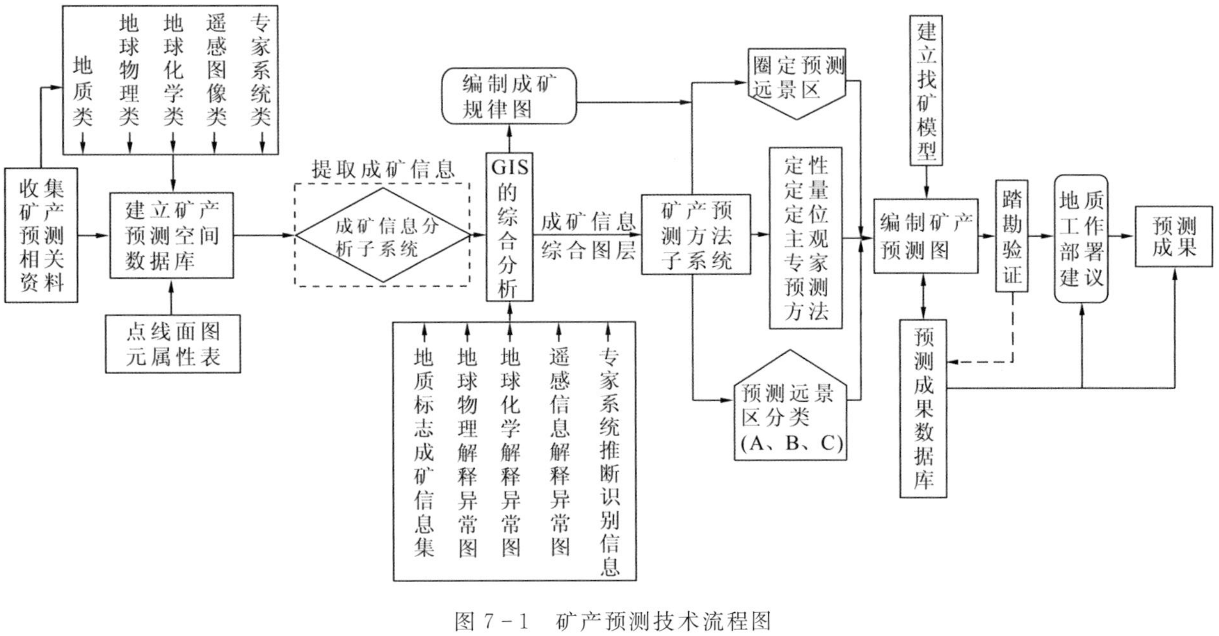

图 7－1　矿产预测技术流程图

1. 收集整理基础资料

(1)全面收集1∶20万、1∶25万区调、航磁、重力、化探、自然重砂、矿产、典型矿床、科研等原始数据及成果资料。

(2)全面掌握1∶20万、1∶25万区调原始资料、1∶5万区调、物探、化探等成果资料。

(3)修编1∶50万地质、物探、化探、自然重砂、遥感、矿产工作程度等图件。

2. 区域成矿地质背景研究工作

(1)确定评价目的矿种,划分预测工作矿种组合。

(2)确定区域成矿地质背景重点研究内容。

(3)沉积岩区、火山岩区、侵入岩区、变质岩区地质构造特征研究,编制岩相古地理图、建造古构造图、侵入岩浆构造图、火山岩相构造图、变质岩地质构造图等专题研究图件。

(4)编制综合地质构造图(包括造山带大地构造相图、陆块区大地构造图)。

以上工作主要是使用已有数据库的资料,必要时查阅原始资料。

3. 区域物探、化探、遥感、自然重砂资料分析研究工作

(1)资料分析:对已有资料进行分析,判断工作方法有效性、原始资料精度及准确性、原有推断解释结论及存在的问题。

(2)确定重点工作内容及选择技术方法。

(3)区域地质构造推断解释。

(4)局部异常找矿信息分析。

(5)编制物探、化探、遥感地质构造推断解译图、异常分布图、推断找矿远景区分布图。

4. 综合信息地质构造研究

(1)地质、物探、化探、遥感等地质构造信息分析。

(2)编制综合信息地质构造图。

5. 区域成矿规律研究

(1)准备工作。

(2)典型矿床研究(提前补充采集某些关键数据)。

(3)区域成矿规律研究。

(4)编制区域成矿规律图。

6. 编制矿产预测系列图件

(1)编制基础图件。

(2)编制预测过渡图件。

(3)编制矿产预测目的性图。

7. 区域矿产预测

(1)准备工作。

(2)圈定预测远景区。

(3)优选预测远景区。

(4)单矿种预测资源量估算。

(5)编制矿产预测图。

8. 预测远景区和勘查靶区踏勘和初步验证

9. 工作部署建议

(1)预测成果评述。

(2)工作部署建议。

(3)未来矿产资源探明趋势预测及资源基地战略布局预测。

二、计算机及 GIS 应用流程

矿产资源潜力评价计算机及 GIS 技术应用的基本工作流程见图 7-2、图 7-3。该流程仅是一个整体的框架流程，在具体实施过程中，不同的专题、不同的环节其工作流程也不尽相同。

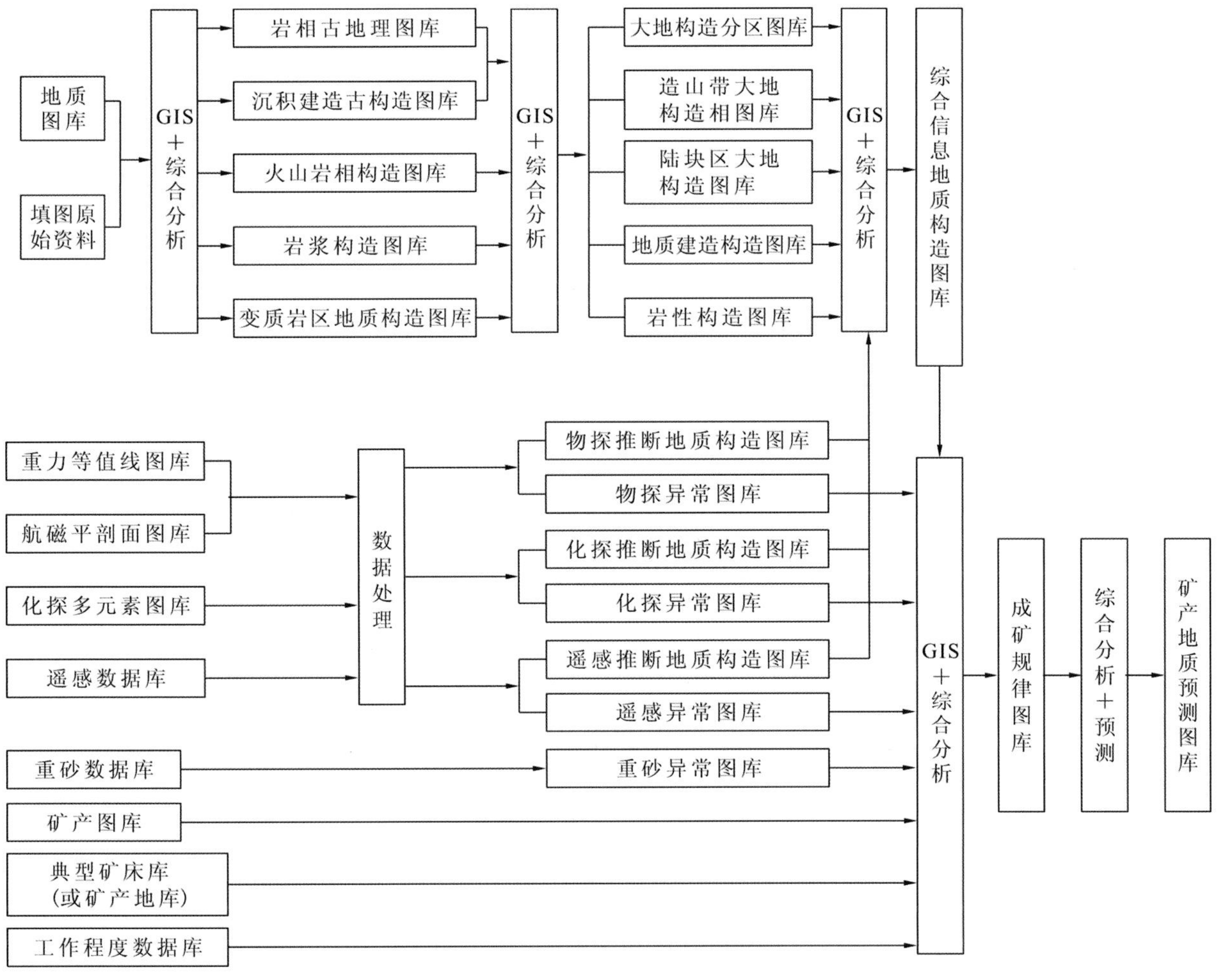

图 7-2　矿产预测数据库工作流程图

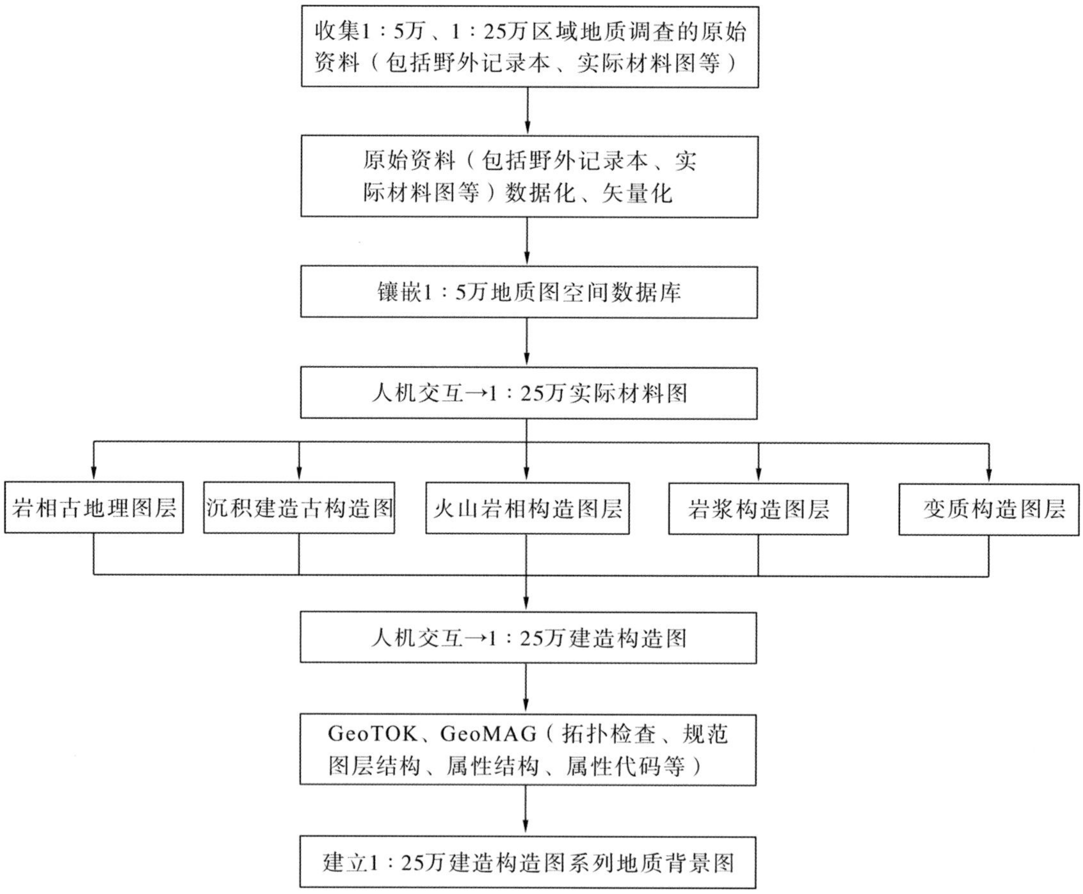

图 7-3　基础地质编图数据库的 GIS 应用流程

1. 基础地质数据库的工作流程

基础地质数据库的维护主要是在原有数据库的基础上进行更新维护，其技术方法相对成熟，工作流程也相对简单。主要流程如下：

(1)熟悉各类基础数据库建库指南、使用手册、管理软件。

(2)收集地质、航磁、重力、化探、自然重砂、遥感、矿产地、工作程度等数据库资料。

(3)制定各类基础数据库的维护方案。

(4)按照相应数据库的建库指南或使用手册完成数据库维护工作。

(5)编写基础数据库维护专题报告。

2. 基础地质编图数据库的 GIS 应用流程

(1)收集 1∶5 万、1∶25 万区域地质调查的原始资料(包括野外记录本、实际材料图等)。

(2)通过矢量化将所有实际资料展布在 1∶25 万实际材料图上。

(3)收集 1∶25 万区调图幅内最新完成的 1∶5 万地质图空间数据库，将其镶嵌到相应的 1∶25 万实际材料图内。

(4)GIS 技术应用与地质专家综合分析相结合，通过人机交互的方式建立 1∶25 万实际材料图、建造构造图、大地构造相图等系列地质背景图件，以及各类地质构造信息辅助图层：①岩相古地理图层；②沉积建造古构造图层；③火山岩相构造图层；④岩浆构造图层；⑤变质构造图层。

3. 物、化、遥、自然重砂专题图库的 GIS 应用流程

(1)收集物、化、遥、自然重砂的基础地质数据库。

(2)根据物、化、遥、自然重砂等专题图层的需要,通过多元地学空间数据管理与分析系统(GeoExpl)、航磁软件 AGRS GeoProbe 2.0、区域地球化学数据管理信息系统(GEOMDIS2005)、全国自然重砂数据库管理系统(ZSAPS2.0)等专业软件处理数据,形成专题所需要的专业图件。

(3)GIS 技术应用与地质专家综合分析相结合,通过人机交互方式分别建立专题所需的专题图库,诸如地球化学图、地球化学异常图、重力异常图、航磁异常图、自然重砂异常图等。

物、化、遥、重砂专题图库的 GIS 应用流程如图 7-4 所示。

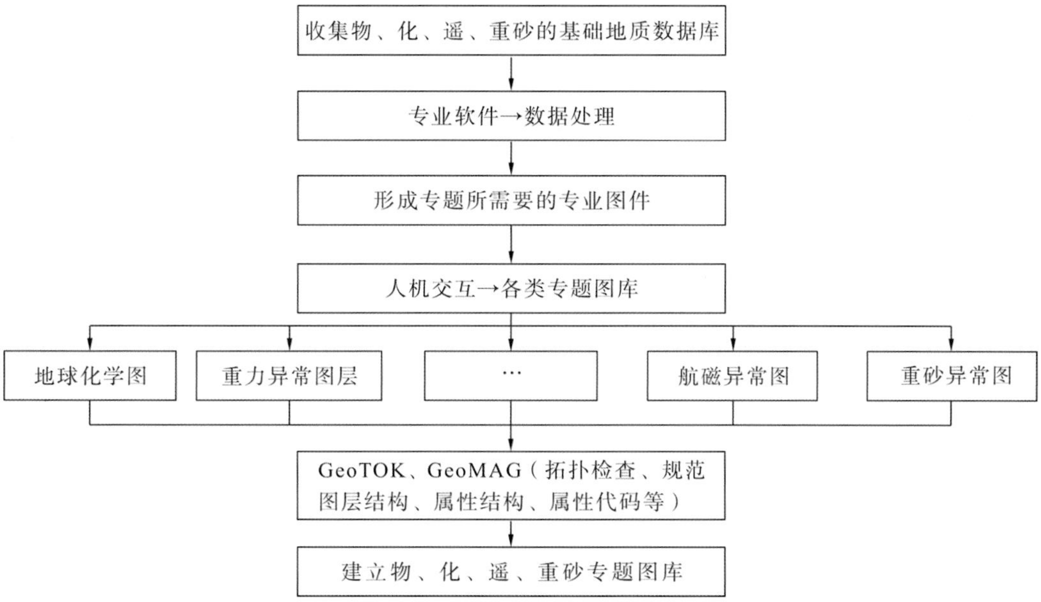

图 7-4 物、化、遥、自然重砂专题图库的 GIS 应用流程

4. 其他

区域成矿规律图库、矿产资源潜力评价预测成果图库等的 GIS 应用流程基本类似,在此不再赘述。

三、矿产资源潜力评价全程信息化的实践

通过上述矿产资源潜力评价全程信息化、数字化和 GIS 技术应用的基本思路、原则制定、技术方法及流程的控制,本次矿产资源潜力评价从初始的数据采集、数据处理、基础图库编制、信息提取、预测区优选、资源量预测、报告编制等所有环节均实现了全程信息化、数字化和 GIS 技术应用,取得了丰硕的成果,达到了预期的目标。

本次矿产资源潜力评价全程信息化、数字化和 GIS 技术的应用,为全国矿产资源潜力评价项目的实施提供了坚实的基础和技术保障,节省了大量的人力和物力,确保了全国矿产资源潜力评价项目的顺利完成。

第八章　矿产资源潜力评价成果及应用

第一节　矿产资源潜力评价综合信息成果

华东地区矿产资源潜力评价项目首次全面全流程应用了 GIS 技术、计算机技术，建立了大量的地质、物探、化探、遥感、自然重砂、矿产属性数据库，形成了数据库的标准化建设，培养了一批兼具 GIS 知识和地质专业技能的技术人才，取得了可喜的成果。

(1)全面实现了矿产资源潜力评价全程信息化、数字化及 GIS 技术应用。依据矿产资源潜力评价数据模型，开展了华东地区江苏(含上海)、安徽、浙江、江西、福建(含台湾)的矿产资源潜力评价数据库建设工作，总结了一整套实用的专题数据库建设工作方法和技术流程，为矿产资源潜力评价各专业提供了信息技术方法支撑，为矿产资源潜力评价的常态化奠定了坚实的基础。

(2)完成了华东地区矿产资源潜力评价成果集成数据库的建设，涵盖了基础地质编图及铁、铝、铜、锌、铅、金、磷、钨、锑、稀土、锰、镍、锡、钼、银、硼、锂、硫、萤石、菱镁矿、重晶石共 21 个矿种(组)的图库共计 15 840 个，实现了华东地区多元、异构、海量的矿产资源潜力评价成果数据库的管理、应用和服务，为矿产资源潜力评价成果价值提升和常态化工作奠定了良好的基础。

(3)对华东地区 1∶250 万数字地质图空间数据库、1∶50 万数字地质图空间数据库、1∶20 万数字地质图空间数据库、矿产地数据库、地质工作程度数据库、区域地球化学数据库、自然重砂数据库、同位素测年数据库、区域重力数据库、区域航磁数据库、遥感影像数据库、全国第二轮成矿远景区划数据库和地理底图数据库 13 个基础地质数据库，从数据资源、软件、功能及数据模型等 5 类 28 种基本信息进行了全面系统的梳理和总结，查清了数据库的现状和需要解决的问题，客观反映了华东地区基础地质数据库建设的现状，为华东地区基础数据库的进一步完善、常态化更新与维护以及矿产资源潜力评价的常态化工作奠定了良好的数据基础。

(4)在对上述 13 个基础地质数据库进行全面系统梳理和总结的基础上，对华东地区 1∶50 万数字地质图空间数据库、1∶20 万数字地质图空间数据库、矿产地数据库、地质工作程度数据库、区域地球化学数据库、自然重砂数据库、区域重力数据库、区域航磁数据库 8 个基础地质数据库进行了更新维护，确保了上述 8 个基础数据库的现势性，形成了华东地区最新的基础地质数据库平台，为矿产资源潜力评价提供了数据支撑。

1)修编了 1∶50 万数字地质图空间数据库。安徽、浙江和福建三省利用 239 幅 1∶5 万区域地质图空间数据库和 19 幅 1∶25 万区域地质图空间数据库的新成果、新认识对本省 1∶50 万数字地质图空间数据库进行了重新修编，形成新的 1∶50 万数字地质图空间数据库。

2)完善了 1∶20 万数字地质图空间数据库。对华东地区 139 幅 1∶20 万数字地质图空间数据库进行了更新维护。其中补充图外柱状图和剖面图等 77 幅，对 62 幅套改的图幅进行了“原汁原味”的重建，所有 1∶20 万数字地质图空间数据库的系统库均以矿产资源潜力评价系统库为准进行了统一。

3)建立了华东地区矿产地数据库数据平台。经 2008—2012 年的维护，华东地区矿产地数据库由原有的 7744 处增加到 11 228 处。

4)建立了华东地区地质工作程度数据库数据平台。经 2008—2012 年的维护，华东地区地质工作程度数据库由原有的 13 668 项增加到 20 927 项。

5)新增 1∶5 万化探数据 136 幅，其中 1∶2 万～1∶2.5 万 8 幅，1∶1 万 13 幅，1∶20 万 1 幅，新增数据点321 296个，现数据点达 443 941 个，并建立了华东地区区域化探点空间数据库。

6)新增 1 幅 1∶20 万和 96 幅 1∶5 万标准图幅的自然重砂数据，自然重砂样品由原有的 281 787 个，增加到 358 001 个。

7)建立了区域重力的点空间数据库，并增加了部分重力数据库。

8)建立了航磁点空间数据库，并增加了部分航磁数据库。

(5)组织并指导华东各省完成了基础地质编图及 21 个矿种(组)的矿产资源潜力评价专题图件数据库的建设，涵盖华东地区的 1∶25 万分幅 44 个实际材料图库、60 个建造构造图库，452 个预测工作区地质构造专题底图库和 6 个大地构造相图库，21 个矿种的典型矿床系列图件、预测工作区系列图件以及省级单矿种成果图库共 15 413 个，其中省级基础数据库和地质背景数据库 571 个、成矿规律与预测数据库 2387 个、重力数据库 1793 个、航磁数据库 2317 个、化探数据库 5058 个、遥感数据库 2069 个、自然重砂数据库 1218 个(表 8-1)。

表 8-1　华东地区矿产资源潜力评价专题图件数据库建库一览表

矿种(组)	地质背景	成矿规律与预测	重力	磁测	化探	遥感	自然重砂	合计
基础图	115		22	40	455	257	94	983
铁矿	52	273	225	364		183	16	1113
铜矿	59	316	257	356	841	241	166	2236
金矿	52	264	222	262	605	213	174	1792
铅锌矿	42	267	183	246	651	178	106	1673
锰矿	14	63	29	38	92	35	3	274
镍(铬)矿	3	20	7	11	19	6	1	67
钨矿	32	140	112	133	429	108	94	1048
锡矿	12	95	72	86	138	96	103	602
钼矿	38	186	133	168	508	145	143	1321
锑矿	7	48	32	37	85	34	29	272
稀土矿	10	56	22	42	46	33	12	221
银矿	27	147	103	122	377	107	59	942
硼矿	1	10	4	4	9	10	7	45
锂矿	12	22	16	16	147	12		225
磷矿	14	69	38	51	45	26	17	260
硫矿	30	167	127	140	208	133	77	882
菱镁矿	1	5	4	8	17	4		39
萤石矿	40	185	151	157	295	214	104	1146
重晶石矿	10	54	34	36	91	34	13	272
合计	571	2387	1793	2317	5058	2069	1218	15 413

(6)基于省级矿产资源潜力评价资料性成果汇总建库管理系统(GeoPEX),组织并指导华东各省完成了华东地区省级矿产资源潜力评价成果集成数据库建设,涵盖了成矿地质背景、成矿规律与矿产预测等7个专题的基础编图成果和21个矿种(组)潜力评价成果,累计图库数15 840个(其中江苏1712个、安徽3905个、浙江2923个、江西3178个、福建4039个,台湾83个),实现了省级矿产资源潜力评价数据成果的一体化管理(表8-2)。

表8-2　华东地区省级矿产资源潜力评价成果集成数据库成果一览表

序号	数据库分组名称	数据库名称	江苏	安徽	浙江	江西	福建	台湾
0	省级潜力评价基础编图成果	GeoPEXDB000	192	186	202	212	176	41
1	铁矿种(组)潜力评价成果	GeoPEXDB001	337	326	143	168	162	
2	锰矿种(组)潜力评价成果	GeoPEXDB002		139		41	98	
3	铬矿种(组)潜力评价成果	GeoPEXDB003						
4	铜矿种(组)潜力评价成果	GeoPEXDB004	251	674	286	339	691	33
5	铅矿种(组)潜力评价成果	GeoPEXDB005	226	456	249	273	466	
6	锌矿种(组)潜力评价成果	GeoPEXDB006		23			23	
7	镍矿种(组)潜力评价成果	GeoPEXDB007				37	32	
8	钨矿种(组)潜力评价成果	GeoPEXDB008		361	112	354	232	
9	锡矿种(组)潜力评价成果	GeoPEXDB009		43	212	219	256	
10	钼矿种(组)潜力评价成果	GeoPEXDB010	93	248	257	183	563	
11	金矿种(组)潜力评价成果	GeoPEXDB011	274	620	208	462	267	
12	银矿种(组)潜力评价成果	GeoPEXDB012	91	85	173	135	507	
13	锑矿种(组)潜力评价成果	GeoPEXDB013		159	52	73		
14	稀土矿种(组)潜力评价成果	GeoPEXDB014		48	50	69	43	
15	锂矿种(组)潜力评价成果	GeoPEXDB015				122		
16	菱镁矿种(组)潜力评价成果	GeoPEXDB017		40				
17	磷矿种(组)潜力评价成果	GeoPEXDB018	52	62	36	36	66	
18	硫矿种(组)潜力评价成果	GeoPEXDB019	166	194	124	200	263	9
19	硼矿种(组)潜力评价成果	GeoPEXDB021			43			
20	萤石矿种(组)潜力评价成果	GeoPEXDB022	30	179	617	195	136	
21	重晶石矿种(组)潜力评价成果	GeoPEXDB023		62	159	60	58	
合　计			1712	3905	2923	3178	4039	83

(7)通过矿产资源潜力评价全程信息化、数字化及GIS技术的推广应用工作,锻炼和培养了一批懂专业的信息化技术人才,形成了一支精干的专业技术队伍,为今后应用信息化技术开展地质工作奠定了人才基础。

第二节　基础地质数据库应用与服务

一、项目自身的支撑与服务

通过对 8 个基础地质数据库的更新与维护，对矿产资源潜力评价项目的开展提供了强有力的数据支撑和服务支撑。

（1）矿产地数据库的更新维护，为矿产资源潜力评价各矿种的预测类型划分、预测区的划分以及矿产预测等工作提供了良好的数据支撑。

（2）化探数据库、重力数据库和航磁数据库的更新维护，为物化探工作的开展提供了基础数据保障。

（3）地质工作程度数据库的更新维护，为矿产资源潜力评价的预测勘查部署提供了基础数据支撑。

（4）1∶50 万地质图数据库及 1∶20 万数字地质图空间数据库的更新维护，为矿产资源潜力评价的基础地质编图及专题图（库）的建设提供了基础数据支撑。

二、基础地质数据库的应用与服务

1. 为华东地区的“一张图”工程提供了基础数据支撑

根据国土资源部和中国地质调查局的统一部署，2012 年南京地质调查中心开展了华东地区“一张图”工程。在中国地质调查局下发数据的基础上，由各省补充完善相关资料，但数据汇总后缺项较多且较混乱。为此，2013 年以本项目完成的地质工作程度数据库为基础，对数据进行全面核实和补充，从而确保了“一张图”工程的质量。

2. 为地调项目提供基础数据支撑与服务

几年来，为武夷山成矿带铜多金属矿勘查选区评价、钦杭结合带矿产项目、长江中下游矿产项目、华夏-扬子板块结合带形成演化与破坏及成矿作用项目、南京地质调查中心规划编制、南京地质调查中心编图等多个地质调查项目提供了华东地区地质工作程度数据库，华东地区矿产地数据库，重力、航磁及化探等基础地质数据库的数据资料上万条，特别是依据华东地区化探、航磁和重力数据库的优势，开展了地质调查成果数字产品的加工与服务，为地质调查项目提供了有力的技术支撑。

第三节　矿产资源潜力评价成果的应用与服务

一、为国家级整装勘查区提供支撑和服务

（1）安徽省庐枞整装勘查区是国土资源部首批设立的国家级整装勘查区之一，安徽省国土资源厅成立了庐枞整装勘查指挥部，对全区在勘查部署、专项研究、深部勘查试点、矿业权整合设置、整装勘查区数据集成等方面开展了大量工作。在矿产资源潜力评价实施过程中，铁、铜、铅锌、金、硫等多矿种的评价均将该区作为预测工作区进行了评价预测，为庐枞整装勘查区的工作提供了大量数据服务，包括区内地物化遥资料、最小预测单元、区内矿产资源潜力等多个方面数据服务。

（2）福建龙岩马坑-大田汤泉铁矿整装勘查实施方案编制。福建省铁矿资源潜力评价在马坑-大田

汤泉铁矿整装勘查区内共圈定铁矿预测远景区8个，其中A类铁矿预测远景区4个(龙岩马坑区、漳平洛阳区、安溪潘田区、大田银顶格区)，B类铁矿预测远景区2个(永安-大田区、龙岩漳平区)；C类铁矿预测远景区2个(上杭湖洋区、漳平挂山区)。上述预测远景区共包含铁矿最小预测区34个(其中A类15个、B类10个、C类9个)。最终共预测铁矿资源量 25.5×10^8t(2000m以浅)，目前该区已探明铁矿资源储量约 5.9×10^8t。矿产资源潜力评价的最新预测成果，为福建龙岩马坑-大田汤泉地区铁矿整装勘查区的部署提供了直接依据。

(3)福建龙岩紫金山铜多金属矿整装勘查实施方案编制。福建龙岩紫金山铜多金属矿整装勘查区实施方案的编制充分应用了福建省铜、金、银矿资源潜力评价成果。《福建省铜矿资源潜力评价》成果在整装勘查区内共圈定出3个铜矿最小预测区(上杭紫金山、上杭罗卜岭、上杭太山头)，预测铜资源量为 355×10^4t。《福建省金矿资源潜力评价》成果在整装勘查区内共圈定15个金矿最小预测区(上杭紫金山等)，预测金资源量91 898kg。《福建省银矿资源潜力评价》成果在整装勘查区内共圈定4个银矿最小预测区(武平悦洋、上杭太山头、上杭大坪、连城冷水坑)，预测银资源量为2853t。

(4)江西省矿产资源潜力评价成果为江西东乡—德兴地区铜金矿整装勘查、江西九瑞铜多金属矿整装勘查区和江西赣中地区铁矿整装勘查区等整装勘查区立项，提供了较为全面的区域成矿地质背景数据库资料、相关成矿规律及预测成果数据库资料、物化遥基础信息资料，为项目的立项论证提供了坚实的资料基础。

二、为矿产资源规划服务

(1)2012—2013年，安徽省根据国土资源部统一部署，开展了铜、金、煤、钨、锡、钼、锑、萤石等矿种的单矿种矿产资源勘查规划编制工作，本次矿产资源潜力评价覆盖上述矿种，是规划编制的重要依据之一。将其预测的资源远景区作为规划鼓励区，而最小预测单元作为勘查项目部署目标区，为项目工作量投入、工作方法的选择提供了重要依据。

(2)江苏省矿业权设置方案是按照国土资源部文件要求，在对江苏矿产勘查进一步细化和完善勘查风险分类的基础上，确定了探矿权、采矿权的设置布局。在编制过程中，根据江苏省矿产资源潜力评价划定的最小预测区及其找矿前景潜力，进行了探矿权区块空间划分和矿权投放时序的安排，江苏省矿产资源潜力评价成果成为铜、金、铁、铅、锌等矿种矿业权设置方案编制的主要依据，其成果资料为科学编制江苏省矿业权设置方案奠定了坚实的基础，大大提高了矿业权设置的科学性。

(3)在江苏省矿产资源规划项目中，参考了江苏省矿产资源潜力评价中单矿种成矿区带的划分，使得江苏省矿产资源规划依据充分。

(4)福建省煤炭、铁、铜、钨、钼、铅、锌、金、银、稀土、普通萤石等矿产的资源潜力评价预测成果，直接被福建省找矿突破战略行动实施方案(2011—2020年)所引用，为找矿突破战略行动的工作部署提供了依据。

三、找矿新区中的应用与服务

(1)在覆盖区找矿一直是安徽省煤、铁找矿工作的新要求。多年来，从政府规划到矿山企业具体需求，安徽省在皖西北地区寻求煤、铁资源未能有所突破。近年来根据潜力评价预测成果，针对淮南西北部、亳州、阜阳地区煤、铁资源潜力评价、成矿远景区与找矿靶区的圈定，部署了不少深部地球物理工作，利用物探成果并辅以钻探工程，发现了铁、煤矿床。在本次矿产资源潜力评价成果的指导下，安徽省国土资源厅及省内地质勘查单位均开展了有效工作，布置了以物探、钻探等手段为主的矿产勘查项目。

(2)2009年以来，江苏省地质调查研究院先后承担了宁镇、溧水、宜溧、盱眙地区铁铜矿远景调查项目，采用1∶5万土壤或水系沉积物测量数据，圈定地球化学综合异常，较好地应用于矿产调查重点区的圈定。如宁镇远景调查鸡笼山—射乌山、伏牛山—九华山、芙蓉山—五洲山均处于宁镇中段 Cu、Mo、Pb、Zn、Ag、Au 等元素高背景带上，区内的综合异常在宁镇地区异常评序结果中均处于前列，显示出较好的地球化学找矿标志。溧水远景调查丁公山—笔架山重点区显示出很好的水系沉积物 Cu、Au 异常，多呈北西向分布，与区内主要构造破碎带方向基本一致。宜溧远景调查的周城—社渚重点调查区 1∶5 万水系沉积物显示出很好的 W、Sn、Mo、Cd 等综合异常，悬脚岭重点调查区的 Cu、Sn 异常等都作为远景调查矿产重点检查的目标，盱眙地区铜钼钡等元素综合异常都作为重点查证依据。因此可以看出，地球化学资料（尤其是 1∶5 万图幅）很好地应用于近年来远景调查重点区选区依据。

（3）随着矿产远景调查重点区工作的深入开展，如 1∶1 万土壤测量工作发现了一大批具有较好找矿意义的异常，发现了不少矿（化）点，如马场铜金矿点，探槽采样分析，金含量 0.27～18g/t，钻孔中见到多层薄层状铜金矿体，金平均含量 0.35g/t，Cu 平均含量 1.37%；伏牛山铜钼金综合异常边部钻孔揭露发现了铜、钼矿体。溧阳圈定的 W、Sn、Cu 多元素综合异常作为远景调查的异常查证目标，经 1∶1 万土壤测量，发现 W、Sn、Cu 等元素异常重现性较好，元素含量显著偏高，经探槽揭露，在石英闪长斑岩与钙质泥岩接触带发现了多条钨矿化体（WO_3 含量 0.052%～0.20%）。随着远景调查项目后期钻孔验证，可能会继续发现一些重要找矿成果。

（4）作为福建省老矿山及外围深部找矿的项目，2011 年开始开展的福建宁化行洛钨矿矿集区深部矿产战略性勘查、福建德化仙洋-邱村金矿矿集区矿产战略性勘查均用到了本次矿产资源潜力评价成果资料。前者利用了福建省钨矿资源潜力评价中宁化行洛坑预测工作区的预测成果，后者利用了福建省金矿资源潜力评价中尤溪官田-德化葛坑预测工作区的预测成果。

四、其他应用与服务

（1）安徽省国土资源厅每年都利用财政资金，设立很多公益性地质调查与矿产勘查项目。安徽省矿产资源潜力评价成果在此也起到了重要作用。安徽省国土资源厅近年来在地质勘查项目设立、资金投放，以及以提高地质工作程度为目标的方法选择方面都充分利用了本次矿产资源潜力评价成果资料。

（2）“江西省矿产资源保障工程”全面系统地利用了本省矿产资源潜力评价成矿地质背景、物化探、成矿规律及预测成果资料，以 GeoPEX 软件为工具，通过查询方案配置及属性条件设置，编制了全省重力异常图、航磁异常图、地球化学异常图、找矿远景区划图、找矿靶区分布图等图件。在综合分析全省地球物理、地球化学特征和成矿地质背景条件基础上，建立了江西省国家出资勘查矿产地数据库、江西省紧缺和优势矿产资源保障工程找矿靶区数据库，为江西省地勘基金项目的工作部署奠定了基础，为江西省重要矿产勘查及相关成果的查询检索提供了便利条件，为“一张图管矿”提供了全面的基础条件。

（3）浙江省地质调查院开展的开化杨林—淳安叶村地区矿产远景调查，根据矿产资源潜力评价地质背景成果、物化遥成果，结合矿产资源潜力评价项目建立的尹山庵、三宝台、大同坑、石龙头等典型矿床的成矿特征与成矿模型表，分析了不同矿床的成矿控制条件和时空演化规律。根据矿产资源潜力评价建立的找矿模型，进行区域成矿预测，结合矿产资源潜力评价金、银、铜、铅锌、锑等矿种预测成果，划分出 8 处Ⅴ级成矿远景区、16 处预测找矿靶区，并提交矿产地 1 处。

综上所述，矿产资源潜力评价项目在实施过程中，本着边生产、边应用、边服务的理念，取得了非常好的应用与服务效果。由此可见，其成果的最终完成和投入应用，将对地质调查工作的开展、政府部门的宏观决策产生重大影响，并取得巨大的经济效益和良好的社会效益。

参考文献

叶天竺,等.固体矿产资源预测理论与方法[M].北京:中国大地出版社,2004.

左群超,杨东来,冯艳芳,等.全国矿产资源潜力评价技术要求　成矿地质背景研究数据模型[M].北京:地质出版社,2011.

左群超,杨东来,陈郑辉,等.全国矿产资源潜力评价技术要求　成矿规律研究数据模型[M].北京:地质出版社,2011.

左群超,杨东来,赵汀,等.全国矿产资源潜力评价技术要求　矿产预测研究数据模型[M].北京:地质出版社,2011.

左群超,杨东来,张明华,等.全国矿产资源潜力评价技术要求　重力资料应用数据模型[M].北京:地质出版社,2011.

左群超,杨东来,黄旭钊,等.全国矿产资源潜力评价技术要求　磁测资料应用数据模型[M].北京:地质出版社,2011.

左群超,杨东来,吴轩,等.全国矿产资源潜力评价技术要求　化探资料应用数据模型[M].北京:地质出版社,2011.

左群超,杨东来,于学政,等.全国矿产资源潜力评价技术要求　遥感资料应用数据模型[M].北京:地质出版社,2011.

左群超,杨东来,等.全国矿产资源潜力评价技术要求　通用代码规定[M].北京:地质出版社,2012.

左群超,杨东来,冯艳芳,等.全国矿产资源潜力评价技术要求　数据项下属词规定(上、下册)[M].北京:地质出版社,2012.

左群超,杨东来,李景朝,等.全国矿产资源潜力评价技术要求　自然重砂应用数据模型[M].北京:地质出版社,2013.

左群超,杨东来.全国矿产资源潜力评价技术要求　空间坐标系统及其参数规定数据模型[M].北京:地质出版社,2008.

左群超,杨东来,等.全国矿产资源潜力评价技术要求　统一图例规定数据模型[M].北京:地质出版社,2008.

左群超,杨东来,等.全国矿产资源潜力评价技术要求　基础地理信息数据模型[M].北京:地质出版社,2008.

左群超,杨东来,等.全国矿产资源潜力评价技术要求　元数据规定数据模型[M].北京:地质出版社,2008.

左群超,杨东来,等.全国矿产资源潜力评价技术要求　编图说明书提纲[M].北京:地质出版社,2008.

左群超,文辉,等.省级矿产资源潜力评价资料性成果汇总建库管理系统 GeoPEX　用户使用手册[Z],中国地质调查局发展研究中心、四川省地质调查院,2011.

左群超,杨东来,叶天竺.中国矿产资源潜力评价数据模型研制流程及方法技术[J].中国地质,2012,39(4):1049-1061.

左群超,杨东来,宋越,等.中国矿产资源潜力评价成果数据质量控制及方法技术[J].中国地质,2013,40(4):1314-1328.

中国地质调查局发展研究中心.全国地质工作程度数据库工作指南(修订版)[S],2009.

中国地质调查局.自然重砂数据库建设工作指南(修订版)[S],2002.

中国地质调查局.地质图空间数据库建设工作指南(2.0版)[S],2001.